タイプA行動パターンに関する心理学的研究

——研究の展望と統合的な発達モデルの検討——

大芦　治　著

風間書房

目　　次

序章　タイプAの概念と医学における研究の概略 …………………… 1
　　第1節　タイプAの定義　1
　　第2節　主として医学におけるタイプA研究の発展の経緯　2
　　第3節　タイプAとCHDとを結ぶ生理的機序および他の疾患との
　　　　　　関係　6
　　第4節　本書でのタイプAの概念の位置づけ　8
　　第5節　本章の要約　10

　　　　　　第1部　タイプAに関する心理学的研究の展望

第1章　タイプAに関する心理学的理論とその周辺 …………………… 13
　　第1節　心理学的な研究の端緒　13
　　第2節　コントロール説について　13
　　第3節　コントロール説の展開　15
　　第4節　コントロール説から自尊心防衛仮説へ　17
　　第5節　自己の概念を中心においた理論　20
　　第6節　タイプA者の目標と信念に関する研究　23
　　第7節　社会的比較の視点からみたタイプA　26
　　第8節　タイプAと関連する他の心理学的特性　28
　　第9節　本章の要約　35

第2章　タイプAの形成・発達に関する諸研究 …………………………… 37
　　第1節　発達的研究の範囲　37
　　第2節　幼児，児童，青年におけるタイプA　38

第3節　タイプAの起源について　44
　　　第4節　タイプAの発達に関する仮説　46
　　　第5節　本章の要約　54

第3章　タイプAの変容に関する心理学的研究……………………………57
　　　第1節　タイプAの変容についての論点　57
　　　第2節　タイプAの変容で用いられる臨床心理学的介入技法　58
　　　第3節　心理学的介入法の有効性　66
　　　第4節　タイプAの変容技法の広がりと他の介入方法　69
　　　第5節　本章の要約　71

第2部　タイプAの発達に関する統合的なモデルの検討

第4章　タイプAに関する発達心理学的研究の課題………………………75
　　　第1節　発達的研究の現状　75
　　　第2節　タイプAの発達に関する2つのモデル　76
　　　第3節　本章の要約　84

第5章　実証的研究のための問題提起…………………………………………87
　　　第1節　タイプAの発達的研究の課題を列挙するにあたって　87
　　　第2節　タイプAの発達的研究に関連する問題の所在　87
　　　第3節　実証的研究の概略　96
　　　第4節　本章の要約　97

第6章　児童期，思春期におけるタイプA者の生活習慣と
　　　　　　学習行動・動機づけの検討…………………………………………99
　　　第1節　養育態度以外の要因の検討の必要性　99
　　　第2節　小学生のタイプAと生活習慣との関連（研究1）　100

第3節　小学生のタイプAと学習動機づけ，勉強時間との関係
　　　　　（研究2）　109
　第4節　中学生におけるタイプAと学習動機づけ，勉強時間との
　　　　　関係（研究3）　115
　第5節　本章の要約　126

第7章　タイプAの発達を規定する信念についての検討……………129
　第1節　タイプAの発達研究における信念の要因の検討の必要性　129
　第2節　タイプAとそれに関連するとされる信念との関係について
　　　　　（研究4）　130
　第3節　小学生におけるタイプAと信念との関係（研究5-1）　142
　第4節　中学生におけるタイプAと信念との関係（研究5-2）　151
　第5節　タイプAの形成に影響を与える規定要因としての過去の
　　　　　信念の役割の検討（研究6）　157
　第6節　タイプAの形成に影響を与える規定要因としての信念の
　　　　　形成プロセスの検討―学習動機づけについて（研究7-1）　168
　第7節　両親の信念が子どもの学習動機づけ，信念を介し子どもの
　　　　　タイプA形成に与える影響のモデル化の試み（研究7-2）　182
　第8節　両親の学業や学歴面での達成を重視する信念と両親自身の
　　　　　タイプAとの関係（研究8）　197
　第9節　本章の要約　202

第8章　タイプAの発達に寄与する養育態度および
　　　　それらに関連する要因についての検討……………………205
　第1節　養育態度の要因の再検討の必要性　205
　第2節　小学生におけるタイプAとそれに関連する養育態度の検討
　　　　　（研究9-1）　206

第3節　中学生におけるタイプAとそれに関連する養育態度の検討
　　　　（研究9-2）　213
第4節　両親の信念が媒介手段としての養育態度によって子どもの
　　　　タイプAの発達に与える影響についての検討（研究10-1）　220
第5節　両親からの影響が子どもの信念を形成しそれが行動として
　　　　のタイプAを発現する過程の研究（研究10-2）　237
第6節　タイプAの親子間での類似性の検討（研究11）　249
第7節　本章の要約　260

第9章　タイプAの個人的先行要因としての自己愛性パーソナリティの検討 …………………………261
第1節　タイプAの個人的先行要因としての自己愛の概念　261
第2節　タイプAと自己愛性パーソナリティとの関連性について
　　　　（研究12-1）　264
第3節　タイプAと自己愛性パーソナリティおよび信念との関係
　　　　（研究12-2）　271
第4節　本章の要約　283

第3部　総括ならびに結論

第10章　総括ならびに結論 ……………………………………287
第1節　本書で検討された内容の総括　287
第2節　4つの課題と実証的研究についての総括　288
第3節　実証的研究についての総合的考察　291
第4節　タイプAの発達モデルの再検討　301
第5節　タイプA研究の将来　304
第6節　本章の要約　307

引用文献……………………………………………………………309
あとがき……………………………………………………………335
資料…………………………………………………………………339

序章　タイプAの概念と医学における研究の概略

第1節　タイプAの定義

　狭心症や心筋梗塞といった虚血性心疾患（coronary heart disease：以下，CHDと略す）は，わが国など先進諸国の死亡の原因疾患として常にその割合の上位を占めている．タイプA行動パターン（Type A Behavior Pattern：以下，タイプAと称する）とは，このCHDの危険因子として，M. FriedmanやR.H. Rosenmanらによって提唱された概念である．Friedman & Rosenman（1974）によれば，高血圧症，高コレステロール症といった一般的によく知られているCHDの危険因子では，発症率の分散のすべてを説明できないという．彼らは，その他の要因を探った結果，CHDの発症に寄与する心理－社会的な危険因子としてタイプAを見いだしたのである．タイプAは，①時間的な切迫感（sense of time urgency），②攻撃性と敵意（hostility and aggression），③競争性（competitiveness）や達成に対する過剰な傾向（overindulgence in achievement），④気短さ（impatience）などを主要な特徴とする．これらの特徴をもったタイプAを示す者（以下，タイプA者とする．）は，日常生活の中でストレス状態に陥りやすく，そのストレスがCHDの原因につながっているという．

　タイプAは心理－社会的な要因が身体的な健康に影響を与えていることを示す格好の例としてとりあげられ，内科系医学，公衆衛生学，心理学，精神医学などの分野にまたがる学際的なテーマとして数多くの研究を生んだ．心理学の領域では，タイプAの概念，心理的メカニズム，発達プロセス，主として行動療法によるタイプAの変容などさまざまな視点から検討が行われてきた．

本書は，主として心理学に軸足をおいたタイプAに関する研究を概観し，さらに，そのなかから発達的な研究についていくつかの問題点を整理し，それにもとづき新たな発達モデルを提起し，その実証を行おうとするものである．

以下，この章では，まず，心理学的な研究の背景となる主として医学領域におけるタイプA研究の発展の略史や，さらに，タイプAと身体疾患を結ぶ生理的機序に関する研究などを簡単に紹介する．そして，最後に本書におけるタイプAの概念の位置づけを行うことにする．

第2節 主として医学におけるタイプA研究の発展の経緯

1．タイプAの概念の成立の経緯

1950年代の後半，アメリカの2人の心臓内科医，FriedmanとRosenmanは心筋梗塞などのCHDの危険因子の1つとしてコレステロール値の上昇を想定していた．彼らは成人男性のコレステロール値を測定しそれとCHDの発症率との関連を研究していたが，これといった結果を見出すことができなかった．その結果について熟考したところ職場でのストレスが何らかのCHDの危険因子として作用しているのではないかと考えるに至り，調査を開始した．まず，サンフランシスコの周辺に住む150人ほどのビジネスマンに郵送調査を行った．調査の内容は，対象者の知人などで心臓病の発作に見舞われた者が病前にもっていた特徴的な習慣，習性を記述させるものであった．その結果，調査の協力者のおよそ70パーセントが，仕事に過度に没頭する，過剰な競争欲求が目立つ，締めきりに間にあわすことにこだわるなどといった行動特徴を挙げていた．また，さらに，100人の内科医にも同様に調査を行ってみたがほぼ同様の結果が得られたという．FriedmanとRosenmanは，そこでこれらの行動特徴がストレスなどと関連しながら血圧，コレステロール値などに影響を与えCHDの発症に作用するのではないかと考

え，それらをタイプA行動パターン（タイプA）と命名した（以上は，Friedman & Rosenman, 1974の記述による）．また，彼らは心臓病の既往者が他の者よりこれらのタイプAの特徴があてはまることについても確認した（Friedman & Rosenman, 1959）．

2．初期の縦断的研究の結果

1960年に，Friedmanらは健康なタイプA者と非タイプA者とを一定期間追跡して調査した場合タイプA者がより高いCHDの発症率を示すかどうかを確認するために，カリフォルニア州を中心に4500人ほどの成人男性を対象に長期間にわたる縦断的追跡研究を開始した．この研究はWestern Collaborative Group Studyと名づけられ，頭文字をとってWCGSの略称で知られるようになった（Rosenman, Friedman, Straus, Wurm, Kotixhek, Hahn & Werthessen, 1964）．

たとえば，この縦断的研究における8年半後の結果をみると追跡可能であった3154人中CHDの発症者は257人であった．結果は，タイプA以外の血圧，コレステロール値，喫煙習慣などの様々な危険因子とともにロジスティック回帰分析によって分析された．分析は40歳代と50歳代の別に行ったが，2つの年齢層でともにオッズ比が有意になった危険因子はタイプAのみであった（Rosenman, Brand, Sholtz & Friedman, 1976）．

これとは別にマサチューセッツ州のFramingham地区では1949年から2282人の男性と2845人の女性の成人を対象としてCHDの危険因子を調査するための縦断的研究（Framimgham Heart Study）が行われていた．S. LevineやN. Scotchらは，1960年代になって，この調査の対象者1822人に300項目ほどのさまざまな心理－社会的な内容を含むインタビューや調査を実施した．その結果，女性の場合，CHDの発症者は非発症者と比較してタイプAが顕著に見られることが確認され，男性でもその傾向がみられた（Haynes, Levine, Scotch Feinleib & Kannel, 1978a; b）．

3．タイプA研究の発展

　この2つの研究の結果につづき，欧米諸国を中心にタイプAとCHDの関係を検討する大規模な疫学的研究の結果が報告されるようになった．その中にはCHDとタイプAの関係を認めることを報告するもの（De Backer, Kornitzer, Kittel & Dramix, 1983; French-Belgian Collaborative Group, 1982）や，関係が見出せなかったもの（Cohen, Syne, Jenkins, Kagan & Zyzanski, 1979）などもある．ただ，CHDの発症に限定せず冠状動脈の狭窄，血圧の上昇など広い意味でのCHDの心臓血管系の諸指標とタイプAの関係を検討した研究（たとえば，Blumenthal, Williams, Kong, Schanberg & Thompson, 1978; Frank, Heller, Kornfeld, Sporn & Weiss, 1978; Lyness, 1993; Zyzanski, Jenkins, Rayan, Flessas & Everist, 1976）では関係を認めるものも多かった．

　1986年には"American Journal of Epidemiology"誌でこれまでのタイプAに関する諸研究を総括するレビュー論文（Matthews & Haynes, 1986）が発表された．この論文では研究のサンプリング上の問題点なども指摘されているが，タイプAとCHDの関係については限定つきながらも肯定的な立場をとっている．続く1987年には，心理学関連の領域でもタイプAに関する関心が高まる中，"Psychological Bulletin"誌にそれまでに行われたタイプAとCHDの関係をメタ・アナリシスよって検討する論文（Booth-Kewley & Friedman, 1987）が掲載された．ここでは，タイプAとCHDの関係は強くはないがある程度安定した（modestly but reliably）ものだとされている．また，後述するようにタイプAとされる特徴すべてがCHDに関係しているわけではなく，競争性，強い欲求（hard driving）のみが強く関連しているかもしれないといった見解も述べてられている．この翌年，Matthews (1988)はこのBooth-Kewley & Friedman (1987)のメタ・アナリシスの難点を指摘し，データの追加，分類基準などを変えて再度分析しているが，結果自体は大きく変わるものではなかった．この論文に対しBooth-Kewley & Friedman (1988)もコメントを述べている。

これらの一連の報告では，様々な難点はあるものの CHD の危険因子としてのタイプ A の概念に一定の評価をあたえるものになっていた．

4．タイプ A と敵意との関係

しかし，このようなタイプ A に対する肯定的な見方の裏で，1980年代に入ってからタイプ A と CHD との関係に疑問を投げかける研究も徐々に現れてきた（たとえば，Shekelle, Gale, Ostfeld & Paul, 1983）．それらの研究によれば CHD をはじめとした心臓血管系の諸指標と関係が見出されるのはタイプ A そのものではなく，その中の敵意（hostility）という 1 つの特性に過ぎないというのである．こうした見解を支持する研究はその後もつづき（たとえば，Dembroski, McDougall, Williams, Haney & Blumenthal, 1985; Siegman, Dembroski & Ringel, 1987），"Health Psychology" 誌にはそれらの研究を展望する論文も報告された（Smith, 1992）．

ただし，Smith（1992）の展望からも分かるように敵意と健康との関係もタイプ A の場合同様必ずしも明確な関係が明らかになっている訳でもなく，タイプ A という概念の枠組みを維持しその部分的改訂を行いながら研究をすすめてゆくことの有効性を主張する立場も根強い（Birks & Roger, 2000; Byrne, 1996; Faunce, Mapledoram & Job, 2004; Friedman, 1996; Le Mellédo, Arthur, Dalton, Woo, Lipton, Bellavance, Koszycki, Boulenger & Bradwejn, 2001; Sparagon, Friedman, Breal, Goodwin, Fleischmann & Ghandour, 2001; Thoresen & Powell, 1992；山澤, 2004; Yoshimasu & the Fukuoka heart study group, 2001; Sirri, Fava, Guidi, Porcelli, Ratanelli, Bellomo, Grandi, Gassi, Pasquini, Picardi, Quartesan, Rigatelli & Sonino, 2012; Lohse, Rohrmann, Richard, Bopp, Faeh, & Swiss National Cohort Study Group, 2017）．

第3節 タイプAとCHDとを結ぶ生理的機序および他の疾患との関係

1．生理的機序の解明の必要性

　WCGS（Rosenman, et al., 1964）などの縦断的追跡研究は基本的には疫学調査として行われたものである．これらの調査ではインタビューや質問紙によって測定されたタイプAとCHDの発症率，冠状動脈の狭窄の程度などの指標との関係を統計的に見出していた．したがって，両者の関係が確認されたからといってその背後にある生理的メカニズムを込みにした因果関係が同定されている訳ではなかった．このギャップを埋めるべくタイプAとCHDとを結ぶ生理的なメカニズムを検討する研究が，様々な方法を用いて行われた．それらの主だったものを簡単に紹介する．

2．タイプAと自律神経系の関係について

　タイプA者は，交感神経系がストレス負荷時に易興奮性を示すといわれている（たとえば，Krantz & Manuck, 1984；早野・山田・向井・竹内・堀・大手・藤波，1991；Houston, 1983；Palmero, Diez & Asensio, 2001；Walsh, Eysenck, Wilding & Valentine, 1994）．Hassett（1978）によれば交感神経系が作動すると副腎皮質からアドレナリン，ノルアドレナリンなどのストレスに関連した分泌を促進させるほか，瞳孔の拡大，唾液の分泌の抑制，心拍数の増大，心室の収縮性の増大，血管の収縮，消化器の活動の抑制，括約筋の緊張などの作用がもたらされるという．実際に，タイプA者は交感神経系の機能を促進，あるいは，抑制させる薬物などに敏感に反応することが確認されている（Le Mellédo, Arthur, Dalton, Woo, Lipton, Bellavance, Koszycki, Boulenger & Bradwejn, 2001）．これらの反応は生体がストレスに直面したときその対処行動に生体の機能を集中させるための働きであり，Selye（1956）によって提起されたストレス応答の3段階のうちの抵抗期（stage of resistance）の反応に相当する．

　木村（1995）は，タイプA者の交感神経系の易興奮性は心拍の増加をもた

らすが，それは結果的に冠動脈の血流量の減少を引き起こし動脈硬化症の進行につながり CHD を招くもとになっているのでないかと，述べている．これに似た見解は Krantz & Durel（1983）によっても提出されている．また，前田（1990）や Blumenthal, et al.（1978）によればタイプ A 者には冠動脈硬化症の程度が重い者が多いとされ，これらの見解も交感神経系の易興奮性から動脈硬化に至る流れの存在に根拠を与えている．

3．タイプ A と他の CHD リスクとの関係

　タイプ A は高血圧症や高脂血症など他の CHD のリスクとも関連があるといわれ（たとえば，Sparagon, et al., 2001），これらを介して CHD の発症に寄与しているとする説もある．たとえば木村（1995）はタイプ A 者の易興奮性がアドレナリンの継続的な増加を招き，それが高血圧症を引き起こしているのではないかと指摘している．さらに，タイプ A 者の血中のコレステロール値が高いことは繰り返し指摘されている（たとえば，Gill, Price, Friedman, Thoresen, Powell, Ulmer, Brown & Drews, 1985 など）．Friedman（1996）は，タイプ A 者は交感神経系の働きが亢進ぎみで脳や筋肉の血流が増加する分だけ肝臓を含む消化器系の血流の減少を引き起こし，その分だけ肝臓でのコレステロールの処理能力が低下するという説を述べている．

4．タイプ A と他の疾患との関係

　タイプ A が自律神経系と深いかかわりをもっているということは，タイプ A が狭心症，心筋梗塞などの CHD 以外の疾患の危険因子になりうる可能性があるということにもつながる．

　Barton, Brautigam, Fogle, Freitas & Hicks（1982）は大学生を対象とした調査を行ったが，タイプ A 者は非タイプ A 者よりアレルギー疾患があるとした者の割合が 2 倍程度高かった．また，Barton & Hick（1985）は良性のリンパ節の腫れ，発熱などの感染性単核球症に罹る率がタイプ A 者は 3 倍以上

であることを報告しており，タイプAと免疫系に何らかの可能性があることを思わせる．

　他の疾患に関しては，タイプAは，胃腸の障害（Hicks, Cheers & Juarez, 1985; Woods & Burns, 1984），呼吸器の障害，胸痛（Woods & Burns, 1984），偏頭痛（Rappaport, McAnulty & Brantley 1988; Woods, Morgan, Day, Jefferson & Harris, 1984; Barling & Charbonneau, 1992）が多く見られるといった報告もある．さらには，タイプA者は睡眠障害（Hayer & Hicks, 1993; Hicks & Pellegrini, 1982; Woods & Burns, 1984; Barling & Charbonneau, 1992）の者が多く悪夢を見る確率も高い（Tan & Hicks, 1995）というような報告や，なかにはタイプAは認知症のリスクを高めるという研究（Bokenberger, Pedersen, Gatz, & Dahl, 2014）などもみられる．

　また，そもそもタイプA者は些細な身体疾患に関する訴えが多いといった報告（Suls & Sanders, 1988; Gassidy & Dhillon, 1997; Mellam & Espnes, 2003）もあるが，いずれも疫学的な研究にとどまるもので十分な生理的メカニズムが解明されたものではない．

　ただ，すでに述べたようにタイプAが各種の心身症と関連が深いとされる交感神経系の機能亢進と関連していることは間違いないようであり，そうした点を踏まえれば，CHD以外の疾患とタイプAとの間に何らかの関係があっても不思議ではないだろう．ここにもタイプA研究の広がりが見て取れる．

第4節　本書でのタイプAの概念の位置づけ

　Strube（1989）はいくつかのデータを再分析するなかでタイプAとしての単独の潜在変数を仮定することが可能であるとし，タイプAがその対概念であるタイプB[1]とともに人格心理学でいう類型として理解できる可能性を指摘している．一方，因子分析を用いたタイプAの因子構造に関する研究では(1)敵意や短気を主体とした因子と(2)達成欲求を主とした因子の2つの因

子が見出されるという説もある（Spence, Helmreich, & Pred, 1987; Helmreich, Spence & Pred, 1988）．このように併記するとタイプA研究の流れの中にそれを類型論的にみるか特性論的にみるかの論争があったかのようにも思えるが，必ずしもそうではない．タイプA研究の主流は長い間タイプAとされる性格特徴，行動特徴がCHDやそれに関連した心臓血管系の反応と関係しているか否かに関心をもってきたため，タイプAというものが心理学概念としてどのようなカテゴリーに属するかはあまり考えてはこなかったのである．

Matthews（1982）は，タイプAは単一の特性でないことはいうまでもないし人格心理学でいう類型とも異なると述べている．ただ，MatthewsはタイプAとは「究極のタイプAから究極の非タイプA，つまり，タイプBに至る1つの連続体（continuum）と考えられる」と述べていることから，タイプAというものが類型論的，あるいは，特性論的性格概念のいずれとも異なるとはいえ，1つの概念として理解できる可能性を示唆している．また，山崎（1995）は「環境に依存せずストレスをつくる，性格特徴としてのタイプA（p.3）」というものの存在を主張し，タイプA性格なる用語の用い方を提唱している．

このような見解をまとめると，タイプAはこれまでの心理学における性格概念とはやや趣を異にするものの，広い意味での性格概念と考えて差し支えないと思われる．もちろん，タイプAを性格概念と考える見解の中にも上に述べた特性論的な立場，類型論的な立場など様々な立場があり，そうした意見の相違については本書でも必要に応じて紹介して行くことになる。しかし，そうした細部の意見の違いは一寸措いて，本書ではタイプAを広義の性格として位置付けていることをとりあえず確認しておきたい．

1）しばしば，タイプAの対概念はタイプBと呼ばれることがある．しかし，タイプBについては一部（たとえば，Kaplan, 1992; Korotkov, Perunovic, Claybourn, Fraser, Houlihan, Macdonald, & Korotkov, 2011）を除けば具体的な記述がなされておらず，本書では特別な場合を除いて非タイプAと呼ぶことにする．

第5節　本章の要約

　本章では，タイプAの心理学的な研究に関する議論に先立ち，タイプAの概念や主として医学領域における研究の発展に関する研究を紹介した．タイプAは1950年代末にアメリカの2人の心臓内科医師 M. Friedman と R. Rosenman によって提起されたもので，①時間的な切迫感，②攻撃性と敵意　③競争性や達成に対する過剰な傾向　④気短さなどを特徴とし，高血圧やコレステロール値などといった他の生理的な危険因子とは独立して，虚血性心疾患の発症に影響を与える心理—社会的な危険因子とされた．本章では，まず，タイプAの研究が主として医学の領域で進められてきた経緯について簡単に概観した．さらに，タイプAとCHDとを結ぶ生理的機序やCHD以外の身体疾患とタイプAとの関連を扱う研究などについても簡単に紹介された．以上に加え，本書においてタイプAの概念が広義の性格特性として扱われることになることが確認された．

第1部　タイプAに関する心理学的研究の展望

第1章　タイプAに関する心理学的理論とその周辺

第1節　心理学的な研究の端緒

　タイプAは，内科的疾患に関するリスクとして研究が始まったため，初期の研究の多くは医学者の手によるものが多かった．しかし，やがて，タイプAの特徴を心理学的メカニズムとして理解する研究が増加した．

　タイプAの心理学的メカニズムに関心がもたれるようになった契機は，1970年代の心理学界において注目を集めていた学習性無力感（learned helplessness; Seligman, 1973）の研究にあった．学習性無力感の研究を支えてきた研究者の多くは，それが人または動物がコントロール不可能性（uncontrollability）を認知することによって生起するという説をとる．タイプAの心理学的メカニズムの説明を試みる研究も，当初はその説に準拠していた．以下，これをコントロール説と呼ぶ．

第2節　コントロール説について

1. KrantzおよびGlassらの研究

　コントロール説はKrantz, Glass & Snyder（1974）の研究にはじまる．

　Krantz, et al.（1974）は，嫌悪的な経験を経た後の学習課題の遂行成績の低下を検討する学習性無力感の実験的研究を行っていた．そして，その結果をタイプA者，非タイプA者の別に分析してみたところ興味ある結果がもたらされることに気付いた．いわゆる学習性無力感の実験において高度に嫌悪的な刺激でコントロール可能な事態を経験した場合，タイプA者は非タイプA者より後続課題の成績が良好だった．しかし，同じ高度に嫌悪的な刺激で

もコントロール不可能な事態を経験するとタイプA者は後続課題の成績を悪化させ学習性無力感を生起させたが，非タイプA者はあまり成績の低下を示さなかった．なお，中程度に嫌悪的な刺激下におけるコントロール不可能な事態では非タイプAは学習性無力感を生起させたがタイプA者は成績の低下を示していない．Krantz, et al. は，タイプA者は達成欲求が強く短時間内に仕事をやり遂げようとするのでコントロール可能な事態では課題遂行を促進させるが，タイプA特有の時間的切迫感やせっかちさのためコントロール不可能な事態では非タイプA者より早くコントロール不可能性を認知しやすいので逆に学習性無力感に陥り易いとした．このような現象が高度に嫌悪的な事態で見られるのは，タイプA者は課題の達成に障害となるようなストレスフルな事態を取り除くためにより達成的になるからである．

　さらに，Glass（1977a; b）は，タイプA者はコントロールに対する過剰な敏感性（hyper-responsiveness）をもっているとし，そこからKrantz, et al.（1974）のデータを説明した．まず，中程度に嫌悪的な刺激によるコントロール不可能な事態とコントロール可能な事態をタイプA者，および，非タイプA者にそれぞれ経験させた場合を考えてみる．このときコントロール可能な事態ではタイプA者は非タイプA者ほど課題に対し積極的に反応しない．これはコントロール可能性を保有している限りそれほど嫌悪的でない刺激から逃れるために積極的になる必要がないからである．一方，同じ中程度に嫌悪的な刺激によるコントロール不可能な事態ではタイプA者は積極的に課題に反応する．コントロールが失われていることに気づいた彼らはそれを取り戻すことに動機づけられるのである．一方，高度に嫌悪的な刺激下ではどうだろうか．この場合，コントロール可能な事態ではタイプA者は非タイプA者よりも積極的に反応する．彼らは嫌悪的な刺激に対するコントロールを獲得したいからである．そして，確かにある程度コントロールを獲得できる．しかし，この高度に嫌悪的な刺激でコントロール不可能な事態ではタイプA者は非タイプA者に対し急速に反応を低下させる．自分で環境をコントロー

ルすることに敏感なタイプA者は高度に嫌悪的な事態に対してはいち早く反応するため，この事態がコントロールできないことに気づき，学習性無力感に陥り易いのである．

2．コントロール説の背景にあるもの

このGlassらのコントロール説はWortman & Brehm（1975）の学習性無力感に関する見解に裏付けられている．Wortman & Brehm（1975）によると，人はコントロール不可能な事態におかれた場合，当初はそれに対して抵抗するため過剰に反抗するリアクタンス（reactance）傾向を見せるが，コントロール不可能な事態の経験量が一定の限度を越えると抵抗をやめ学習性無力感に陥るという．このストレス量の増大に伴って過剰反応から抑制に至るプロセスはタイプA者がコントロール不可能な事態に対して見せた反応と合致する．このようなリアクタンスから学習性無力感に至る2段階は自分が経験している事態を重要なものとみなす傾向が強い者ほど現れやすい．前述のようにGlassはタイプA者はコントロールすることに対して過剰な敏感性をもっていると主張しているが，これはコントロール不可能な事態を重要なものとみなす傾向に対応する．

第3節　コントロール説の展開

1．コントロールの譲渡に関する研究

Strube & Werner（1985）は，コントロールの譲渡（relinquishment of control）のパラダイムを用いた実験を行った．実験ではパネル上に配置されたランプの点灯パターンに従いボタンを押す方略を学習させる課題が用いられた．この実験では課題を前半と後半に分けていたが，前半では被験者は2人ずつペアをつくりそれぞれ課題を行った．そして，前半の終了後，実験条件に応じた結果のフィードバックなどをうけたのち，①後半では試行ごとにペ

アのうちどちらか1人だけが課題に従事すること，②しかし，2人で行った前半の得点と1人だけが従事した後半の得点とを合計しそれがそのペアの得点として評価される，③ペアのどちらが課題に従事するかは試行ごとに決めることができることなどが説明された．そして，実際に後半の各試行ではペアのうちのどちらが相手に課題に取り組む権利を譲るかが記録され，これがコントロールの譲渡の指標とされた．この実験においてタイプA者は後半の課題で相手に課題を行う権利を譲ることが少なかった．この結果はタイプA者が自分でコントロールできることに対してこだわりをもっていることを示すもので，コントロール説を証明するものとされた．また，非タイプA者は前半の課題で自分の成績がすぐれているというフィードバックをうけたときは後半も自分で行い，逆に自分の前半の成績がすぐれていなかったときは相手に譲るといった対応が見られたのに対し，タイプA者は前半に相手の成績がすぐれていたときはとくにコントロールの譲渡を渋る傾向がみられた．

2．随伴性の判断に関する研究

これとは別に，Strubeらは，学習性無力感の研究で用いられている実験パラダイムを利用しタイプAのコントロール説を検討した．

Alloy & Abramson (1979) は学習性無力感に陥り易い者が課題場面でコントロール可能性を低く見積もることを確認するため随伴性の判断 (judgment of contingency) に関する実験を行った．その結果，学習性無力感に陥り易い抑うつ者のコントロールの判断はほぼ正確であったが，非抑うつ者は客観的なコントロール確率より高めの評価をする現象 (illusion of control) をみせた．Strube & Lott (1985) もこの手続きを用いた実験を行ったが，タイプA者および非タイプA者の両者で illusion of control が確認され，タイプA者と学習性無力感の病前性格との類似性は否定された．ところで，この実験では随伴性の判断を被験者本人が課題を遂行しコントロール可能性を評定させた場合 (actor 条件) と他の被験者が課題を遂行しそれを観察して評定さ

せた場合（observer 条件）の2条件が設けられていた．前述の結果は actor 条件にあたる．一方，observer 条件ではタイプA者は illusion of control を見せなかった．Strube & Lott は，タイプA者は自分の能力（ability）に関して過信し actor 条件では illusion of control を見せるが，逆にタイプA者は他者の能力に関しては信頼していないために observer 条件では illusion of control を示さないのではないかと解釈している．

　以上，一連の研究をみると，タイプAの心理学的なメカニズムの中核にコントロールの欲求を仮定している点では Glass らの研究の流れを汲んでいるが，一方で Glass らとも若干異なる視点も見出せる．すなわち，コントロールの譲渡（relinquishment of control）のパラダイムを用いた研究（Strube & Werner, 1985; Strube, Berry & Moergen, 1985）では，コントロールを他者に譲るかどうかという指標をもってタイプA者のコントロールの欲求を検討し，また，随伴性の判断（judgment of contingency）のパラダイムを用いた研究（Strube & Lott, 1985; Strube, Lott, Heilizer & Gregg, 1986）では Alloy & Abramson (1979) の研究では見られない actor 条件と observer 条件の比較を行うなどの方法をとっている．Strube は，人はコントロール可能性を他者との比較の中で認知するという他者比較という視点をもっていたことがわかる．

第4節　コントロール説から自尊心防衛仮説へ

1．タイプAと原因帰属

　学習性無力感に関する一連の研究の中で，Abramson, Seligman & Teasdale (1978) は原因帰属（causal attribution）をとり入れた改訂学習性無力感理論（reformulated learned helplessness theory）を提起している．この改訂学習性無力感理論ではコントロール不可能性の認知のしやすさの個人差のとして，原因帰属のスタイル（帰属スタイル）の違いをとりあげている．

Strube（1985）はこの研究に着目し，改訂学習性無力感理論が提起した3つの帰属次元を測定する質問紙（Attributional Style Questionnaire; Peterson, Semmel, von Baeyer, Abramson, Metalsky, & Seligman, 1982）を用い，タイプA者と非タイプA者の帰属スタイルを比較してみた．その結果，タイプA者は失敗の原因を外的，不安定的，特殊的な方向に帰属する傾向が見られ，タイプA者は学習性無力感に陥りにくかった．この結果は，GlassらがタイプAの心理的特性を学習性無力感に陥り易い者のそれと近いものと見なしコントロール説を提唱していたこと整合性を欠く．そこで，StrubeはM.L. Snyderらによって唱えられた自尊心の防衛仮説，エゴティズム（egotism）説を援用することにした．Frankel & Snyder（1978）によれば，人は本来持っている自尊心を防衛する動機よって自尊心の脅威となるようなコントロール不可能な事態に直面したときは自分自身に失敗の原因が帰属されることを避け，あえて課題を遂行する努力を放棄する傾向があるという．この説によれば学習性無力感もこの意図的な努力の放棄によるものだという．この理論を敷衍するとタイプA者が否定的な結果の原因を外的，不安定的，特殊的な方向に帰属するのは自尊心の防衛のためであったということになる．同様の結果はStrube & Boland（1986），Perez-Garcia & Sanjuan（1996）の研究でも確認されている．

2．Strube, Boland, Manfredo & Al-Falaji（1987）の自己評価モデルについて

　以上の結果をもとにStrubeは，コントロール説を捨て自尊心の維持，防衛などを中心に理論を組み立て直した．

　Strube, Boland, Manfredo & Al-Falaji（1987）はタイプAの自己評価モデル（self-appraisal model）を提起した．このモデルではタイプA者と非タイプA者の心理的な特性の違いとしてコントロールの欲求は仮定していない．タイプA者と非タイプA者の違いは自分の能力を評価しようとする欲望（desire to appraise their abilities）の違いにあるのだという．Strube, et al. によれ

ば，タイプA者はその発達期において高い達成を求められただけでなく，達成の目標として曖昧なものを与えられつづけてきた．そのためタイプA者は自分が目標を達成するだけの能力をもっているか絶えず自分を評価しなければならないという．この自分を評価したいという欲求はとくに曖昧な場面（uncertainty）に遭遇したとき顕著になるという．タイプA者はこの自分を評価しようという欲求が強いため達成欲求を高め他者を凌ごうと達成的になり，時には他者に対して攻撃を向けるなどのいわゆるタイプA的な行動を見せるのである．なお，このタイプA者が能力を評価しようという欲求をもっているのは状況を客観的に理解しようという動機によるものでない．タイプA者の能力評価の欲求を，他者と比較し自分の優位性を確認し自尊心を防衛しようというメカニズムの一環として考えているのである．以上のモデルは図1-1に示した．

Strube, et al.（1987）はこのモデルを証明するため概念形成課題などの認知的課題を用いた実験を行った．その中の1つでは，被験者に課題の開始前

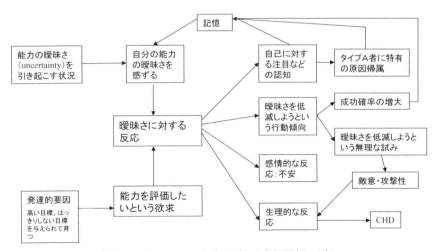

図1-1　Strube, et al.（1987）の自己評価モデル
（Strube, et al.（1987）の957ページの図を筆者が翻訳したもの）

に結果の予測をさせた．そして，被験者をその値より結果の評価値が悪かった者，良かった者に2分し，タイプA，非タイプA者のそれぞれの結果をみた．タイプA者は結果が予測より悪かった場合，被験者全体の結果の分布情報や最低点をとった被験者の情報を欲することが分かった．また，タイプA者は結果が予想より良かった場合その結果の原因を内的に帰属することが分かった．さらに別の実験では，前半に比較的難しい課題を行ったが，後半の開始前に，後半でも同じ能力が必要とする課題を行います，と教示するとタイプA者は後半の課題の遂行成績が低下することが確認された．

これらの結果から，タイプA者は課題の予測値と結果の評価値の差が認められるような曖昧な状況では積極的に自分の能力を評価するための情報を求めることが分かった．また，結果が予想以上に良かった場合は，その原因を内的に帰属し，結果が悪くなり能力不足に直面することが予想される場合は課題放棄によって内的帰属をさける方略をとるなど自尊心を維持しようとする傾向をもっていることも分かった．

第5節　自己の概念を中心においた理論

1．Kuiper & Martin（1989）の自己価値随伴モデル

Strubeらのモデルはタイプ A 者がタイプ A 的行動に動機づけられるメカニズムが生起する要因として，能力を評価する状況の曖昧さ（uncerrtainty）というものを考えている．そして，Strube は，タイプ A 者が状況を曖昧なものとして認知しやすい要因の1つとして記憶（memory）をあげそのなかにセルフ・スキーマというものを仮定しているが，実証はしていない．

これに対し，Kuiper を中心とした研究者はタイプ A 者がもっているセルフ・スキーマや信念といった認知の特徴を描き出し，その特徴からタイプ A 的とされる行動が生ずるメカニズムを考えた．この説は，自己価値理論（self-worth contingency model）といわれる．

Kuiper & Martin (1989) は，タイプAの発達の社会的学習理論として知られている Price (1982) の説（第4章を参照）を引用しながら，タイプA者は機能不全を起こした個人的信念（dysfunctional personal belief）をもっていると主張した．それは自分が十分な価値をもっていないのではないかというような恐れや，何かを成し遂げることで自分の価値が保証されつづけたいという欲求のようなもので，そうした信念がタイプA的な行動を動機づけている．Kuiper & Martin (1989) はそのような信念をセルフ・スキーマと呼んでいる．セルフ・スキーマは2つの側面から捉えられる．まず，1つの側面からの理解として，自己価値（self-worth）を評価しようとする非現実的で硬い随伴性（unrealistic and rigid contingency）を特徴とする態度があげられている．これは「もし，これを失敗したらすべてを失うのも同然だ」とか「私は何をやってもうまくできない．だから，誰もわたしのことを好いてくれない」というような思考内容として現れるもので，完全主義的であるがために行為に対する結果の随伴性をあまりに厳しく見ることによって起こる自己を極端に悪く評価しがちな歪んだ態度として理解される．もう1つの側面は，自己概念の安定性（stability of self-concept）の欠如，つまり，現実の自己と理想の自己の乖離（actual-ideal self-concept discrepancies）として理解されるという．

　Kuiper & Martin (1989) はこのセルフ・スキーマの2つの側面を測定するため機能不全を起こした自己評価（dysfunctional self-evaluation）を評価する尺度や理想の自己と現実の自己の差を測る尺度，また，自我の不安定さの尺度などを用意し調査を行った．その結果それらの尺度の得点とタイプA得点との間に正の相関が得られることを確認した．

2．自己価値随伴モデルの意義

　タイプA者が歪んだ信念やある種の神経症者と似たような非合理な信念（irrational belief）をもっていることは，他でも知られていた（Burke, 1984;

1985; Hamberger & Hastings, 1985; Smith, Houston & Zurawski, 1983）．また，否定的な自己概念をもっていることも報告されている（Lobel, 1988）．Kuiperらの研究はそれらに理論的枠組みを与えたものともいえるかもしれない．

　Kuiper & Martin（1989）が自ら述べているようにセルフ・スキーマの概念を重視する彼らの理論は，抑うつをスキーマの歪みとして理解しようとする認知療法（cognitive therapy）の理論の影響を受けている．

3．自己指示説

　Scherwitz, Berton & Levental（1977）はタイプAの測定法の1つである構造的面接法の会話の記録を分析したところタイプA者は"I""me"などの一人称の代名詞を多用していることがわかった．Sherwitz, Berton & Levental（1978）の研究ではタイプA者の評定は質問紙で行われたが，その後の実験のセッションなどでの会話を分析するとやはり一人称の多用が確認された．これらの見解をもとにSherwitz & Canick（1988）は以下のような説を提起した．この説は自己指示（self-reference）説といわれる．すなわち，一人称代名詞のなかでも特にmyの多用は自己の所有する領域を広げようとする意図を示すもので，タイプA者特有の環境との関わり合いを示している．そして，自己の所有する領域を広げながら環境と関わることは自分の領分として防衛しなくてはならない範囲を広げることにもなり，結果的にある種の脆弱さ（vulunerability）を生む．そして，それが自己の領域を広げようという意図と相俟ってタイプA者の敵意のもととなっているという．自己指示説は一人称代名詞の多用という独自の着眼点をもってはいるが，一方で，個人が環境への働きかける欲求の強さとその結果としての傷つき安さという点を特徴としており，コントロール説に似た仮定をしている．ただし，コントロール説と異なり自己指示説が自己という概念を中心においている点は評価されるべきであろう．なお，Scherwitz & Canick（1988）はタイプA者同様，自己愛（narcissm）傾向の高い者も一人称を多用することを指摘しており，

このあたりにも Scherwitz らの関心の方向がうかがえる.

第6節　タイプA者の目標と信念に関する研究

1．タイプAに関する目標理論

　Phllips, Freedman, Ivancevich & Matteson（1990）は Strube et al.（1987）の理論を修正し目標設定（goal setting）という見地から理論の再編成を試みている．Strube et al.（1987）の理論によると，タイプA者は自分の能力の明確な評価が得られない不確かな状況では不確かさを低減するため過度の達成欲求などのタイプA的な特徴を示すが，そうした達成欲求はタイプA者の定める目標の特徴やその目標に対するコミットメントとして示されるという．これは図 1-2 のように理論化された．

　これとは別にタイプAの心理学的なメカニズムの説明に目標の概念を本格的に持ち込んだのは，Ward & Eisler（1987a; b）である．Ward & Eisler の研究では知能検査課題に対して目標の評定をさせたところ，タイプA者が一貫して高い目標設定を行うことが確認された．また，前半と後半に分かれた

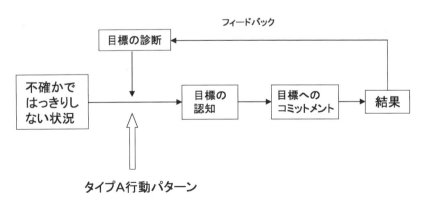

図 1-2　Phllips, et al.（1990）のタイプAの目標理論
（Phllips, et al.（1990）の62ページの図を翻訳したもの）

課題の前半で失敗した場合，非タイプA者は後半の目標設定を下げたが，タイプA者はそのようなことがなかった．Ward & Eisler は，このようなタイプA者の高い目標設定を以下のように説明した．すなわち，Atkinson (1964) の達成動機の理論によれば，達成動機づけの高い者は中程度の目標設定を行うとされる．そして，極端に高い目標をおく者も逆に低い目標をおく者のいずれも達成動機づけが高いとはされない．この Atkinson (1964) の理論によれば，タイプA者は中程度の難易度の目標設定を行うようにみえるが，必ずしもそうなってはいない．タイプA者は一見高い達成動機をもつように見えるが，実はそうとはいえないというのだ．しかし，もちろん，慎重で控えめ (modest) であることもないので極端に低い目標を設定することもない．むしろ，タイプA者は高い達成欲求をもちながらも失敗に対する恐怖 (fear of failure) が強いため，失敗に伴う否定的評価から自分を防衛するため失敗しても仕方ないような高い目標を設定するというのである．タイプA者が防衛的な意図から高い目標設定を行うことについて，Ward & Eisler はタイプA者の自己評価システム (self-evaluation system) に問題があることをあげている．

2．タイプA者の信念に関する研究

　Watkin, Ward & Southard (1987) はタイプA者の認知を信念とよび，その特徴を明確にする方向をとった．ここでいう信念 (belief) とは個人が社会や人間一般に関して保持する比較的安定した思考内容を指し，それがその個人の思考パターンや行動を特徴づけるものである．認知行動療法 (cognitive behavioral therapy) などにおいて問題とされる認知の内容とほぼ同種のものと考えることができる．前述の Ward & Eisler (1987a; 1987b) などの研究はタイプA者の認知の問題を扱いながらやや曖昧な点を残していたが，Watkin, et al. (1987) の研究は結果的にその間隙を埋めることになった．Watkin, et al. は，まず，Price (1982) のモデルを参考にしタイプAの信念の特徴と

して次の3つがあるとした．つまり，①人は絶えず達成を通して自分の存在価値を示していかねばならない．②絶対的な道徳的な正しさなどなく非道徳的とされる行為でも成功を導くことがある．③この世の資源は少なく限られているので競争によって勝ち取らねばならない，である．そして，それらの信念を測定するための質問紙（Type A Cognitive Questionnaire; TACQ）を作成した．Watkin, et al. (1987)，および，Watkin, Fisher, Southard, Ward & Schechtman (1989) の研究ではこの TACQ と他の測定尺度や質問との関係が検討されたが，TACQ は Jankins Activity Survey（Jenkins, Rosenman & Friedman 1967; 以下 JAS とする）などのタイプ A の測定尺度や否定的な評価に対する恐れ（fear of negative evaluation）の質問紙，社会的回避，不安などと正の相関関係があったほか，TACQ の高得点者は全般的な満足度が低いことなどが明らかになった．前述のタイプ A 者の信念の特徴をみると，少ない資源を獲得し評価を得るため手段を選ばず達成的な行動に固執するというタイプ A 的な行動がこれらの信念に由来していることが分かる．また，タイプ A 者が絶えず否定的な評価を恐れていることから，失敗時の自己評価の低下を防衛するためにあえて到達し得ない高い目標を設定することも説明がつく．

　この Watkin, et al. (1989) の研究でタイプ A 者の信念の3つの特徴としてあげられたものは，Kuiper & Martin (1989) がセルフ・スキーマと呼んだものにほぼ相当する．さらに，評価という用語を用いるところも共通性が認められる．そうした意味で Watkin, et al. (1987; 1989) の一連の研究が Kuiper & Martin (1989) の研究と比較的近いものであることは明らかであろう．ただし，Watkin et al. (1989) の研究が目標設定の説明において自己防衛のメカニズムを仮定する点は，Strube et al. (1987) のモデルを思わせるものがある．

第7節　社会的比較の視点からみたタイプA

1．Yuen & Kuiper (1992) による社会的比較の視点

　1990年代に入って Yuen & Kuiper (1992) は，他者比較を中心とした社会的比較の視点 (social comparison perspective) をその基本的立場として理論化する．この社会比較の視点に立つ理論は必ずしも吟味されたものとはいえず，その実証もほとんど行われなかったが，いくつか重要な視点を含んでいる．

　Yuen & Kuiper (1992) は，前述の自己価値理論や Strube らの理論など広い意味での社会的比較の立場に立つ研究を概観すると，仮定する動機の違いから2つの立場が見られるという．その1つは自己高揚 (self-enhancing) を重視するもので自己評価理論などはこれにあたる．もう一方は自己査定 (self-assessment) を重視するもので，Strube らの自己評価モデルがこれにあたる．両者の違いであるが，まず，前者はタイプA者は自分の価値を高めるためにより高い水準の目標を設定するので主に自分よりすぐれた他者との上方比較を行うとされる．それに対し，後者はタイプA者が自分の能力の査定を行いたいという欲求を基本的な前提としておくため，自分の能力が低く査定されるおそれのあるときなどは，自分より能力が低いことが明白な者との下方比較も積極的に行うという．Yuen & Kuiper はこれまでのどちらかというと上方比較重視の立場を転換して，タイプA者の心理的メカニズムである評価の機能として上方比較と下方比較との2種類があるという立場をとり，Strube らの説との統合を図ろうとしたのである．しかし，Yuen & Kuiper はタイプA者が上方比較と下方比較をいかなる条件のもとに切りかえるかについては曖昧な見解しか述べていない．1つの可能性として，上方比較はタイプA者の達成傾向の強さと，下方比較は自尊心維持の欲求と関係しているという見解が示唆されている．ただ，タイプA者が自尊心維持の欲求が高いということにしても，達成欲求が強いとうことにしてもこれまで他で繰り返し議論されてきたことである．むしろ，それを説明するために様々な心理的

メカニズムを議論してきたという面もあるのである．そこで，Yuen & Kuiper は人は自分と共通したセルフ・スキーマの者と比較を行う傾向をもっているという Miller, Turnbull & McFarland (1988) の説を引用して，タイプA者の高い達成欲求などの特徴はセルフ・スキーマの形をとっておりこの傾向の故にタイプA者は他のタイプA者と自分を比較しようとして上方比較を行うのだという説を展開している．実際に後にタイプA者の自己に関する記述が達成に関する内容が多いことを明らかにしている（Westra & Kuiper, 1997）．

2．社会的比較の視点の意義

　Yuen & Kuiper (1992) の理論の特徴は，タイプAの心理的なメカニズムを説明するための2つの動機—達成欲求と自尊心維持の欲求の双方を同時にとりあげたことにある．

　すでに見たように Glass のコントロール説，Kuiper の自己価値理論，Ward らの理論はタイプA者の高い達成欲求を主眼におく．これらの理論はタイプA者の達成傾向，競争心などといった側面は説明できるが，この理論と表裏一体になって議論されてきた学習性無力感，つまり，達成欲求が阻害されたときの動機づけの低下については十分な説明ができない．一方，Strube らの自己評価モデルは，タイプA者の自尊心維持の欲求を主眼におくため，学習性無力感の理論と適合度の低いタイプA者が遂行を阻害された状況，あるいは，遂行が低下した状況での防衛的な振る舞いについてはすっきりとした説明をする．しかし，この理論では，タイプA者が高い達成欲求を見せるのは自尊心維持のためということになり，達成欲求は自尊心を介してしか説明できず，やや冗長な感じが否めない．

　Yuen & Kuiper は，これら2つの立場を併置することで両者の利点を組み合わせタイプAの心理的メカニズムが説明した点で評価ができる．

第8節 タイプAと関連する他の心理学的特性

1. タイプAと自己愛パーソナリティに関する研究

　Chessick (1987a) は，自己愛性パーソナリティ障害 (narcissistic personality disorder) とタイプAの類似性を指摘した．なるほど，DSM－Ⅳ (American Psychiatric Association, 1994) などによって定義される自己愛性パーソナリティ障害の特徴のなかには過剰な称賛を求めることや，自分の目的のために他者を利用することや，尊大で傲慢な行動，態度などタイプAの特徴との類似を思わせるものがある．ただ，Chessick (1987a) はそのような表面的な類似にとどまらずH. Kohutの自己心理学に従い自己愛性パーソナリティ障害の特徴を説明し，それとタイプAとの関連を論じている．

　Kohut (1971)，Kohut & Wolf (1978) の理論は，古典的な精神分析が無意識内のリビドーとそれを抑圧する自我 (ego) との相克で病理的現象を説明するのに対し，リビドーの概念は生かしつつも，自我に代えて自己 (self) の概念を用いる．また，その自己を理想の極と野心の極という2つの部分からなる双極性自己として定義する．このうち前者は理想を追求する達成志向，後者は自尊心などに対応するとされる．この理論では，自己愛性パーソナリティを以下のように説明する．まず，無意識内より放出されるリビドーの流れがあり健常なパーソナリティにおいてはこの2つの極をもった自己との間で一定のバランスが維持されている．しかし，自己愛性パーソナリティ障害は，この2つの極のうち，まず，理想の極が形成不全をおこしており，誇大自己を求めようとする過剰なリビドーを放出しているという．また，形成不全を起こした野心の極に流入したリビドーを抑圧するため自尊心の不安定がおこり防衛的な態度が出てくるのだという．これらはタイプA者に備わる過剰な達成欲求と自尊心維持の欲求の2つにほぼ対応する．

　このような理論的な考察による類似性に加え，Chessick (1987b) は，タイプAを自己愛性パーソナリティ障害とみなす適切な事例として中年の男性の

心理療法家の6年にわたる心理療法の過程を紹介している．ただ，この事例は性的な逸脱行動にかかわるエピソードが中心に取り上げられており，敵意，攻撃性，達成欲求といったタイプAに特徴的なエピソードについてはほとんど記述がない．実際，Chessick（1987b）も他のセラピストがこの事例を境界例と診断したとも述べており，タイプAを自己愛性パーソナリティ障害の一種とみなすにあたって最適なケースとは考えにくい．しかし，他に詳細な事例は報告されていなく，それらをもとにタイプAと自己愛性パーソナリティ障害との関係を検討することは難しい．自己愛とタイプAを関連づける見解は福西・山崎（1995）によって我が国にも紹介され，さらに，Fukunishi, Nakagawa, Nakamura, Li, Hua & Kratz（1996）は，アメリカ，日本，中国の大学生を対象とし質問紙で測定したタイプAと自己愛性パーソナリティの間に中程度の相関係数が得られることを確認している．また，タイプAの主要な構成要素である敵意と自己愛性パーソナリティの相関関係を報告する研究もある（Hart & Joubert, 1996）．

　ところで，Scherwitz & Canick（1988）はタイプA者は周囲の環境を自らの支配下におこうとすることが多くそのため会話に一人称代名詞を多用するという自己指示説を唱えていることはすでに述べたが，Scherwitz & Canick（1988）はタイプA者同様，自己愛（narcissm）傾向の高い者も一人称を多用することも指摘している．このように考えると自己愛性パーソナリティを示す者とタイプA者とはおそらくある種のコントロール欲求の部分で共通性をもっているようにも思われる．また，前述のChessick（1987a）によるH. Kohutの自己心理学の立場からの類似性の比較のことなども合わせて考えると，タイプAと自己愛性パーソナリティは欲求，動機などを含んだ力動的な構造において共通する部分を有していると考えられる．

2．locus of control とそれに関連する概念とタイプA

　Glass（1977）のコントロール説以来，タイプAとコントロールの関係はさ

まざまな形で論じられてきた．その中にはタイプAとRotter（1966）のlocus of controlとの関連を扱ったものもある．

　一般にlocus of controlの内的統制型と達成行動の間にははっきりとした相関が認められる（Findley & Cooper, 1983）．また，強い達成欲求はタイプA者の主要な特徴であることを考えれば，タイプA者が内的統制型を示すことは容易に考えられる．実際にDembroski, MacDougall & Musante（1984），大芦・平井（1991），Perloff, Yarnold & Fetzer（1988），Morrison（1997）などはタイプA者が内的統制型を示すことを確認した．しかし，Al-Mashaan（2001）の研究ではタイプA者が内定統制型を示すのは男子のみで，女子については必ずしも明確でなかった．一方，Gomez（1997）の研究ではタイプAの男性は外的統制型と正の相関が得られているが，女子の場合はとくにはっきりとした結果が得られないとも述べている．また，Ganster, Schaubroeck, Sime & Mayes（1991），Leikin（1990）はタイプAとlocus of controlとの間の相関はないとしている．ただ，その後の研究の中にはタイプAをいくつかの下位尺度に分け，それら個々の下位尺度とlocus of controlとの関係を報告するものもある．たとえば，Cook, Vance & Spector（2000）ではタイプAを2つの下位尺度に分けたうち達成は内的統制型とimpatienceは外的統制型とそれぞれ弱い正の相関関係があることが見出している．また，Johonson（2002）はタイプAをengagement, hard-driving, hostilityの3尺度に分け，engagementは内的統制と中程度の相関，hostilityは外的統制と弱い相関を報告している．

　ところで，タイプA者の見せる動機づけ傾向を検討した研究によれば，タイプA者の示す動機づけは内発的（intrinsic）なものというよりもむしろ外発的（extrinsic）な傾向が強いことが知られている（Lawler, Armstead & Patton, 1991; Sturman, 1999）．外発的動機づけとは外部からの報酬によって強化されることを目的に動機づけられるもので，locus of controlとの関に関して言えば外的統制型と関連があると思われる．しかし，前述のようにタイプA者

の locus of control は内的統制型を示す場合，外的統制型を示す場合の双方があり一貫していない．このような点を含めて考えるとタイプA者の見せる達成欲求は locus of control でいう内的統制型，さらには，内発的動機づけ傾向などといわゆる自己の内的な動機にもとづくものとは若干異なることが理解される．

　ところで，O'Keeffe & Smith（1988）はタイプA者は日常生活で自分を律し，目的を遂行しようとする self-regulation が強いことを確認している．この研究では，また，self-regulation の強い者は課題遂行の結果に対する満足度が高くないことが明らかになったが，なかでもタイプA者は外的な基準が曖昧な場合とくに満足度が低くなる．この結果をみるとタイプA者は自己を律することで自分の側にコントロールの源があることを認めているが，そのコントロールが自分の内的な目標でなく外的で明確な目標を基準にして行使されていることが理解される．このことはタイプA者が Burger & Cooper（1979）の desire for control 尺度において高得点を見せること（Dembroski, et al., 1984; Lawler, Schmied, Armstead & Lacy, 1990），また，タイプAと権力欲求（need for power）との間に正の相関がみられること（Ganster, et al., 1991）と通ずるものがある．

3．タイプAと性格特性の5因子説との関連

　この節のはじめにも述べたようにタイプAと他の心理的概念とを関連付ける研究はあまり包括的には行われていない．しかし，性格特性の5因子説（five factor theory）が浸透するに伴いタイプAを5因子説との関連から検討しようとする研究も現れた．Morrison（1997）は成人を対象としてタイプAと NEO Five Factor Inventory との相関関係を検討している．その結果，外向性（extraversion）とは正の相関係数を，協調性（agreeableness）とは負の相関係数をそれぞれ得ている．また，Ramanaiah, Sharpe & Byravan（1997）の研究では，タイプA者は非タイプA者より協調性が有意に低く勤

勉性（conscientiousness）がわずかに高くなる傾向がみられた．

さらに，Bruck & Allen (2003) は，タイプAを全般的な活動性を示す Achievement and Striving（以下，ASと略す）と苛立ち，敵意などの感情を示す Impatience and Irritability（以下IIと略す）の2つの下位尺度に分けて測定し NEO Five Factor Inventory との関係を検討している．このうち AS は外向性と経験への開放性（openness）と弱い正の相関，勤勉性と強い相関（.6）が，IIと神経症との間に正の相関を協調性との間には負の相関を認めている．

一般にタイプA者は高い達成傾向をその主要な特徴とするが，それを裏付けるように Bruck & Allen の研究では AS との間に強い相関がみられている．しかし，Ramanaiah, et al. の結果ではその傾向はわずかにみられるのみで，Morrison の研究では確認できていない．3件の研究のいずれにおいても共通していたのはタイプA者の協調性が低くなることであった．この協調性の因子は「他者を信用できるか」，「他者に対し率直であるか」，「愛他的であるか」，「従順であるか」などの下位項目から構成されている．一般にタイプAは攻撃性や敵意をその基本的な特徴とするものであり，タイプAとこれらの項目との間で負の関係がみられることも理解できる．

また，タイプAと EPI (Eysenck Personality Inventory) などの性格検査との関係を検討した研究の中にはタイプAと外向性との関係を認めるものも多いが（たとえば，Cook, et al., 2000; Furnman, 1984; Lobel, 1988; Ganster, et al., 1991）．しかし，タイプAと5因子との関係を検討した3つの研究のなかで外向性との関係をみとめたのは Morrison (1997) の研究のみであった．さらに，後述するように他の研究で関係があるとされてきた神経症傾向（neuroticism）との関係が確認できたのは Bruck & Allen (2003) の研究のIIとの間においてのみであった．

以上の結果は必ずしも一致しないが，タイプA者の達成的な側面が勤勉性に，攻撃的で敵意も強いという側面が非協調的な側面にそれぞれ現れている

と考えられる．

　この5因子とタイプAとの関係を扱った研究は著者が知り得る限りこれら3件が報告されたのみである．他の研究で関係が見られるとされる外向性，神経症傾向との関係などはこの3件の研究ではあまりはっきり見られなかったが，その理由などは必ずしも明らかではない．

4．タイプAとソーシャル・サポートに関する研究

　Matthews（1982）は，敵意や攻撃性の高いタイプA者はそうした性格ゆえに人間関係においても軋轢を招きやすくソーシャル・サポートも得にくいのではないかと推測した．さらに，ソーシャル・サポートが貧弱なCHD患者ほど再発，死亡率が高いという報告（たとえばRuberman, Weinblatt, Goldberg & Chaudhary, 1984）に注目し，タイプA者がCHDを発症させる経路の一つとしてソーシャル・サポートがあるのではないかと考えた．Matthews（1982）の見解は仮説の域を超えるものではなかったが，これに影響を受けタイプAとソーシャル・サポートとの関係を検討する研究が行われた．表1-1にそれら7件の研究を列挙した．これらをみると7件の研究のうち6件でソーシャル・サポートとタイプAの間に負の相関関係が見られる．敵意や攻撃性を特徴とするタイプA者の対人関係が貧弱なソーシャル・サポートを招いているという見解は概ね支持されている．ただし，Lynch & Shaffer（1989）（表中の2）の研究のように男子ではソーシャル・サポートの満足感とタイプAの間に正相関が得られている場合もある．Lynch & Shafferは攻撃性，強い達成欲求といったタイプA者の特徴は西欧社会では男性にとって望ましいものとされており，タイプA的な行動が良好なソーシャル・サポートを招く可能性も示唆している．また，Watkins, Ward, Southard & Fisher（1992），Lynch Schaffer & Ninojosa（2000）（表中の4，5）では女子についてはソーシャル・サポートとタイプAとの間にはとくに関係は確認されていない．

　このようにタイプAは貧弱なソーシャル・サポートと関連があるようであ

表1-1　タイプAとソーシャル・サポートとの関係を扱った主な研究

	研究者（発表年）	対象者	主な結果
1	Kelly & Houston（1985）	有職成人女性	とくに関係なし
2	Lynch & Shaffer（1989）	大学生男女	女子：ソーシャル・サポートの満足感と負相関 男子：ソーシャル・サポートの満足感と正相関
3	Malcolm & Janisse（1991）	軍人（男子）	ソーシャル・サポートの満足感と負相関
4	Watkins et al.（1992）	大学生男女	男子：ソーシャル・サポートの質と負相関 女子：とくに関係なし
5	Lynch et al.（2000）	高校生男女	男子：ソーシャル・サポートの満足感と負相関 女子：とくに関係なし
6	Jamal & Baba（2001）	大学教員（成人男女）	認知されたソーシャル・サポートと負相関（男女込みの結果）
7	Sumi & Kanda（2001）	大学生男女	男子，女子ともソーシャル・サポートの満足感と負相関

るが，性役割期待などの影響が関与していることも否定できない．

5．タイプAと完全主義，神経症傾向に関する研究

　完全主義（perfectionism）とタイプAとの関係を扱った研究はタイプA者の達成欲求の特徴を示唆している．Flett, Hewitt, Blankstein & Dynin（1994）はタイプAを achievement と impatience の2つの側面から測定しているが，このうち achievement の側面と完璧主義の間に有意な正の相関が得られている．すなわち，タイプA者の達成欲求というのは達成の創造的な側面についてではなく，一定の範囲内のことがらを支配下におき自分の意思に合致させようとする強迫的な側面と関連の強いものであることがわかる．このことはタイプA者が環境を自らのコントロール下におこうと奮闘する傾

向と共通のものとして理解できる．

　タイプA者が完全主義であるということはタイプA者の達成欲求の特質を示していたが，一方，完全主義はその強迫的な面から神経症的傾向を思わせるものがある．そのことを裏づけるようにタイプAが神経症傾向と関連があることを示す結果はこれまでにもかなり報告されている（たとえば，Chesney, Black, Chadwick & Rosenman, 1981; Irvine, Lyle & Allon, 1982; Furnman, 1984; Cramer, 1991; Lobel, 1988 Deary, MacLullich & Mardon, 1991; Cook, et al., 2000）．また，Albert Ellis の論理療法（rational-emotive therapy）で神経症者の特徴とされた非合理な信念（irrational belief）の程度を測る質問紙とタイプAとの間にも有意な正の相関があることも知られている（Smith, et al., 1983）．小林（1997）によれば不合理な信念はふつう推論の誤りと不適切な評価に分けられ，このうち不適切な評価は「～べきだ」「～ねばならない」というような台詞によって特徴付けられる．このことからタイプA者が見せる神経症傾向が完全主義とも似た認知的な歪みをもったものであることが推測される．

第9節　本章の要約

　本章では，1970年代後半から2000年ごろにかけて行われたタイプAの心理学的なメカニズムに関する研究とタイプAと他の心理的特性との関係を検討した研究を展望した．心理学的なメカニズムに関する研究は，タイプAの心理学的なメカニズムを①コントロール欲求という視点から説明するコントロール説と②自尊心の維持し，防衛しようとする欲求から説明する自尊心防衛仮説の2つに大別できることが理解された．さらに，その両者を統合する立場も提起されていることなどが言及された．

　また，タイプAと他の心理的特性の関係を検討した研究について取り上げまず自己愛性パーソナリティとの関連が検討された．さらに，タイプAと locus of control，性格特性の5因子，ソーシャル・サポート，完全主義，神

経症傾向などの関係を扱った研究を概観し，タイプAを人格として理解した場合のさまざまな側面を列挙した．

第2章　タイプAの形成・発達に関する諸研究

第1節　発達的研究の範囲

　この章では，タイプAに関する研究のうち，とくにその発達に関する諸研究を展望する．

　元来，タイプAはCHDの危険因子として議論されてきたもので，成人期における研究が中心に据えられていた．しかし，CHDの危険因子の変容，さらには予防という見地に立つと，その形成過程について議論する必要があったのである．実際に1970年代後半にタイプAの心理学的なメカニズムについて扱う研究が登場した数年後からこの問題を扱った研究が散見されている（たとえば，Matthews & Kranrz, 1976; Butensky, Faralli, Heebner & Waldron, 1976）．また，タイプAは短期間に学習される行動というより，むしろ，性格概念に近いものであることを考えると成人以前の発達期にその素地が形成あるいは発現していたと考えられ，タイプAの形成過程に関する研究は必然的に発達的研究となった．

　したがって，本章では主として成人以前の発達段階，すなわち幼児期（early childhood），児童期（childhood），青年期（adolescence）に属する対象者のタイプAの特徴，ならびに，その発達過程に焦点をあてる．

　さて，本章は大きく分けて以下の4つの部分から構成されている．まず，①成人にみられるタイプAと同じ行動傾向が幼児，児童，青年においてもみられる．または，そうでなくとも，明かにその前段階と見られる状態が存在するといえるかについて検討する．次に，②その幼児，児童，青年のタイプA，ないしは，その前段階とみられる状態が，成人に達するまで維持，強化，あるいは，変容されながら持続し成人のタイプAに連続していることを確認

する．さらに，以上の事実を確認した後，後半では，タイプAの起源と発達に関する議論を概観してみたい．すなわち，まず，③幼児，児童，青年に見られるタイプA，あるいは，その前段階に相当する状態の起源が遺伝的に規定されたものなのか，あるいは，環境の影響によるものなのか，について検討する．そして，最後に④タイプAの発達に影響する両親の影響に関する諸研究を概観する．

第2節　幼児，児童，青年におけるタイプA

1．行動や心理メカニズムの類似性を基準にする立場

　子どものタイプAに関する研究のなかでもっとも初期の研究に属するBortner, Rosenman & Friedman（1970）の研究では，11歳以上の平均15歳の子どもにできるだけ早く文字を書くテストや決められた短い時間内に与えられた課題をこなすテストなど5つのテストを実施し，これらのテストの得点をタイプAの指標とみなしている．また，Butensky, et al.（1976）の児童，青年を対象とした研究では，成人のタイプAの尺度として著明なJenkins Ativtity Surbey（Jenkins, Zyzanski & Rosenman, 1971：以下，本章ではJASと略す）などの内容を参考にインタビューを構成し，それを実施することでタイプAが測定できたとしている．これらの研究では，成人のタイプAの特徴と符合する項目やテストにおいて一定程度の得点を得る子どもが研究の対象者の中にいればそれで子どもにも成人のタイプAと同様の行動傾向がみられるとみなしている．つまり，子どもにタイプAがみられる根拠を，表面的な行動の類似性に求めているのである．

　一方，そのような表面的な行動の類似性にとどまらず行動の背後にある心理的なメカニズムの類似性も含めて子どもにタイプAが存することを検証する試みが，K.A. Matthewsらよってに行われるようになった．

　Matthewsらによって行われた研究は，子どもの中でも児童をその中心に

据えている．

　たとえば，Matthews（1979）は，4年生，5年生の男子児童と，対照群として男子大学生を対象として以下のような実験を行った．まず，児童は子ども用のタイプA測定尺度 Matthews Yourth Test for Health（Matthews & Angulo, 1980；以下，MYTHと略す）で，大学生はJASによってそれぞれタイプA，非タイプAに分類さた．そして，反応することで強化が与えられる仕組みになっているボタン押し課題が実施された．その結果，ボタンを押すことによって結果をコントロールできることが明白で被験者に脅威を与えない課題条件においては，タイプA者，非タイプA者ともとくに反応の差がなかったが，反応と結果の随伴性の認知が困難で被験者にとって脅威的な課題条件では，大学生，児童ともタイプA者の反応の頻度が高まっていた．第1章で紹介したGlass（1977a; b）のコントロール説ではコントロール不可能な場面においてタイプA者は過剰な反応をすると考えられているが，この実験では，そのような場面で児童が成人（大学生）と同様の反応を見せることを確認し，児童に成人のタイプAと同じ心理的なメカニズムが存することを明らかにしようとしたのである．このような背後にある心理的なメカニズムの類似から子どものタイプAの存在を確認しようとした研究として，他にMatthews & Volkin（1981），Stamps（1988），Weidner & Matthews（1978）などがある．

　前述したようにMatthewsらの研究は，おおむね，児童をその対象にしている．従って，これらの研究結果をみる限り，すでに児童期では成人のタイプAと同様の心理的メカニズムをもった行動傾向が存在しているとみなせる．それならば，児童よりさらに一段階の前の幼児期ではどうであろうか．

　幼児期にタイプAと同様の行動がみられるかどうかを検討した研究としては，Corrigan & Moskowitz（1983），Lundberg（1983），Vega-Lahr & Field（1986）などの研究がある．

　このうち，最も組織的に行われたVega-Lahr & Field（1986）の研究を紹

介する．この研究の被験者は幼児48名（男子24名，女子24名）である．被験者はMYTHによってタイプAあるいは非タイプAに分類された．そして，自由遊戯場面，および，競争的な課題場面での行動が観察，記録された．その結果，タイプAの幼児は自由遊技場面でボボドールとよばれる人形を殴るなどの攻撃的な行動が多くみられた．また，タイプAの幼児は競争的な課題場面である自動車レースや，積み木で高い建物を組み立てるゲームでも遂行成績がよかった．つまり，強い競争性や達成性などが実際に確認されたというのである．

Vega-Lahr & Field は，Matthewsらのように心理的なメカニズムのモデルを提示し，それに結果をあてはめるという作業は必ずしも積極的に行っていないが，幼児を対象にタイプA的とされる行動を確認した点では評価できる．

以上ここまでに紹介した研究は，心理的メカニズムを重視するかどうかという違いはみられるものの，子どものタイプAの存在をその行動特徴から検討し，概ね肯定的な結果を得たものといえよう．

2．根底にある気質に注目する立場

Steinberg (1985) や MacEvoy, Lambert, Karlbeg, Karlberg, Klakenberg-Larsson & Klakenberg (1988) は，幼児や児童に成人のタイプA者にみられる行動特徴とほぼ対応する行動がみられるとする諸研究に疑問を抱いた．幼児期，児童期のタイプAの研究は，単に成人のタイプAと似ている行動やその心理的メカニズムを見いだすだけでは意味がなく，むしろ，基底となる気質（temperment）の中に後にタイプAが発達する萌芽を見つけるべきであると考えたのである．

このうち Steinberg (1985) は，すでに別の目的で継続して実施されていた縦断的研究の21歳になる被験者に協力を依頼し，数種のタイプAの測定尺度を参考に構成したインタビューを実施し成人期のタイプAを測定した．そ

して，その被験者が3歳，4歳時に母親によって測定された気質の尺度との関係が検討された．測定された気質は活動レベル（activity level），適応性（adaptability）など9つにのぼる．その結果，21歳時点でのタイプA得点の分散の20％程度が3歳，4歳時の気質から説明できることを見いだした．なお，後にSteinberg（1986；1988）は，同じ縦断的研究の中の7歳，16歳の時点での性格特性に関する結果からタイプAに相当する部分を抜き出し，21歳時点で測定したタイプAとの関係を検討した．このうち16歳と21歳のタイプAの得点には有意な相関が見られたが，7歳と16歳のタイプAの得点の相関は有意でなかった．そこで，Steinberg（1988）はこれらの結果を総合し，タイプAは，幼児，児童の段階ではその基底となる気質という形では存在しているものの実際に顕在的な行動としては発現しているとは断定できないとした．一般的にタイプAとされるような行動傾向は，児童期を通じて気質と環境との相互作用から発達するものと考えたのである．しかしながら，この研究は3歳，4歳時にタイプAを測定しておらず，幼児期のタイプAと成人期の連続性の有無については明らかにしていない．幼児期の気質とタイプAの両者が成人以降のタイプAと関連している可能性も否定できないのである．したがって，この研究は幼児期の気質が成人のタイプAの基底をなしている可能性を明らかにした研究とみることもできる．

3．幼児，児童，青年のタイプAと成人のタイプAとの連続性

　幼児，児童，青年のタイプAと成人のタイプAとの連続性を確認するためには幼児，児童期から成人に至るおよそ10年を越す縦断的研究が必要となる．長い時間を要するこの種の研究は，その重要さに反して，数少ない．

　まず，Bergman & Magnusson（1986）は，13歳から27歳に至る縦断的研究の結果を発表した．実は，この研究はスウェーデンの子どもを対象として行われたパーソナリティの発達に関する縦断的研究の一部であり，本来，タイプAの研究のために行われたものではない．従って，対象者が27歳の時点

ではLundberg（1980）のタイプAスケールが実施されたものの，13歳の時点ではタイプAの研究を行う意図がなかったためタイプAそのものを測定するスケールは実施されていない．しかし，Bergman & Magnusson は13歳の時点で測定された様々な性格特性，行動特性のなかから攻撃性，過剰な野心（overambition）などの4つのタイプAと類似する尺度得点を取り出し，これらと27歳時に測定されたタイプA尺度の得点との間で相関係数を算出した．13歳で測定された4つの尺度得点の合計値と27歳でのタイプA尺度の得点との相関係数は男子で.41（p<.01），女子で.36（p<.05）であり，思春期前期から成人に至るタイプAの安定性が確認されたと結論づけられた．

ほぼ，同じ頃，Steinberg（1986; 1988）の縦断的データが発表された．この研究は子どもが7歳，16歳，21歳の3つの時点でインタビューを行い得たデータによっている．結果は，7歳時と16歳時とのタイプAの得点間の相関は有意でなく，16歳時と21歳時とでは有意であった（男子.48 p<.005，女子.37 p<.05）．先に述べたようにSteinberg はこの結果から7歳の段階ではタイプAはまだ気質レベルにとどまり実際の行動として発現していないと考えた．しかし，この研究ではインタビューの対象者が7歳時では担任の教師，16歳，21歳の時点では本人であり，すべてが同一ではないという問題を有していた．したがって，7歳時と16歳時との間で有意な相関が得られなかった理由も，実は，測定法上の問題に求められる可能性を残していた．

また，Visintainer & Matthews（1987）は，幼児と3つの学年の児童（2年生，4年生，6年生）を対象として5年間をおいて教師評定によるMYTHを実施した．4年生と6年生を一緒に集計し，2時点でのMYTH得点の相関係数を算出したところ，男子で.38，女子で.33とともに有意な値が得られている．なお，相関係数が.4未満でとどまっているのは2つの時点でMYTHを評定した教師が異なるためで，それを考慮すれば児童期から思春期に至るタイプAの連続性は認められるという．

次に，Keltikangas-Jaervinen（1990）はそれまでの縦断的研究の問題点を

整理し，その解決をめざした研究を発表した．Keltikangas-Jaervinen は，6歳，9歳，および，12歳の児童を対象として母親の評定による MYTH を実施し，さらに3年後に同じく母親による MYTH を再度実施した．これによって，6歳から15歳に至る各年齢で，MYTH というタイプAの測定を目的とした同一尺度で，しかも，母親という同一の評定者によるデータを得ることができたのである．結果は，6歳時と9歳時との MYTH 得点の相関係数が男子で.50，女子で.58，9歳時と12歳時との相関係数が男子で.55，女子で.57，そして，12歳時から15歳時との相関係数が男子で.49，女子で.48（いずれも，p<.001）であり，児童期から青年期に至るタイプAの連続性が確認されたと結論づけられた．

　この翌年，Hunter, Johnson, Vizelberg, Webber & Berenson（1991）は Keltikangas-Jaervinen（1990）と似た手続きによる研究を報告した．開始時8歳から23歳の男女に3年間の間隔をおいて自己評定式のタイプAに関する質問紙を実施し，2回の測定値の相関係数を算出するもので，これによると白人の場合，開始時15歳以下のコーホートでは相関係数がおよそ.5程度で Keltikangas-Jaervinen（1990）の結果ほぼ同じ値が得られていたが，開始時16歳以上のコーホートでは相関係数の値は.7を越えていた．ただ，アフリカ系アメリカ人の場合，全体にその値は低く開始時20〜23歳の男子では2回の測定値の相関係数が.32にとどまっていた．

　さらに，Nyberg, Bohlin & Hagekull（2004）は，縦断的研究のなかで4歳時点と8歳時点での相関を報告しているが，その値はおよそ.5ほどであった．

　以上の結果をみると幼児，児童期にその萌芽がみられたタイプAは青年期以降のそれとある程度の連続性を有するが，おそらく10歳代後半くらいまでは環境の影響によって変化を受ける部分も大きいのではないかと思われる．また，10歳代後半以降にタイプAが比較的安定的なものになっていることについても，白人とアフリカ系アメリカ人の間で大きな差があることを考えると，成熟による固定化というよりは，教育レベルなど社会経済的階層の固定

に伴い変化をうけることが少なくなってくるのではないかと考えられる．

第3節　タイプAの起源について

1. 双生児方による遺伝的要因の検討

　まず，タイプAの起源が遺伝要因と環境要因のいずれに求められるかを検討してみたい．この種の研究は，通常，双生児法が用いられるが，タイプAの研究でもその例にもれず双生児の研究が行われた．

　Matthews & Kranrz (1976) は，大学生の一卵性双生児35組，二卵性双生児21組を対象にして，JASを実施した．その結果，一卵性双生児では有意な相関が得られたが，二卵性双生児では無相関であった．この結果から，Matthews & Krantzは，タイプAの発現における遺伝的影響の大きさを読みとったが，この研究ではサンプルが少ないうえ遺伝率の統計的な検討が十分でなく問題を残すことになった．

　Rahe, Hervig & Rosenmen (1978) は，成人に達した双生児を対象として，成人のタイプAの測定に用いられていた構造的面接 (Structured Interview: Rosenman, 1978: 以下，SIと略す) と4つの自己評定法による質問紙を実施した．そして，いわゆる遺伝率を算出したところ，SIの遺伝率は有意ではなく，4つの質問紙のうち3つの測定値の遺伝率が有意となる結果が得られた．

　Matthews, Rosenmen, Dembroski, Harris & MacDougall (1984) の研究では，成人の双生児を対象としてSIによって得られたデータが分析されたが，ここでは，SIを合計得点で用いずいくつかの下位尺度に分けて分析した．その結果，声の大きさ，潜在的な敵意，インタビューの主導権を握ろうとする傾向などの下位尺度で遺伝率が有意となったが，その他の仕事に対する熱心さ，責任感，食べたり，歩いたりするのが早いことなどの尺度では遺伝率は有意にはならなかった．

　Carmelli, Rosenman, Chesney, Fabsitz, Lee & Borhani (1988) の研究では，

成人の双生児を対象としてSIのほか3つの自己評定を実施して遺伝率を評価した．この研究ではSIは合計点を用いたために遺伝性は認められなかったが，他の自己評定尺度のなかでは気質を測定する項目の中の活動のペースやスピード，行動の強烈さなどで遺伝率が有意になった．

ほぼ同じ頃 Meinnger, Hayman, Coates & Gallagher（1988）は，6歳から11歳の双生児にMYTHを実施して遺伝説と環境説の当否を検討しているが，ここでは遺伝説を支持する結果が得られている．その後，Meinnger, Hayman, Coates & Gallagher（1998）は，同じ対象者に約3年半後に再び同様の調査を実施した．このときは血圧をはじめとした心臓血管系の諸指標も測定されたが，結果は，血圧，コレステロールなどの指標は遺伝的要因の強さが確認されたが，タイプAについてはむしろ環境説を支持するものとなった．

2．遺伝要因と環境要因の評価

さて，以上のうち結果の分析法に問題のある Matthews & Krantz（1976）の研究を除いた4つの研究結果の中で，成人を対象とした3つの研究（Carmelli, et al., 1988; Matthews, et al., 1984; Rahe, et al., 1978）をみてみよう．これらの研究では，すべての結果が一致するわけではないが，タイプAとして測定された結果に遺伝の影響のみられた部分と，逆に，環境からの影響が確認された部分の双方が存在することが見いだされた．Carmelli, et al.（1988）は，一般にタイプAのものとされる行動や心理的な特徴のうち，遺伝性の高いものと低いものの双方があり，気質に属するものは遺伝性が強いのではないかと結論を下している．この Carmell, et al.（1988）の見解に加え，先に Steinberg（1986; 1988）の児童のタイプAは潜在的な気質として存在するという説，そして，Meinnger, et al.（1988），Meinnger, et al.（1998）の児童期および思春期の対象者を用いた双生児研究で児童期ではタイプAの遺伝性が強かったが思春期に至るとむしろ環境的要因が強く確認されたという結果を併せて考えると，以下のようなことがいえるかもしれない．すなわち，タイプAのう

ち，その基底となる気質的な部分は遺伝性が強く，幼児期，児童期などにおいてはこの気質の部分が主にタイプAとして扱われるが，思春期から青年期，成人期に達した後は気質に加え環境の影響から獲得された様々な行動がタイプAの特徴として加わってくるという考え方である．いわば，遺伝と環境の加算説である．ちなみに，遺伝と環境のそれぞれが寄与する比率であるが，Pedersen, Lichtenstein, Plomin, DeFaire, McClearn & Matthews（1989）は，タイプAの得点の全分散の約60パーセントは環境要因から説明可能で，遺伝要因によって説明される部分は，測定方法などによってばらつきはあるものの，10パーセントから40パーセント程度ではないかと推定している．もしこの結果が一般化できるならば，遺伝の影響はそれほど強くなさそうである．

第4節　タイプAの発達に関する仮説

1．タイプAの発達に関する理論

　さて，前節においてタイプAがある程度は環境の影響によって発達する可能性があることを確認したが，では，タイプAの発達に関する理論にはどのようなものがあるのであろうか．残念ながら，子どものタイプAの発達に関する包括的な理論はこれまでのところ十分といえるものが提起されていない．Price（1982）のモデル（第4章参照）はBandura（1977）の社会的学習理論（social learning theory）の枠組みを用いて理論化したものでタイプAが形成される過程を包括的に扱ったモデルとしては長らく唯一のものであった．しかし，後の紹介するようにこのPriceのモデルは成人におけるタイプAの形成過程のモデルであるのか，あるいは，成人以前のタイプAの発達心理学的モデルなのか必ずしも明確でなく，また，実証もほとんど行われていない．その後，我が国の山崎（1995）がタイプAの包括的な発達モデルを目指してタイプAの発達の図式（第4章参照）を提起しているが，これについても山崎自身の幼児やその母親を対象とした実証研究（Yamasaki, 1990; 1994）が一部で行わ

れた以外は実証が行われておらず，また，図式に示された諸要因も具体性にやや欠くものが多く，十分なものとは言い難い（なお，このPriceと山崎のモデルについては第4章で詳しく論じるので，詳細はそちらに譲る）．

これらとはやや視点を異にするが，Thoresen & Pattillo (1988) は，第1章でも紹介したタイプAと自己愛の関連性に着目し，タイプAの発達を考える理論的枠組みとしてH. Kohutの自己心理学（self psychology）や，さらには，J. Bowlbyの愛着理論（attachement theory）が有効であることを示唆しているが，これは大まかな理論的な視点を提供したのみで包括的なモデルとはいえない．

以上のようにタイプAの発達に関する理論的な枠組みを提供する研究は必ずしも十分になされているとはいえないが，一方で，実証的な研究は一定数が報告されている．それらの大部分はタイプAの発達に与える両親の影響を扱った研究であり，それらを展望することで，タイプAの発達についてある程度の知見を得ることができるものと考える．

2．タイプAの発達を両親の影響から説明する2つの仮説

タイプAの発達のある部分が環境の影響によるならば，その環境要因の1つである家庭，とくに両親からの影響に焦点をあてようというのが，これらの研究の主旨である．さて，一連の研究では両親の影響がタイプAの発達に及ぼす仕組みとしてさまざまな見解を述べているが，それらを大づかみにまとめるとほぼ以下の2説に収斂する．すなわち，①両親の養育態度が子どもにタイプA的な反応を引き起こし，それが，安定的な行動傾向として獲得されることでタイプAが形成されるという説，②両親のタイプA的な行動を子どもがモデリングによって学習すると考える説である．以下，本章では前者を養育態度説，後者をモデリング説と称する．

この両説はどちらも体系的に組み立てられたものではなく，個々の研究においてその結果を解釈する際に適宜取り上げられている．従って，両者は決

して対立する説ではない．場合によっては，同一研究内においても2つの説が同時に適用可能であると述べられていることもある（たとえば，Weidner, Sexton, Matarazzo, Pereira & Friend, 1988など）．

3．養育態度説にかかわる諸研究

まず，①の養育態度説についてみてみよう．養育態度説は，Blaney, Blaney & Diamond (1989), Castro, de Pablo, Toro & Valdes (1999), Essau & Coates (1988), Harralson & Lawler (1992), Kliewer & Weidner (1987), McCranie & Simpson (1986), Raeikkoenen Keltikangas-Jaervinen (1992a; b)などによってさまざまな側面から提起されたもので，表2-1に示すように何らかの意味で養育態度説の立場に立つといえるタイプAの発達研究は15件を越えている．これらの研究の多くは，両親あるいは子どもに親子関係を問う質問紙を実施することで両親の養育態度を測定し，その得点と子どものタイプA得点との間に関係を確認し，養育態度説を検証するという方法をとっている．

それらの研究の主張するところは個々の研究によって微妙に異なるが，細部の異同はあえて無視して養育態度説の概略を述べれば，おおよそ以下のようになる．すなわち，両親が子どもに対して非支持的で，拒否的な態度をとり，権威主義的な支配を行い，また，子どもに対して過剰な達成目標を強いることで，子どもは自分を無力で無価値なものと考える．と同時に，子どもは，両親や他者に対して潜在的な怒りや敵意をもつようになる．さらに，子どもは自分の価値を両親や他者に誇示することでみじめな自分の状況の改善を図ろうとし，競争的で過剰な達成行動をとるようになる．そして，これらの行動がタイプAの発達につながるというのである．

この説はWoodall & Matthews (1989)の記述にほぼ沿ったもので，McCranie & Simpson (1986)などもこれに近い説を展開している．ただ，説明は前述のように細部においては研究者間で異なり，たとえば，Yamasaki

表 2-1 両親の養育態度，家庭環境などがタイプAの発達に与える影響について検討した主な研究

	発表者(発表年)	対象者 両親	対象者 子ども	子どもの年齢層	質問紙，行動指標など	主な結果
1	Burke (1983)		○	ビジネススクール（大学院）生　平均年齢は男子29歳，女子28歳	JASによりタイプAを測定し，両親の養育態度について回想的に評定させた．	女子のタイプAと両親（とくに母親）の支配的，感情的な態度との間に関係が見られたが，男子については特筆すべき結果は得られなかった．
2	Bracke (1986)	○	○	小学校6年生	子ども：JASその他の質問紙を参考に構成したもの，MYTH，構造的面接など　親：しつけに関する質問紙，独立と達成（independence and achievement）に関する質問紙，体罰に関する質問紙などを実施．	タイプA傾向の強い子どもの親は，達成を志向し，子どもが失敗したとき罰を加えていることなどが明らかになった．とくにタイプAの男子の父親は体罰を用いている傾向が強かった．
3	Matthews, et al. (1986)	○	○	調査開始時1〜7年生（2年継続）	子ども：MYTH，成績，IQなど　親：家族の心臓病歴，タイプA傾向，SES（社会経済階級）など	家族の心臓病歴，高いSESが子どものタイプAの発達と関連．
4	McCranie & Simpson (1986)		○	大学生の被験者による回想的な評定	JASおよび養育態度質問紙養育態度は概ね16歳の時点を回想して評定するように指示	JASのA-Bスケールと関係していた養育態度の下位尺度はexpectation for cognitive competence, achievement controlであった．JASのspeed/impatienceスケールはhostile control, rejectionとも関連．
5	Kliewer & Weidner (1987)	○	○	9〜12歳	親：子どもへの要求に関する質問紙　子ども：MYTHおよびHunter-Wolf A-Bスケール	父の高い要求水準が女児のタイプAを，母親の教育に関する高い期待が男児のタイプAをそれぞれ促進していた．
6	Matteson, et al. (1987)		○	ビジネススクール（大学院）生　平均年齢は23歳	JASなどの項目をもとに構成されたタイプAを測定．また，Price (1982)のモデルに基づき，信念，家庭環境などを問う質問紙を実施．	父母とも子どもに対してタイプA的な行動をとるような指示をあたえていた．また，父は達成できなかったとき批判的な態度をとる，母は何事も結果の正否にこだわる，といった特徴も報告された．

（次のページに続く）

発表者(発表年)	対象者 両親	対象者 子ども	対象者 子どもの年齢層	質問紙，行動指標など	主な結果
7 Essau & Coates (1988)		○	大学生	JASによりタイプAを測定し，さらに両親の支配スタイル（control style）を評価する質問紙を実施した．	両親が独裁的な支配スタイルをとる場合，子どもは競争心，時間的切迫感，敵意などタイプAを構成する特性が高くなる．
8 Blaney, et al. (1989)		○	男子大学生	JASおよび過去の養育態度を問う質問紙	タイプA者は，母は子どもを甘やかし子どもに対し不適切な称賛を与え，父は達成的だと評価している一方，両親は子どもに無関心で非指示的であるともみなしている．両親に対するアンビバレントな感情がうかがえる．
9 Copeland (1990)	○（母のみ）	○	6〜12歳	子どもに目隠しをさせ積み木などの課題をさせ，それを母親が側で援助する場面をもうけその様子を観察する．	母親の態度と，行動評定による子どものタイプAとの間には明確な関係はなし．
10 Yamasaki (1990)	○	○	3〜6歳	子ども：MYTH 親：田研式親子関係テスト	男子は父母の不安，溺愛などとタイプAの高さが関係．女子は母親の不安，溺愛，両親の不一致などが関連．
11 Fukunisi, et al. (1992)	○（母のみ）	○	幼児	子ども：MYTH 親：家庭環境に関する質問紙	男子はconflictが少ないほどタイプA傾向が強く，女子は逆にconflictが多いほどタイプA傾向が強くなることが確認された．
12 Raeikkoenen & Keltikangas-Jaervinen (1992a)	○（母のみ）	○	調査開始時9〜12歳（6年継続）	子ども：MYTHおよびJASをもとに作成したフィンランド語のタイプA質問紙 母親：養育態度，子どもの活動性，攻撃性などを評価する質問紙	母親の厳格なしつけ，感情的な拒絶がフォローアップ時の子どものタイプAの高さと関係していた．
13 Raeikkoenen & Keltikangas-Jaervinen (1992b)	○（母のみ 同上）	○	調査開始時9〜12歳（6年継続）	母親：上記の他，母親のタイプAやSES（社会経済的地位）などに関する質問を実施．	上記の研究の対象者のなかでも母親についてさらに詳しく検討した研究．母親自身がタイプAであること，母親のSESが低いことが，上記のような敵対的，拒絶的な態度を生み，それが子どものタイプAの高さと関係している可能性が示唆された．
14 Harralson & Lawler (1992)	○	○	6〜12歳	子ども：MYTHなど 親：養育態度を問う質問紙	achievement pressureおよびauthoritarianismが子どものタイプAの高さと関係

（次のページに続く）

	発表者 (発表年)	対象者		質問紙，行動指標など	主な結果
		両親	子ども		
			子どもの 年齢層		
15	Forgays (1996)		○ 大学生	子ども：著者らが作成したタイプA尺度，家庭環境に関する質問紙	男女とも父母の conflict, achievement orientetion, contorl が高いとタイプA傾向が強くなることが確認された．
16	Castro, et al. (1999)		○ 大学生	JAS および親子関係の質問紙として知られている EMBU を実施．	男子は父親の rejection, 女子は favouring と高いタイプAとが関係していた．なお，女子で JAS の Job invlvemento の得点が高い者は父母ともに contorl, favouring が強くなり，男子では Speeed/Impatience の得点と父の rejection, contorl との関係が，女子では母の rejection, 父の contorl などとの間に関係が見られた．

(注) ○…当該研究で用いた対象者が該当することを示す．
　　JAS … Jenkins Activity Survey：自己評定によるタイプAの測定尺度．
　　MYTH … Matthews Youth Test for Health：幼児，児童用の他者評定によるタイプAの測定尺度．

(1990；1994) などは，タイプAを発達させる子どもの両親は自分のことだけで精一杯で育児に対して関心が薄いために，子どもは自分の価値を両親に認めさせる目的でタイプA的な行動にでるのではないかと考えており，強調する力点がやや異なっている．また，Kliewer & Weidner (1987) や Essau & Coates (1988) などは，両親が子どもに対して高い達成目標を求めることをタイプAの発達の主要因においている．さらに，Blaney, et al. (1989) などは，両親が達成志向的であると同時に子どもに対して過保護であることも条件に挙げている．この過保護は，Yamasaki の主張する無関心などとは明らかに矛盾する概念である．こうした，細部の不一致が生じてくる理由は，おそらく，それぞれの研究が用いる尺度，対象者の発達段階，社会経済的階級などが異なっているからであり，それらを考慮すればそもそも諸結果が完全に一致することの方が難しいかもしれない．なお，Blaney, et al. (1989) は，タイプAを発達させる親の養育態度が過保護な側面と拒否的，非支持的な側

面という矛盾した面をもつ原因を，両親のアンビバレントな態度によるためと推測している．結果が諸研究間で一致しないひとつの原因としてこのアンビバレントな態度というものもあるかもしれない．

おそらく，研究の方向として進むべきことは，これらの一連の実証的研究を細部の異同に過剰に拘ることではないだろう．むしろ，タイプAの発達に関するより大きな，包括的な理論的な枠組みを提示し，その中で養育態度の果たす役割を位置づけることではないかと思われる．ただ，前述のようにタイプAの発達について包括的な理論的な枠組みを実証を伴いながら提起した研究はほとんどない．

4．モデリング説に関わる諸研究

つぎに，②の"モデリング説"であるが，Blaney, et al. (1989), Bortner, et al. (1970), Deo & Ram (2000), Matthews, Stoney, Rakaczky & Jamison (1986), Raeikkoenen, Keltikangas-Jaervinen & Pietikainen (1991), Weidner, et al. (1988) などがその適用の可能性を述べている．

たとえば，Matthews, et al. (1986) は，児童にはMYTHを，両親にはFramingham Type A Scale (Haynes, et al., 1978a) をそれぞれ実施した．その結果，子どものうち男子のタイプAと両親のタイプAとの間に有意な相関を認めた．Matthews, et al. (1986) は，この結果を解釈して，タイプAの特徴は一般にステレオタイプに男性的な行動とされているものが多いため，男子は日常生活のなかでタイプAである両親の行動を観察学習するのではないかと述べている．

モデリング説を唱える諸研究は，ふつう両親と子どもの双方にタイプAの測定尺度を実施し有意な正相関が得られ類似性が示唆されたことをその根拠にしているが，具体的な学習が生起する過程についてはこのMatthews, et al. (1986) の研究のように推測として述べられるにとどまっている．

5. 両親の影響の性差について

タイプAの発達を両親の影響から検討した一連の研究に内在する問題として，無視できないもう1つの問題が性差である．すなわち，①両親うち父親と母親のどちらが子どものタイプAの発達に大きな影響を与えるのかという問題と，②子どもの側で両親からより大きな影響を受けるのは男子なのか女子なのかという問題の2点である．

まず，①についてみれば，母親の影響が大きいとみるのが，Matthews & Krantz (1976)，Sweda, Sines, Lauer & Clarke (1986) などであり，逆に父親の影響を重視するのが Lundberg, Rasch & Westermark (1990)，Weinder, et al. (1988) などである．また，Forgays & Forgays (1991) などは父母の双方の影響を認めている．

一方，②についてみれば，Kliewer & Weidner (1987)，Matthews, et al. (1986)，Weinder, et al. (1988)，Yamasaki (1990; 1994) など，両親からの影響をうけるのは主として男子のみという見解をとる研究者も多いが，Matthews & Krantz (1976) のように男子のみならず女子も両親の影響を受けタイプAを発達させると報告する者もいる．ただ，女子のみが両親の影響をうけるとした研究だけはほとんど見あたらない．

さて，こうした親と子どもの性別による結果の差をどのように理解すればよいのだろうか．

Bracke (1986) は，タイプAの発達と両親の態度の関係を分析し，父親は主として観察学習のモデルとして影響を与えるが，母親はむしろ達成を促すなど子どもに直接的な影響を与えているのではないかと指摘している．この見解は，確かにモデリング説を支持する結果が父―男子の間での観察学習を想定していること（たとえば，Weidner, et al., 1988など）とは符合するが，父親が女子に影響を与えている結果（たとえば，Castro, et al., 1999）などとは必ずしも整合性がない．また，Raeikkoenen (1993) は，父母の別，および，子どもの男女の別に組み合わせを作り，さらに，タイプAをいくつかの次元に

分けて体系的に分析を試みたが，結果は複雑になるだけで，統一的な見解は引き出せなかった．

このようにタイプAの発達の性差については，現在のところ，確定的な見解は出されていない．これまでの諸研究の結果をみてほぼ確定できる事実は，一般に男子の方が女子より両親から受ける影響が大きいといえることくらいである．

先にも述べたが，一連の研究では使用している尺度や対象者の発達段階，人種，属する文化などの違いが大きいということは，やはり，ここでも統一的理解を困難なものにしているのだろう．

ところで，今後こうした問題を解決する研究が何らかの形で行われる必要性があることはいうまでもないが，それを我が国で行うとなるとその結果から一般的な結論を導くことは一層難しくなるおそれがある．というのは，育児やしつけの様式には文化によってかなりの差があることはいうまでもないが（東，1994），なかでも我が国では欧米に比べ子どもの性別によるしつけ方の差異が大きい（渡辺，1995）という指摘があるからである．そうした点も考慮しながら研究を行わなければならないのである．

第5節　本章の要約

本章では，主として成人以前（幼児，児童，青年）を対象にしたタイプAに関する諸研究とその発達について検討した．まず，章の前半では，幼児，児童，青年のタイプAについて，成人と同様の行動や心理的なメカニズムを有したタイプAという概念が成立しうるという考え方と，その基盤となる気質が存在するという考え方の2つが存在することが紹介された．また，そうした成人以前の対象者に見られるタイプAあるいはその関連概念が成人のタイプAと連続性をもっている可能性が確認された．さらに章の後半ではタイプAの起源と発達に関して諸研究が展望された．まず，タイプAの起源に関し

て言えば，タイプAは遺伝的なものというより環境の影響によって形成された可能性が高いようであった．さらに，そのタイプAの形成過程に関して，両親の養育態度がタイプAの形成を促しているという養育態度説と，両親のタイプAがモデルになり子どもの観察学習が行われるとするモデリング説との2説があることが紹介された．ただし，諸研究の研究結果は細部で一致せず，また，性差なども見られることなどが取り上げられた．

第3章　タイプAの変容に関する心理学的研究

第1節　タイプAの変容についての論点

　前章でみたように，タイプAの一定程度の部分はおおむね幼児から青年期を通して環境からの影響で形成されてきたもの，といってさしつかえないであろう．したがって，それは心理学的な手続きを用いることで変容可能なものと考えられる．また，タイプAをCHDの危険因子とみなすと，CHDの予防，あるいは，罹病者の再発の防止という見地からも，その変容は必要なことでもあった．

　実際にタイプAの心理学的な研究が軌道に乗り始めた1980年ごろから，タイプAの変容に関する臨床心理学的な研究が報告されるようになった．この章では，それらの研究について展望する．

　さて，本章ではタイプAの変容に関する臨床心理学的な研究を展望するにあたって，いくつかの基本的な論点をたて，それらを整理，検討するという方法をとる．その論点であるが，①タイプAの変容にあたってどのような心理学的な介入技法が用いられているか，②それらの介入技法によってタイプAが実際に軽減されるか，また，タイプAの変容が実際に生理的な変化や，CHDの発症の低減につながっているか，③タイプAの変容をめざす介入技法以外の技法によってもCHDの発症を低減させ，場合によってはタイプAを変容させることもありうるか，をあげておきたい．以下，これらを順に検討してゆく．

第2節　タイプAの変容で用いられる臨床心理学的介入技法

1．変容技法の分類について

まず，1つめの論点，すなわち，タイプAの変容にあたってどのような心理学的な介入法が用いられているか，についてみてみよう．

表3-1 はこれまでに発表されたタイプAの変容に関する研究の概要をまとめたものである．1970年代以降報告された研究はほぼ網羅してある．ただし，M. Friedman らが中心になって行った大規模な縦断的研究，冠状動脈性疾

表3-1　タイプAおよびそれに関連する特性の変容を試みた研究の一覧

（ただし RCPP の一環として行われた研究は除く）

	発表者 (発表年)	対象者	変容，介入プログラムの内容	プログラムの回数，期間	結果
1	Suinn, et al. (1975)	タイプA傾向の強い成人のCHD患者	心臓ストレス・マネージメント・トレーニング（cardiac stress management training）をパイロットスタディとして実施．	週3回 8週間	コレステロールの低下　質問紙で測定したストレス反応の低下．
2	Suinn & Bloom (1978)	健常な男性成人	不安・マネージメント・トレーニング（anxiety management training: AMT；系統的脱感作とよく似たもの）．	週2回 3週間	JAS*で測定したタイプAの hard driving の低下．
3	Roskies, et al. (1978)	健常なタイプAの成人男性	①特別な行動療法（special behavior therapy; Suinn, & Bloom, 1978 の研究でもちいた AMT とほぼ同じもの），もしくは，②心理療法（カウンセラーによる面接）．	1，2週間に1回 5ヶ月	どちらのプログラムを受けた場合もコレステロール，血圧などが低下したほか，時間へのプレッシャーなどタイプA的特性も低下．
4	Roskies, et al. (1979)	上に同じ	上に同じ．プログラム終了後6ヶ月間の追跡の結果．	—	コレステロール，血圧のほか時間へのプレッシャーなどタイプAの特性の低下も持続．ただし，効果の持続は行動療法で顕著．
5	Thurman (1983)	大学生男女	スモール・グループによる論理・情動療法（rational-emotive therapy）．	週1回 6週間	JAS で測定したタイプAは低減効果あり．ただし，論理情動療法は不安，ストレスなどの低減には影響は与えなかった．

（次のページにつづく）

	発表者 (発表年)	対象者	変容，介入プログラムの内容	プログラムの回数，期間	結果
6	Levenkron, et al. (1983)	25歳～50歳の健常男性	①包括的行動療法（comprehensive behavior therapy；自分のタイプA的行動に気づきセルフ・コントロールを行う方法を身につける），もしくは，②グループ療法（グループ療法を通してタイプA的行動に気づき修正する）．	週1回 8週間	どちらのプログラムを受けた場合もJASおよびFramingham Type A Scaleで測定したタイプAの低減効果があった．
7	Thurman (1985a)	健常な大学教員	①認知行動変容プログラム（cognitive behavior modification program: CBM；論理療法，アンガー・マネージメントを組み合わせたもの），あるいは，②CBMにアサーション・トレーニングを組み合わせたもの．	週1回 8週間	どちらのプログラムを受けた場合も質問紙によるタイプA傾向，怒り，非合理な信念のいずれもが低減．
8	Thurman (1985b)	健常な大学教員	上に同じ．プログラム終了後6カ月，1年間の追跡の結果．	—	どちらのプログラムを受けた場合もタイプA傾向，非合理な信念の低減は維持されたが怒りに関してCBMのみを受けた場合のほうが低くなっていた．
9	Gill, et al. (1985)	40歳代のタイプAの軍人（士官）	RCPPのプログラムをもとにしたスモール・グループによるタイプAカウンセリングのプログラム．	3ヶ月間は週1回，その後は3週間に1回9ヶ月間	タイプAカウンセリングによって構造的面接，質問紙によるタイプA傾向の低減がみられた．また，タイプAの低減によって軍隊でのリーダーシップに悪影響がみられることもなかった．
10	Roskies, et al. (1986)	健常なタイプAの成人男性で管理職についている者	①エアロビクス，ウェイト・トレーニング，あるいは，②認知・行動ストレス・マネージメント・プログラム（cognitive behavioral stress management program; Suinn & Bloom, 1978の研究で用いられたAMTと似たもの）．	週2回 10週間	構造的面接法で評価したタイプA得点は低下していたが，血圧などの生理的指標に関しては著明な変化はみられなかった．
11	Kelly & Stone, (1987)	健常なタイプAの成人男女	①Suinn & Bloom (1978)のAMT，②認知・行動療法（cognitive behavioral treatment）およびAMT，あるいは，③価値明確化療法（value clarification treatment）およびAMT，の3つのプログラムのいずれか．	週1回 6週間	いずれのプログラムを受けた場合もJASで測定したタイプAの低減が確認された．①AMT，②認知・行動療法およびAMTの処置をうけた群では不安も低減した．

（次のページにつづく）

	発表者(発表年)	対象者	変容,介入プログラムの内容	プログラムの回数,期間	結果
12	Nakano (1990)	平均年齢39歳の健常な男性	①Suinn & Bloom (1978) の AMT をとくに敵意,攻撃性に焦点を絞ったもの,もしくは,②タイプAのなかのテンポの速さ,短気さに焦点を絞ったセルフ・コントロール法.	週1回 3～4週間	どちらのプログラムを受けた場合も JAS で測定したタイプAの低減効果があった.
13	Bennet, et al. (1991)	境界性高血圧で心疾患の病歴のあるタイプAの成人男性	①ストレス・マネージメント・トレーニング (stress management training: SMT; リラックス法,瞑想,などと認知療法的技法を組み合わせたもの),もしくは,②タイプAマネージメント (上記のSMTにタイプAに気づいて修正する方法を加えたもの).	週1回 8週間	どちらのプログラムでも血圧の低下や敵意,JAS で測定したタイプAの低減がみられた.また,SMT を受けた者は構造的面接法によるタイプA,怒りも低下させていた.
14	Haaga, et al. (1994)	境界性高血圧およびタイプAの成人男性	漸進的筋弛緩法 (progressive muscle relax) によるリラックス法.	週1回 7週間	血圧は低下したが,怒り,敵意などのタイプAに関する特性は低減しなかった.
15	前田ら (1994)	心疾患の病歴のある成人男女	簡易行動修正カウンセリング (タイプAであることを気づかせその修正の必要性を説明するもの).	不定期に6回程度行う 2年間	2年間のカウンセリング終了時にはタイプAの低減が見られたが,さらに2年間追跡した後の結果ではタイプAが再び強まっている者も目立った.
16	Burell, et al. (1994)	心筋梗塞の病歴のあるタイプAの成人男性	RCPP のプログラムをもとにしたスモール・グループによるタイプAカウンセリングのプログラム.	2週間に1,2回 1年間	構造的面接法,JAS などで測定したタイプA得点が低下.統制群とのタイプA得点の差は1年後でもほぼ維持されていた.また,プログラムを受けた対象者はコントロール群にくらべ心臓病の再発も少なかった.
17	Burell (1996)	心筋梗塞でバイパス手術を受けた成人男女	RCPP のプログラムをもとにしたスモール・グループによるタイプAカウンセリングのプログラム.	3週間に1回 1年間	質問紙法で測定したタイプA得点が低下した.また,コントロール群と比較して5,6年後の死亡率も低かった.

(次のページにつづく)

	発表者 (発表年)	対象者	変容，介入プログラムの内容	プログラムの回数，期間	結果
18	Nakano (1996)	37歳，42歳，47歳のタイプAの成人女性3名（ケース研究）	行動分析の手法を用いたセルフ・コントロール訓練．タイプAに関して概要を説明した後，食事を食べる早さに目標を絞り，12週間に渡って食事をする時間を自ら記録することによって，できるだけゆっくり食べリラックスすることを目指す．	12週間毎日自分で決められた手続きを記録する	食事をする早さが低下．また，頭痛，肩の痛みなどストレスに由来すると思われる反応も低減．なお，タイプAの質問紙得点の変化については論文中にはとくに記載がない．
19	Moeller & Botha (1996)	平均年齢40歳の健常なタイプAの成人男性	論理・情動療法をスモール・グループで行った．	週1回 10週間	構造的面接法，JASなどで測定したタイプA得点が低下．また，非合理な信念の得点も低下した．
20	Gidron & Davidson (1996)	平均年齢25歳の健常な敵意傾向の強い男性	敵意の低減を中心にした認知行動介入（cognitive-behavioral intervention）プログラム．	週1回 8週間	構造的面接法で測定した敵意の低下のほか怒り表出も低下していた．
21	Karlberg, et al. (1998)	平均年齢50歳の健常なタイプAの男女	RCPPのプログラムをもとにとくにタイプAのなかの敵意と時間へのプレッシャーの低減を目指して組まれたプログラム．	2週間に1回 2年間	構造的面接法および質問紙法で測定したタイプA得点がともに低下した．
22	George, et al. (1998)	55歳の心疾患の病歴のある男性医師（ケース研究）	認知・行動介入プログラム（cognitive-behavioral intervention programme；タイプAに関しての情報をあたえること，筋弛緩法の体得，アンガーのコントロール法の体得，非合理な信念への気づきとその修正などといった技法を組み合わせたもの）．	週5回程度 6週間	JASで測定したタイプAが低減したほか，脳波，皮膚電気反射などの生理的指標でもリラックスを示す変化がみられた．
23	Lisspers, et al. (1999)	心疾患の病歴のある60歳以下の成人男女	通常の運動，食事などの指導に加え，各種リラックス法，バイオフィードバック法，日記などの宿題をこなすことでのぞましくないライフスタイルを修正するように習慣づけるなどのプログラムを実施．	はじめの1ヶ月は入院時その後11ヶ月は通院時に適宜実施	複数の質問紙で測定したタイプA特性が低減．ただし，Bortner type A scaleの敵意の因子など一部のサブスケールは点数が低下しなかったものもある．体重，コレステロールなども低下．死亡率も低まった．
24	Zolnierczyk-Zreda & Cieslak (2001)	28歳から56歳までの成人男女の会社員	認知―情動，行動技法（cognitive-emotive and behavioral technique），認知・情動療法やアサーション訓練，時間の管理の訓練などを組み合わせたプログラムを集中的に実施．	1週間 平日4時間 週末8時間	質問紙で測定したタイプA得点が低下した．また，タイプA者は抑うつ，不安，怒りなどの得点が非タイプA者よりも大きく低下した．

(次のページにつづく)

	発表者 (発表年)	対象者	変容, 介入プログラムの内容	プログラムの回数,期間	結果
25	石原 (2002)	65歳の心疾患の病歴のある男性 (ケース研究)	食事指導, 運動などのプログラムに加え, 認知行動療法的介入 (問題行動への気づき, セルフ・モニタリング, ホームワーク・リラクセーション法の組み合わせ).	週1回 4年間	血圧, コレステロール値などは1, 2年で低下が見られた. 3年目以降, タイプA, 怒りなどの質問紙の得点も低下した.

(注) JAS: Jenkins Activity Survey (Jenkins, et al., 1967). 自己評定によるタイプAの測定尺度.

患再発防止プロジェクト (Reccurrent Coronary Prevention Project: 以下, RCPPとする) に関する研究については別に表3-2にまとめた.

これらの研究で採用された介入技法を大別すると①リラクセーション技法を中心とした古典的な行動療法に属するもの, ②論理療法で行うような信念のゆがみの修正を目指したもの, ③両者を組み合わせたもの, に分類できる. まず, ①についてみてみよう.

2. 古典的な行動療法によるタイプAの変容

この流れに属するものはタイプAの変容のための介入技法としてもっとも早くから開発された. Suinn & Bloom (1978) は彼らの作成した Anxiety Management Training (以下, AMTとする) を用いタイプAの変容を試みた. AMTとは以下のような手順によって構成されている. (1)筋弛緩法によるリラックスの体得, (2)タイプA的な行動や不安が惹起される場面をイメージしそのとき生起する生理的な手がかりを予兆として知覚することを学習させる, (3)前段階で学習した予兆が知覚されたらすぐに筋弛緩法を用いそれらを軽減させる, というもので系統的脱感作 (systematic desensaization) によく似たものである. この技法は, Roskies, Spevack, Surkis, Cohen & Gilman (1978), Roskies, Seraganian, Oseashon, Hanley, Collu, Martin & Smilga (1986), Kelly & Stone (1987) などに受け継がれた. Suinn & Bloom (1978) は, タイプA者は, 特定のストレッサーのある場面 (たとえば, 仕事の締め切

表3-2 RCPPの研究成果として発表された研究

	発表者 (発表年)	研究の概要	結果の概要
1	Friedman, et al. (1982)	心筋梗塞の病歴のある平均年齢60代の男女1035人を3群に分けた．①通常の心臓病カウンセリング(食事，運動などの指導)をおよそ2月に1回ずつ実施する群270人，②心臓病カウンセリングに加えタイプAカウンセリングを当初は週1回，後には月1回ずつ実施する群614人，③コントロール群151人は特に処方はなし．に分け5年間の経過を観察する予定で開始．ここでは1年間のプログラム終了時の結果を分析．	①心臓病カウンセリング，②タイプAカウンセリング群は③統制群よりも心臓血管系の疾患での死亡率が低かった．また，③タイプAカウンセリング群は①心臓病カウンセリング，および，脱落者にくらべ心臓血管系の疾患の発症率が低かった．
2	Powell, et al. (1984)	上記と同じ研究の対象者のうち1012人にタイプAを測定するために①構造的面接法，②本人，配偶者，職場の同僚が評定するタイプA質問紙(独自に作成)を実施．実施時期は上記のプログラム開始時，1年後，2年後の3回．今回は開始時および2年後の結果を分析．	②心臓病カウンセリングに加えタイプAカウンセリングを受けた群は，2年後には開始時にくらべ約1標準偏差の幅でタイプAを低減させた．この低減の幅は他の2群より大きかった．しかし，血圧，コレステロール値などに関しては目立った差は見られなかった．
3	Friedman, et al. (1984)	上記と同じ研究の対象者のうち862人のプログラム開始から3年後の結果を分析．	タイプAの分析は構造的面接法と本人の記入した質問紙のみで行ったが，タイプAカウンセリングを受けた対象者ので低下がみられた．3年の時点での心臓病の再発率は②心臓病カウンセリングに加えタイプAカウンセリングでは7.2%，①通常の心臓病カウンセリングのみを受けた群の13%より明らかに低かった．
4	Friedman, et al. (1986)	プログラム開始から4.5年後の段階で脱落および死亡によって対象者が減少し①通常の心臓病カウンセリング群は当初の59.6%，②心臓病カウンセリングに加えタイプAカウンセリング群は56.6%の対象者が残ったので，それらを対象として分析した．	タイプAの低減の幅はタイプAカウンセリングを受けた群でおよそ標準偏差の1.5倍，心臓病カウンセリングのみを受けた群では標準偏差の0.7倍であった．心臓病の再発率はタイプAカウンセリング群で12.9%，心臓病カウンセリングのみの群では20.2%であった．
5	Friedman, et al. (1987)	過去のプロジェクトで通常の心臓病カウンセリングのみの群のうち114人にタイプAカウンセリングを実施．また，これまでタイプAカウンセリングを受けていた群300人にはあらゆるカウンセリングを停止．両者を1年間にわたり観察した．	心臓病カウンセリングのみからタイプAカウンセリングに切り替えた対象者のタイプA得点および心臓病の再発率が低下，カウンセリングを停止した群のタイプAと再発率は低下したまま横ばいで推移した．
6	Shapiro, et al. (1991)	プロジェクトの対象者のうち①心臓病カウンセリング群か39人，②心臓病カウンセリングにタイプAカウンセリング群を加えた群から21人の対象者を選び，理想の自己と現実の自己に関する質問紙，セルフ・コントロールに関する質問紙を実施し，2年間の変化をみた．	タイプAカウンセリングを受けた群は，2年間の間に理想の自己と現実の自己の乖離が心臓病カウンセリングのみの群にくらべ小さくなっていた．また，セルフ・コントロールの程度も高くなっていた．

りが迫っているような場面)に対して敏感に反応する傾向が強いと考えた．そして，古典的な行動療法の理論が考えるようにこの行動を条件づけられたものと見なし，それと拮抗するようなリラックス反応とストレッサーのある場面とを関連づけることでタイプA的な反応が惹起されることを抑えようと考えた．

3．信念の歪みの修正によるタイプAの変容

　第1章でも紹介したようにPrice(1982)やWatkin, et al.(1987)は，タイプA者は，①人は絶えず達成を通して自分の存在価値を示していかねばならない．②絶対的な道徳的な正しさなどなく非道徳的とされる行為でも成功を導くことがある．③この世の資源は少なく限られているので競争によって勝ち取らねばならない．といった偏った信念をもっていることを指摘している．タイプA者はこれらの信念ゆえに絶えず不安に苛まれており，その不安を補償するために攻撃的，競争的，達成的なタイプA的とされる行動を発現させると考えられる．つまり，古典的な行動療法の立場をとる研究者たちがタイプAをあくまで場面に応じて学習された反応と見るのに対し，この立場をとる研究者はタイプAを認知のゆがみから生ずると考え，その修正をめざすこととなった．この考えに従えばタイプAの変容技法としてAlbert Ellisの論理・情動療法(rational-emotive therapy)が選択されるのは自然なことであった．Thurman(1983)の研究はその典型的なものである．対象者は，まず，A－B－Cモデルに従い，ある出来事(A)を自分に向けられた挑戦的なものと認知する(B)ことで，その結果(C)それに対抗すべきタイプA的な行動を発動する，という仕組みで説明される．そして，日記をつけることやグループ・セッションを通して「何かをするときは早ければ早いほどよい」「生産性をあげることでしか人間は自分の価値を認めさせることができない」といったタイプA特有の非合理的な信念(irrational belief)を同定し，それを修正してゆく技法を身につけるという方法をとっている．

4. 複合的な技法によるタイプAの変容

　古典的な行動療法と論理療法などの信念の修正めざす技法とを組み合わせた技法に該当するものとしてまず挙げられるのはRCPPで採用されたプログラム（タイプAカウンセリング）である．RCPPではリラックス法の訓練に加え認知―情動トレーニングとよばれる一連のトレーニングで認知のゆがみを修正するような技法を採用している．この技法はBurell, Oehman, Sundin, Stroem, Ramund, Cullhed & Throensen, (1994), Burell (1996) にも採用された．後になると，Gidron & Davidson (1996) やGeorge, Prasadarao, Humaraiah & Yavagal (1998) などによって認知・行動的介入（cognitive-behavioral intervention programme）という用語が用いられるが，これらも基本的な枠組みはRCPPのそれと同じと考えられる．

5. その他の技法によるタイプAの変容

　その他の介入技法としては，Skinner派の行動分析（behavior analysis）のセルフ・コントロールの技法を用いたNakano (1996) の研究，プログラムの一部にバイオフィードバック法を用いたLisspers, Hofman-Bang, Nordlander, Ryden, Sundin, Ohman & Nygren (1999) の研究などがあるが，大部分は行動療法，認知・行動療法の流れに属している．このことはタイプAの概念が1つの人格構造として捉えられることが少なく，いくつかの行動特性の複合体として理解されてきたことによると思われる．また，後述のようにこれらの技法はタイプAの変容という目的をほぼ達成しており，他の技法の開発に力を注ぐ必然性が生じにくかったこともあるかもしれない．しかし，たとえば，タイプA者の形成過程が自己愛性パーソナリティ（narcissistic personality）のそれと近似しているという指摘（Thorensen & Pattillo, 1988）などを考慮すると，深層心理学的アプローチなどの余地も残されていたのかもしれない．

第3節　心理学的介入法の有効性

1．タイプAの変容可能性の評価

次に，2番目の論点の前半すなわち，臨床心理学的な介入によって実際にタイプAを軽減することができるかどうか，について検討する．

表3-1，表3-2から確認されるようにほとんどの研究ではタイプAを低減させることに成功している．表3-1に取り上げられた研究についていえば，その過半数では週1度程度のセッション，3ヶ月未満の期間で一定の効果をあげている．もちろん，それについてはさまざまな批判もある．なかでも，いくつかの展望論文（たとえば，Bennett, 1994）ではタイプAの低減はプログラムの終了直後に確認されただけでその効果の持続については不確かであるという問題も議論されてきたが，Thurman（1985b）やBurell, et al.（1994）の研究では終了後1年の時点でもタイプAの低減が持続することが確認されている．

ところで，タイプA研究の中心的な推進者でもあったFriedman（1979）も，当初は，再発に対する恐れが動機づけになる既往者以外にはタイプAの介入技法は適用しにくいと考えていた．1978年に開始されたRCPPも心筋梗塞の病歴のある者を対象としていた．しかし，Suinn & Bloom（1978）やThurman（1983）などによって健常者のタイプAの変容が可能であることが報告されてからその考えを改め，RCPPで用いたプログラムを健常な中年の士官を対象として実施し，タイプAの変容に成功した（Gill et al., 1985）．表3-1に取り上げた研究をみても健常者を対象としたものは半数以上に上り多くの研究でタイプAに関連した特性の低減が報告されている．では，心疾患の再発という現実的な問題に直面していない健常者においてなぜこのようなタイプAの変容プログラムが有効なのだろうか．それについて，Price（1988）やBurell et al.（1994）は介入プログラムによって敵意や攻撃性に由来する人間関係の軋轢が減り，ソーシャル・サポートの受容も高まるので，そ

れらもタイプAの変容プログラムへの動機づけになっていることを指摘している．また，Friedman（1996）はタイプA者は不適切な自尊感情（self-esteem）をもっておりこれをプログラムの初期で修正しておくことでその後のグループ・セッションを円滑に進められるようになると述べており，心疾患のリスクに対する恐れだけがプログラムの継続と効果の持続に寄与しているわけではないのである．また，Bennett & Carroll（1994）は，同じタイプA者でも敵意や攻撃性が原因で人間関係に問題がある者には認知・行動療法が，抑うつ気分が強くそれが運動によって軽減される者には運動療法を主としたが介入技法がそれぞれ適していると述べている．個人の特性，要求などによって適用できる介入方法に違いがあるようだ．

2．タイプAの変容に伴うCHD発症率の変化

今度は2つめの論点の後半，タイプAの変容が実際に生理的な変化や，CHDの発症の低減につながっているかについてみてみる．

この問題に明確な回答を与えたのは，やはりRCPPである．当初，心筋梗塞の既往者1000人を越える対象者を集めて始められたこの縦断的研究は4年半に及び，さらに1年の追加的研究を実施し，都合5年半に至った．表3-2からもわかるように，3年が経過した時点で行動療法などから構成されたタイプAカウンセリングを受けた対象者の再発率は，通常の食事，運動などの指導（心臓病カウンセリング）を受けた群よりも低下していた．4年半後の段階ではタイプAカウンセリング群の再発率は12.9パーセントであり，心臓病カウンセリングを受けた対象者の20.2パーセントをはっきりと下回っていた．もちろん，この結果についても批判はある．Bennett（1994）は，RCPPの問題点を整理して以下の2つにまとめている．すなわち，（1）対象者を条件に割り当てるに際して，参加の同意の得られた者と得られなかった者のうち前者をタイプAカウンセリング群および心臓病カウンセリング群に割り当て（どちらに割り当てるかはランダムに決定された），後者をコントロール

群に割り振るという群分けの方法をとった．そのため，タイプAカウンセリングの効果があったとしてもそれは参加を同意した積極的意思がある者の場合に限られているので効果が限定的である．（2）4.5年間の追跡的研究の間に被験者の約40パーセント程度が脱落しているが，脱落した者の多くはソーシャル・サポートが少ない者であり，低いソーシャル・サポートの受容は心臓病での死亡率の高さと関係している（Orth-Gomer & Unden, 1990）．したがって，RCPPでの再発率の低下はタイプAカウンセリングの効果よりも脱落による効果の可能性がある．というものである．さらに，Sebregts, Falger & Baer（2000）は介入によってタイプA以外にもソーシャル・サポートの改善や，抑うつなどの低減も同時に起こることから，CHDの発症率の低下もこれら他の心理的特性の変化による可能性も否定しきれないと述べている．

しかし，脱落効果に関していえば，Burell et al.（1994）のRCPPを模した研究ではほとんど脱落者がなく，この研究でも2年後のタイプAカウンセリングのプログラムを受けた者の再発率も低くなっており，必ずしもその批判が妥当ともいえないようである．

また，介入を受けることによってタイプAが変容されることと随伴して血圧，コレステロールなどの心疾患のリスクとされる生理的指標の改善がみられたことを示す報告もある（たとえば，George et al., 1998; Roskies et al., 1978; Roskies, Kearney, Spevack, Surkis, Cohen & Gilman, 1979）．しかし，Bennett（1994）も指摘しているようにこれらの生理的指標の改善は臨床心理学的な介入によってもたらされたものなのか，対象者が食事，運動などの生活スタイルを改善したことによるものなのか，はっきり原因を特定しにくい．とはいえ，タイプA者が非タイプA者よりもストレス負荷時に血圧や心拍数などの上昇を示すことはある程度一貫して報告されており（たとえばLyness, 1993），タイプAの低減に伴い生理的な指標にも改善がみられることは十分に考えられることではある．

第4節　タイプAの変容技法の広がりと他の介入方法

1. 心理学的技法以外の技法によるタイプAの変容

　最後に，3つめの論点，タイプAの変容を目指す介入法以外の技法によってもCHDの発症を低減させ，場合によってはタイプAを変容させる可能性があるのか，という点について考えてみたい．

　概観してきたように，1970年代から20年以上にわたって続けられてきた臨床心理学的介入はタイプAの変容という点では一定の成果をあげ，また一部の縦断的研究では実際に心疾患の発症率を低下させることにも成功している．こうした研究の大部分は，「①認知・行動療法などを主体とした変容プログラムの実施→②タイプAの変容→③それに伴い体内で生理的変化が起こり長期的には心疾患の発症を低下させる」という基本的な枠組みが成り立つことを前提として遂行されてきた．しかし，ここまでの議論からもわかるように，実はこの枠組みも自明といえるほど強固ではない．問題点を大きく2つに分けて考えると，まず1つめとして「①認知・行動療法などを主体とした変容プログラムの実施→②タイプAの変容」という関係への疑問がある．つまり，認知・行動療法などを主体とした臨床心理学的な技法がタイプAの介入技法として唯一のものといえるのか，という疑問である．たとえば，エアロビクスなどの運動や（Janoski, Cordray, Houston & Osness, 1987），薬物によって（Littiman, Fava, McKool, Lamon-Fava & Pegg, 1993）タイプAが変容されたという報告がある．また，表3-1に示したLisspers, Hofman-Bang, Nordlander, Ryden, Sundin, Ohman & Nygren（1999）の研究は，生活習慣の改善プログラムが主であり心理学的な技法は一部に取り入れられているに過ぎない．一見すると，心理，行動的な特性の複合体であるタイプAの変容は認知・行動療法などの心理療法の独壇場であるかのようのみえるが，必ずしもそうではないのである．

2．タイプAの変容によるCHDの減少について

次に「②タイプAの変容→③それに伴い体内で生理的変化がおこり長期的には心疾患の発症を低下させる」という関係に対する疑問を検討してみる．

Sebregts, et al.（2000）によれば，介入に伴ってソーシャル・サポートの改善，抑うつなどの低減がみられるがCHDの減少につながっているのはタイプAではなく，むしろこれらの心理的特性の変化にある可能性も否定はできないという．また，心疾患と直接関係があるのはタイプAそのものではなく，タイプAの特性の中の敵意（hostility）のみではないかという指摘もある（Smith, 1992）．さらに，タイプAは敵意，攻撃性，短気，達成欲求などいくつかの心理，行動特性の複合体として定義されているためやや捉えにくい面もある．そうしたことを含めて考えると包括的なタイプAの変容プログラムを考えるよりも，敵意や抑うつ，ソーシャル・サポートといったそれぞれの心理的な概念に焦点を絞り，その変容を目指すという方向性も考えられる．1990年代以降に行われたGidron & Davidson（1996）やKarlberg, Krakau & Unden（1998）などの研究では，タイプAの中の敵意に目標を絞って介入するプログラムが組まれている．

3．タイプA変容のパラダイムの変化について

以上のように考えると，「①認知・行動療法などを主体とした変容プログラムの実施→②タイプAの変容→③それに伴う生理的変化，心疾患の発症率の低下」という流れのうち①について言えば他の運動，生活習慣の指導法などに，②についてもタイプAに絞らず抑うつ，敵意，ソーシャル・サポートなどに代えうることがわかる．つまり，枠組みは単線型から複線型に移行しているのである．1990年代後半以降タイプAの変容に関する2つの展望論文が報告されているが（Foreyt & Poston, 1996; Donker, 2000），それらはともにCHDの予防，再発に関し旧来の心理療法の枠組みを越え，ストレス対処法や敵意，攻撃性を低減に関するトレーニング，運動，生活習慣の改善指導な

ども含め論じている．また，2つの論文とも心臓病の再発予防法をリハビリテーション（rehabilitation）と呼ぶ点で新しい方向を打ち出している．さらに，Donker（2000）はそのようなリハビリテーションについて論じる中で，教育的，指示的な心理療法の新しい形態として注目されているサイコ・エデュケーションについても言及しており，いわゆる，旧来からの心理療法，カウンセリング，行動療法などの枠組みを越えた視点もみられる．このように研究の流れはタイプAの心理学的変容という限定的なテーマから，より広い視点でCHDの心理・社会的な危険因子の予防，変容を目指そうという方向に変化してきている．

第5節 本章の要約

　本章ではタイプAの変容に関する心理学的研究を展望した．そこからわかったことは，変容技法の多くは行動療法，認知行動療法によっていること，タイプAの変容は可能であること，さらに，タイプAの変容が生理的変化や心疾患の再発と関連があることなどであった．その一方で，近年の研究は，①心理学的な技法以外の生活習慣，運動などによってタイプAの変容が可能であること，②タイプAの変容がCHDの発症率の低下をもたらすのではなく，むしろ，タイプAの変容と連動して変化する他の特性がCHDの低下につながっている可能性，などを示唆するものが増加していた．そのため，タイプAの変容に関する心理学的技法を，心臓病の予防，再発防止に関する総合的なプログラムの一部として位置づける見解もみられるようになった．

第 2 部　タイプＡの発達に関する統合的なモデルの検討

第4章　タイプAに関する発達心理学的研究の課題

第1節　発達的研究の現状

1．タイプAの発達的研究の整理の必要性

　第1部では第1章から第3章を通して，タイプAの中でも主に心理学的な側面に軸足を置いた研究を概観してみた．つづく，第2部ではそれらタイプAに関する心理学的な研究の中でもとくにタイプAの発達に関連した研究について，さらに詳しく検討を加えてゆきたい．

　タイプAの発達的な研究は，タイプAに関する心理学的研究のなかでもとくに心理学的な色彩が強くなる領域といっていいであろう．なぜなら，タイプAの発達的研究で問題になるのはタイプAの特徴を構成する行動や認知の形成プロセスであり，一方，そうした認知や行動が原因となりCHDを初めとした身体疾患に至る生理的なプロセスについて直接検討する必要性が比較的低いからである．

　そのため，第2章でも見たように主として心理学者の手になるタイプAの発達に関する研究は1970年代からおよそ30年に渡ってかなりの数が行われてきた．しかし，実は，それらは，必ずしも，十分とは言い難く，多くの検討されるべき点を残している．以下，本章ではそうした問題点を整理し，具体的に提示してゆくことにしたい．

2．発達的研究の現状

　第2章で見たようにタイプAの発達的研究としては，遺伝要因と環境要因の割合を検討するもの，環境要因のなかでも両親のタイプAあるいは養育態度の影響を検討するものなどが一定数報告されている．前者は遺伝要因より

環境要因が強いことを明らかにしている．後者は，ある種の養育態度がタイプAの発達に関連していること，また，両親自身のタイプAがモデルとなり子どもがタイプAを観察学習している可能性などが報告されている．しかしながら，そうした研究はそれぞれの研究で個々に要因を取り上げ検討しているものが大部分で，複数の要因を含めて検討しタイプAの発達に関する包括的なモデルの提起をめざしたものはほとんど知られていない．

そうした中にあってPrice（1982）による認知社会的モデル（cognitive social learning model）と山崎（1995）のタイプA形成図式はタイプAの発達に関する様々な要因を取り上げた数少ないモデルとなっている．以下，その2つを紹介したい．

第2節　タイプAの発達に関する2つのモデル

1．Price（1982）による認知社会的モデルについて

このモデルはV.A. Priceが1982年に単著として上梓したタイプAに関する著作の中で提起された．Price（1982）はタイプA研究の究極の目的の1つはタイプAの変容にあるとし，そのためにはタイプAの心理的な仕組みやその形成過程について包括的な理解を深める必要があるとした．しかし，PriceによればタイプAについては多くの研究が報告されているものの一貫性のある理論が見あたらないと言う．また，心理学的な研究についていえば，タイプAを構成する特性（trait）を同定する研究がほとんどで，タイプAの変容の基礎研究となるべきものがほとんどないとも言う．そこで，Priceは，心理学的な理論の究極的な価値はそれが作り出す心理学的な変化に対する手続きの有効性にある，としたBandura（1977）の言葉に注目し，Bandura（1977）の社会的学習理論（social learning theory）の枠組みに沿ったタイプAの形成理論を提起することにした．

いうまでもないことだが，Bandura（1977）の理論は1920年代以来心理学

界を席巻し続けた行動主義が環境とそれに対する反応としての行動との関連に重きを置いていたのに対し，認知的プロセスの介在を重視したものである．したがって，Price の理論もタイプAの中心部分に認知的なプロセスをおいている．以上のような立場から提起された Price の認知社会的モデルを Price 自身が図にしたものを，そのまま引用して示したものが図 4-1 である．

以下，この図 4-1 を参照しながら Price のモデルの概要を見てゆこう．まず，左端の社会文化的先行要因（social and cultural antecedents）であるが，Price はここに相当するものとして競争によって利益を上げることを重視する資本主義的な価値観，勤勉を重んじるプロテスタンティズムの精神，社会的な階層の上昇の手段となりうる学歴を重視する価値観，絶えず速いテンポで他者と競争しなければならない都市化された生活などが挙げられている．いってみれば，タイプAの発達を促す社会的価値観とでもいうべきものである．そうした価値観が次の社会化の媒介手段（vehicles of socialzation），すなわち，家庭，学校やテレビなどのメディアを通して個人に影響すると考えるのである．次の個人的先行要因（personal antecedents）であるが，これは認知的・生理的な要因（cognitive and physiological factors）とされるが，Price はこれについて具体的な言及をあまりしていない．次の２つの箇所がいわゆるタイプAに相当する部分で，まず，先に来るのがタイプAの核（core of type A）とされる部分で，社会的学習理論でいう認知の部分に相当する．この部分は個人の信念と恐れ（personal beliefs and fears）からなるとされる．前者は，「自分のウェルビーイングは自分が他者にとってどれだけ有益で必要性があるかによっている」「他者が自分をどう考えているかは，自分がどれだけ何かを達成したかによって決まる」といったような内容の信念であり，後者は，「自分の価値は永続的なものではないので，自分のウェルビーイングは絶えず危険にさらされている」に代表されるような不安や恐れであるという．いずれも，絶えず競争によって他者を凌ぎ達成することによって自分の承認を得なくてはならないという強迫的な信念の体系と考えられる（した

78 第2部

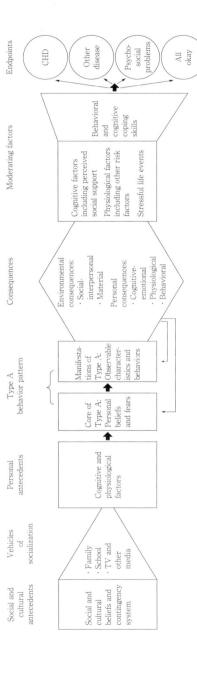

図 4-1 Price (1982) の認知社会的モデル

がって，以下，本書では，この不安や恐れも含め信念と呼ぶ）．次の箇所が，達成行動や攻撃的行動といったタイプAの特徴とされる行動を指す．この部分はさらに右隣の環境からの影響（environmental consequences）の部分からフィードバックを受けており，タイプAが環境，認知，行動の相互作用の中にあることが示されている．さらに，その右側であるがタイプA者が様々な状況に直面する中でそれに認知的，行動的な対処を行い，その結果としてCHDをはじめとした健康上の問題に直面する場合，しない場合などの帰結が列挙されている．

以上が，Priceのモデルの要点を紹介である．

このPriceのモデルの特徴は，タイプAが認知と行動から構成されていることを明確に定義し，それらと環境の相互作用としてタイプAを考えたこと，また，タイプAを構成する認知が競争的，達成的な現代社会特有の価値観の産物であるとしたことなどがあげられる．

2．Priceのモデルの問題点

つぎに前項で紹介したPriceのモデルの妥当性にかかわる問題点について述べる．まず，最大の問題点は，実証的な研究がほとんどないことである．1982年にこの理論が提起されて以来すでに35年あまりが経過している．しかし，Priceのモデルを実証することを主目的として計画された研究は，Matteson, et al.（1987）が大学生を対象としてタイプAと信念の関係を検討した研究のみである．しかも，この研究もPriceのモデルの一部を取り出し実証したものにすぎない．この他にもWatkin, et al.（1987）がやはりタイプAと信念との関係を検討した研究のなかでPriceの述べた信念について言及するなどいくつかの研究でこのモデルが議論されているが，決してその数は多いとはいえない．

また，このような実証不足は，このモデルの根本的な問題点に直面し，それについて議論する機会を逸しているようにも見える．つまり，このモデル

は，幼児，児童，青年期という発達段階を経て行われるタイプAの発達についてのモデルなのか，あるいは発達段階にかかわりなく，場合によっては成人も含め，人がある種の環境におかれたときタイプAを形成させるそのプロセスについて扱ったモデルなのかが明示されていないことである．それはこのモデルが認知社会的モデル（cognitive social model）とだけ称せられ発達モデル（developmental model）と呼ばれていないことからも分かる．確かに，モデル中の社会化の媒介手段として家庭や学校が挙げられているのでこの部分は成人期以前のことについて言及しているように思われるが，この部分がどの発達段階に主に関わるプロセスかについてはとくに言及がない．タイプAが環境からの影響のなかでフィードバックループを形成している箇所については成人期のタイプA者の認知，行動，環境の関係について言及しているようにも見えるが，成人以前の発達段階でそのようなことが起こりうるかについてもとくに記述はない．タイプAが幼児，児童，青年期を通して形成されることを明らかにする研究が多数報告されていることは第2章で概観した通りであり，少なくとも，このモデル中の社会文化的先行要因，社会化の媒介手段のプロセスについては成人期以前に主に該当すると明言してもよいはずである．にもかかわらずそれが行われていないのである．このことは結果的にタイプAの発達と養育態度との関係について扱った多くの研究に理論的な支柱を与える機会を得ながらそれを逸すことになった．タイプAの発達と関連する養育態度の具体的内容については，第2章で見たように，報告された20件近い研究の間で必ずしも一致をみていない．しかし，この不一致の細部について議論することは，おそらく使用している養育態度の項目内容や対象者の違いなどもあり，納得できる解決を得られない可能性がある．それに対し，このPriceのモデルでは養育態度は，社会文化的な先行要因であるところの価値観がタイプAの核をなす信念として個人に形成されるための社会化の媒介手段として位置づけられている．よって，タイプAの発達における養育態度の役割を検討するにあたって，大きな理論的な枠組みの中での意味

を問えばよいこととなる．したがって，細部の不一致を詳細な検討を行うことよりも，結論づけの方向が比較的明確になるのである．にもかかわらずPriceのモデルがこのような役割を果たし得なかったのは，このモデルが成人以前のタイプAの発達について扱うものであることを明示しなかったことに原因があるように思われる．

また，上述のようにこのモデルは，個人的先行要因としての認知的，生理的要因について具体的な言及をしていない点も大きな問題点となっている．まず，このうち認知的要因についてであるが，具体的に何を意図するかが不明なので推論の域を出ないが，個人の認知的な特徴と考えると，おそらく，Goldstein & Blackman（1976）が認知スタイルと呼ぶ独断主義（dogmatism），場依存性（field-dependency），あるいは，第1章で学習性無力感とタイプAとの関係のなかで論じられた帰属スタイル（Abramson, et al., 1978）のような概念を指すと思われる．しかし，この先行要因がパーソナリティではなく認知スタイルであるべき明確な根拠は見あたらない．そもそも第2章でみたように幼児期の気質とタイプAとの連続性を指摘する研究（Steinberg, 1985, 1986, 1988）などの結果を考えると，タイプAの基底をなす気質，あるいは，認知スタイルなども含めた広い意味でのパーソナリティが先行要因として存在し，それがタイプAの形成に何らかの寄与を与えている可能性を考え，その特定を行うという作業がここでは行われていないことが分かる．また，生理的要因に関する議論として，Matthews & Krantz（1976）の双生児研究において一卵性双生児のタイプAの類似性が二卵性のそれより高いことなどタイプAの特性の一部が遺伝性である可能性やタイプA者がストレス場面において生理的覚醒を高めやすいとする研究（Dembroski, McDougal & Shields, 1977）などについて言及しているが，前者に関しては生理的要因と呼べるかどうか不明であり，また，後者についてはタイプA者の心臓血管系の反応性の高さが示されているだけであり，このどちらをとってもタイプAの個人的先行要因としての生理的要因とはいえない．

以上のようにこのモデルは，タイプAの発達について包括的にモデル化した数少ないものとして評価できる反面，いくつかの問題とすべき点を孕んでいることがわかる．

3．山崎 (1995) によるタイプA形成図式について

この形成図式と称されるモデルは，山崎が1995年に発表した展望論文の中で提起されたものである．

山崎 (1995) は，まず，先行研究からタイプAの遺伝要因，環境要因の寄与の可能性を検討したうえで，環境要因が大きいことを確認している．そして，環境要因のなかでもとくに両親の影響が大きいと考えているが，このモデルが特徴的な点は，両親の影響を間接的要因と直接的要因に分けていることにある．このうち，直接的要因は両親が子どもに高い目標をあたえその達成を強いる態度や，達成水準を他者と比較しそれを上回ることを要求する態度をさしている．一方，間接的要因であるが，これは両親の子どもへの関わりが間欠的であることをさす．子どもは両親から安定的に愛情を得ることができないため両親に対し自分の存在を誇示し承認を得ようと達成的な行動をとるのだという．Yamasaki (1990) はこれを実証するために幼児とその両親を対象とした研究を実際に行っている．また，タイプAの形成に両親自身のタイプAが観察学習によって獲得される可能性も示唆しており，実際に，幼児とその両親のタイプAに相関関係があることを確認している．

4．タイプA形成図式の問題点

まず，このモデルは，タイプAを環境に依存せずストレスをつくりやすい性格特徴として定義してはいるが，その性格特徴がどのような構造をもっているかについては高い達成欲求，攻撃性，敵意など旧来からの特徴を列挙しているにとどまっている．これは，Price (1982) のモデルがタイプAを個人の信念からなるタイプAの核としての認知過程と実際の行動からなるものと

明確に規定したことに比べると，曖昧な感が否めない．しかも，Price のモデルがタイプAの核として信念という認知過程をおいたことは，Price の思弁的な仮定によるものでないことは注意すべきであろう．すなわち，第1章で紹介した Watkin, et al.（1987）の研究や，前述の Matteson, et al.（1987）の研究などにおいてタイプA者に特有の信念があることは実際に確認されている．また，第3章で紹介したように，論理療法の立場からタイプA者特有の非合理的な信念を修正することがタイプAの変容につながることを示した研究が Moeller & Botha（1996）や Thurman（1983）によって行われていることからもそれは理解できる．したがって，山崎がそのモデルのなかにこの認知過程の形成について言及しなかったことは，やはり指摘されなくてはならないだろう．ただ，山崎がタイプAの核をなす認知過程について取り上げなかった理由は理解できないこともない．すなわち，後述のようにこのモデルは幼児を対象にした研究をもとに構成されており，幼児を対象として信念内容を検討するなど認知的な側面について扱うことが難しかったかもしれないからである．

　Price（1982）のモデルが，発達モデルとはっきり銘打っていなかったことに対し，山崎（1995）のタイプA形成図式は当初より発達モデルとしての立場を明確にしている．しかしながら，このモデルを提起するもととなった実証的研究は幼児とその両親を対象としたものである（Yamasaki, 1990; 1994）．確かに，山崎の実証的研究（Yamasaki, 1990; 1994）や欧米での研究（第2章参照）などからタイプAとよべる特徴を幼児段階で確認することができることは間違いないようである．ただ，その幼児段階でのタイプAがそのまま児童，青年期を経て成人に至るとはなかなか考えにくい．第2章でもみたように思春期以前の児童に3，4年の間隔をおいてタイプAを測定した場合の2回の測定値の相関係数は概ね.3から.5程度である（たとえば，Hunter, et al., 1991; Nyberg, et al., 2004）．したがって，このモデルでは児童期以降の発達については推測の域にとどまっている．その通り，山崎自身もこのモデルを「仮

説」と呼び，さらに，「発達過程全般にわたるタイプAの形成過程の詳細をこの仮説は明らかにしていない（p.15）」と述べるなど，このモデルが十分でないことについては認識を示している．

　幼児段階のタイプAの形成過程に子どもの生活環境のおそらく相当部分を占める親からの刺激，すなわち，養育態度が大きな意味をもっていることは確かであり，そのため山崎も養育態度については間接的要因，直接的要因に二分するなど詳細な言及がなされているが，他の要因に関してはあまり具体的な記述がない．しかし，とくに幼児期以降，児童期，青年期のタイプAの発達について考えるとき，養育態度以外の要因も問題にしなくてはならないことは言うまでもない．

　これについても山崎自身は気付いており「子どもは成長に従い，地域や学校場面へと活動範囲を広げて行き，そこから家庭以外の様々な環境からも多様な影響を受けることになり，研究対象とすべき要因が自ずと増加する（p.15）」がそれについて明らかにできていないことを明言している．

　さらに，これはPriceも共通することであるが，タイプAと関連する何らかの気質，あるいは，パーソナリティ要因についての検討も十分ではない．このモデルでは，はじめにタイプAの発達には，環境要因と比べるとその割合は多くはないが，遺伝的要因が一定程度関係していることについて言及はしているが，それ以上のことは述べられていないのである．

　以上のようにこのモデルはタイプAの成人期以前の発達モデルとして明確に打ち出された点では評価できるものの，やはり，検討すべき点が残されていると言わざるをえない．

第3節　本章の要約

　本章では，本書が以下の各章においてタイプAに関する心理学的な研究のなかでも発達的な研究に焦点をあてて議論を進めてゆくことが述べられた．

その中で，タイプAの発達的な研究において，タイプAの発達に関する諸要因を包括的に扱ったモデルがPrice (1982) のタイプAの認知社会的モデルと山崎 (1995) のタイプAの形成図式の以外に見あたらないことが示された．そして，この2つのモデルの概略が紹介された．さらにこの2つのモデルの問題点が検討され，このうちPriceのモデルについては，成人期以前のタイプAの発達について扱ったモデルかどうかについての立場が明確でないこと，実証が十分に行われてないことなどが指摘された．また，山崎のモデルについては，Priceのモデルでその中心におかれていたタイプA者に特徴的な信念などの認知過程の仮定がないことや，主として幼児を対象とした実証的研究をベースに組み立てられたため，成人期以前の発達段階の全てを扱うモデルとして十分とはいえないことなどが問題点として指摘された．

第5章　実証的研究のための問題提起

第1節　タイプAの発達的研究の課題を列挙するにあたって

　第4章では，タイプAの心理学的研究のなかでもとくにその中心をなす発達的な研究において諸要因を包括的に検討したモデルがほとんど見あたらないことを指摘し，そうしたなかで数少ない包括的なタイプAの発達モデルがPrice（1982）と山崎（1995）によってそれぞれ提起されていることを紹介した．しかし，そのPrice（1982），および，山崎（1995）もいくつかの点で問題を抱えており，十分とはいえないことが確認された．以上のような議論を踏まえ，この章では，まず，2つのモデルの問題点を手がかりに，実証すべき課題として考え得る問題点を列挙し，それについて考察してみたい．また，そうした考察を行うことは単にPrice（1982）と山崎（1995）との2つのモデルの未解明な点を明らかにするにとどまらず，第2章で紹介した数多くのタイプAの発達的な研究を振り返り再検討することにもなると考えられる．それらは1970年代から継続されながら十分な位置づけがされないままであったものであり，2つのモデルの検討に関連して結果的に整理されることは，決して意味のないことではないからである．

第2節　タイプAの発達的研究に関連する問題の所在

1．児童期，青年期におけるタイプAの発達に関する親子関係以外の要因

　第2章でも述べたようにタイプAの発達に関する数少ない包括的なモデルであるPrice（1982），および，山崎（1995）のモデルのうち前者は実証がほとんどされておらず，また，後者は幼児とその両親を対象とした研究によっ

ているところが大きく，これらのモデルに基づいた児童期，青年期におけるタイプAの発達については実証的な研究がなされていない。しかし，第2章でみたようにKeltikangas-Jaervinen（1990），Hunter, et al.（1991）の研究によれば10歳代半ば以前の対象者に3年間隔をおいてタイプAを測定した場合の2回の相関係数は.5程度であり，ようやく20歳代に至り2回の測定値の相関係数が.7程度に達することからもわかるように，幼児期や児童期の初期にタイプAの下地が形成されてもそれはその後の環境からの影響によって変化を受けていることは明らかであろう。実際にPriceや山崎のモデルに依拠しないものの児童期や青年期のタイプAの発達について検討した研究も，第2章で展望したように，一定数が知られている。そのように考える限り，タイプAの発達は幼児期に行われそれ以降は停止するということはまずありえないといってよいであろう。また，そのような児童期以降のタイプAの発達について考えるとき，その要因として両親の影響のみを検討対象とすることは十分とはいえないであろう。なぜなら，一日の時間の大部分を家庭で過ごす幼児においては，両親の影響は大きくそれがタイプAの発達の主要因となっていることは頷けるとしても，児童期，青年期でもそうした両親の影響を検討した研究のみでタイプAの発達を語るのは実際的とはいえないからである。Price（1982）のモデルでは社会文化的な信念などといったおそらくは児童期以降のタイプAの発達に影響すると思われる要因を列挙しており，少なくとも，このうちのいくつかだけでもとりあげ，児童期，青年期のタイプAの発達について検討してみる必要があることはいうまでもない。

　おそらく，幼児期にその萌芽を見せたタイプAは，児童期，青年期と経る中でその競争的，達成的な特徴ゆえに，達成的，競争的な場面により直面しやすい状況におかれ，さらにそうした状況にさらされることで一層競争的，達成的な傾向を強めてゆくという循環をなしているのではないかと思われる。再度の引用になるが「子どもは成長に従い，地域や学校場面へと活動範囲を広げて行き，そこから家庭以外の様々な環境からも多様な影響を受けること

になり，研究対象とすべき要因が自ずと増加する（山崎，1995, p.15）」という記述は，そのようなタイプA者が発達段階とともにその都度状況との相互作用のなかでタイプA傾向を強めてゆくことを意図しているのではないだろうか．

ところが，第2章でみたように，国内外で行われたタイプAの発達的な研究は，児童，青年を対象としたものも養育態度を中心とした親子や家庭に関する要因を扱ったものばかりであり，それ以外の要因については検討が行われていない．したがって，児童期から青年期を通してタイプAが発達するプロセスを検討するためには，まず，養育態度といった家庭に関するもの以外の要因の検討を行ってみる必要があるのである．

では，具体的にはどのような側面の検討が必要になるかであるが，現在のところとくに手がかりはない．そこで，まず，子どもの日常生活の習慣がタイプAとどのように関連しているかを検討してみる必要があると思われる．ただ，それらの中でもとくに容易に考えうる要因として学業に関連した生活習慣との関係は，やはり扱わなくてはならないであろう．

Price（1982）は，タイプAの社会文化的先行要因，つまり，社会的価値観をいくつか列挙する中に教育（education）を取り上げ学校が子どもの社会化の主要な主体（agent）でありそこでは競争的な達成の重要さが伝授されていると述べている．近年，我が国でも少子化や大学の定員増加などの影響でかつてのような熾烈な受験戦争は影を潜めつつあるといわれるが，それでもその影響は無視できない．また，そのような社会的状況はアメリカでもそれほど大きくは変わらない．たとえば，少し古いデータだが，日本青少年研究所（2002）の行った「高校生の未来意識に関する調査日米中比較」のなかで，「あなたの人生がどのようなものになるかが決まる上で，次にあげたような事柄はどの程度影響があると思いますか．」との問いに対し「とても影響がある」あるいは「やや影響がある」と答えた割合がもっとも高かった項目は日米ともに「高校の成績」であった．また，「高校や大学のランク」は，ア

メリカでは2位，日本では3位（なお，日本の2位は「友だちの意見」）となっている．高校，大学の受験，あるいは，近年都市部などで一般化しつつある中学受験などに関連した学業達成の結果は社会的な威信や地位に直接反映される訳であり，そのような状況におかれることが子どもの生活に何らかの影響をもたらしていることは明らかであろう．また，そうした影響が結果的にタイプAのような達成的，競争的な特性の形成に関連していることはそれほど想像に難くない．

2．タイプA者の認知過程（とくに信念）についての問題

　Price (1982) のモデルではタイプAを核 (core) となる信念，つまり，認知的過程と発現された行動とに分けている．これはPriceのモデルがベースにしているBanduraの社会的学習理論のパラダイムを踏襲したものであってとくに新奇なものではない．しかし，それ以前のタイプAの心理学的研究が単に攻撃性や達成欲求といった特性を列挙するもの，あるいは，第1章で紹介したGlass (1977a; b) の理論のようにア・プリオリなど動機を仮定するものであったことに比べれば，信念のような認知過程が形成されそれが行動を発現させることを明記したこのモデルは，タイプAの発達，形成のメカニズムを説明する説得性をもっている．ただ，すでに述べたようにそのメカニズムを実証した研究がないのである．やはり既述だがWatkin, et al. (1987), Matteson, et al. (1987) がタイプAと信念との関連を検討した研究を報告してはいるが，これらは大学生を被験者にしたものであって，本書で目的としているような発達的な研究を意図したものとはやや趣を異にする．タイプAの発達について議論するなら，問題にしている信念などの認知過程が少なくとも成人以前の家庭をはじめとした環境の影響によって形成され，それがさらに実際のタイプAとされる行動を発現させていることを明らかにしなくてはならないだろう．そういう意味では，少なくとも成人期以前の発達段階に属する者を対象として信念などの認知過程とタイプAとの関係を検討するこ

と，さらにはその認知過程の形成のプロセスなどを実証的に検討してみる必要があるのではないかと思う．

なお，Price のモデルよりは実証的な裏づけのある山崎（1995）のタイプA形成図式であるが，これについてはすでに述べたように幼児を対象としており認知過程については言及も実証もなされていないので，Price のモデルの不足を補うことができない．したがって，そうした意味でも成人期以前の発達段階の対象者でこの信念などの認知過程の問題について検討する必要があると考えられるのである．

3．養育態度とタイプAの発達との関係に関する研究についての問題

養育態度とタイプAとの関連を検討する研究は，タイプAの発達過程の検討課題のなかでも一番重要なものと考えられていた．そのため第2章で見たようにおよそ20件近い研究が報告されているが，ただし，これも既述のように結果については細部の不一致が目立ち必ずしも明快な説明が出来る状態でもない．ただ，これは，個々の研究の対象者，用いた質問項目などの違いに由来するものであり，止むを得ないものという説明もあろう．しかし，そのようないわばボトムアップな方法によって理論化を行うことが難しいにしても，むしろ，トップダウン的な方法によって問題を整理することは可能なのではないだろうか．つまり，あらかじめ何らかの理論的な枠組みを提示しその枠に準拠する形で実証を行うことである．残念なことにそれは行われてこなかった．

しかも，そのようなトップダウン的な理論化をおこなうとするならば，Price（1982）や山崎（1995）のモデルは，そのための理論的な枠組みとして検討してみる価値がある．このうち山崎（1995）のモデルについては，幼児を対象とした研究で実証が行われているものの，このモデルは前述のように認知過程について十分な検討を踏まえていないこともあり，おそらく，理論的な枠組みとしての重要度は低いであろう．一方，Price（1982）のモデルで

は社会的な価値観が，社会化の媒介手段（vehicles of socialization），すなわち，家庭，学校やテレビなどのメディアを通して個人に影響しそれがタイプAの核たる信念に影響する流れを示していることからも，理論的な枠組みとしての有効性は高い．しかし，再三，指摘しているようにこのモデルは，成人期以前のどの発達段階にあるものを想定したモデルかが明示されていなく，そのため，当然，実証もなされていないのである．

Price のモデルの有効性の高さは，とくに，社会化の媒介手段（vehicles of socialization）という概念にあると思われる．つまり，養育態度を個々の行動として理解するのではなく，社会的な価値観が両親を通して個人に伝わりタイプAの直接的な引き金となる信念を形成させるにあたっての伝達手段として考えることができるからである．そのためにはタイプAの発達を促進していると考えられる個々の養育態度の内容ではなく，養育態度が全体としてPrice のモデルでいう社会文化的な先行要因を反映しているかを検討する必要がでてくる．そうすることによってタイプAの発達に関わる養育態度をタイプAの発達研究全体の中で位置づけることができるはずである．

ところで，ここで養育態度が媒介する社会文化的な先行要因が具体的に何を指すかであるが，第4章でも述べたように，Price はそれに相当するものとして競争によって利益を上げることを重視する資本主義的な価値観，勤勉を重んじるプロテスタンティズムの精神，社会的な階層の上昇の手段となりうる学歴を重視する価値観，絶えず速いテンポで他者と競争しなければならない都市化された生活などを挙げている．ただ，ここに列挙したものはあくまで社会の価値観であって，それが両親を通し子どもに伝達されるプロセスにおいて，これらの価値観がそのまま養育態度に反映されるかについては疑問も残る．つまり，成人期以前の発達段階に属する者がこうした抽象化された価値観をそのまま理解していることは疑わしいからである．おそらくは，父母はこれらの達成的，競争的な価値観を共有しより成人期以前に属する者に理解しやすい具体的な価値観を子どもに養育態度として伝達しているので

はないだろうか．そうなると，ここでは学齢期における発達を問題にしていることを考えれば，前述した学校をはじめとした学業達成場面における達成や競争を重んじる価値観などは，その有力な候補として考えられる．

したがって，養育態度とタイプAの発達に関する研究に関しては，社会的な価値観，とくに学業達成場面における達成や競争を重んじる価値観が，養育態度を伝達手段として子どもの信念の形成に影響を与えていることを，実証的に検討することが必要となるであろう．

4．タイプA行動に寄与する性格特性もしくは動機づけ要因の問題

第4章で検討したようにPrice（1982）のモデルでは個人的先行要因（personal antecedents）として認知的要因，生理的要因というものを仮定しているが，これらが具体的に何を指すかについての言及はない．また，山崎（1995）のモデルではタイプAの発達の要因として，環境要因に比べると大きくはないが，一定程度の遺伝的要因の存在を考えているが，これについても具体的な内容に関してはとくに触れられていない．いずれにせよ，両モデルともタイプAが幼児，児童，青年期（Priceのモデルでは発達段階についての言及がないので成人期についても除外はできない）を通して環境からの影響で発達していることを中心に考えながら，それ以外に遺伝もしくはそうでなくとも比較的安定的な特性からの影響がタイプAの発達に寄与していることは認めているのであるが，その具体的な検討がないのである．

さて，その検討をどのようにすべきかであるが，一般に知能や性格の遺伝的要因を同定するのは，少なくとも心理学的な方法論を用いている限り，容易でないことは今更議論する間もないであろう．したがって，ここではそうした遺伝対環境論争に足を踏み入れるよりも，Priceおよび山崎のモデルや他の心理学的研究からタイプAの構造を検討し，タイプAと関連が深く，なおかつ，何らかの意味でタイプAの発達の基底となりうるような部分がどのようなものかを検討してみたい．

そこで，まず，Price および山崎のモデルについてみると，前述のように両モデルともここで検討しようとしている概念についての具体的な記述は少ない．ただ，Price のモデルについて言えば，タイプAが核となる信念と行動から構成されていてその先行要因として規定されているものがここで問題にしている概念に相当することは比較的はっきりしている．そこで，この Price のモデルを手がかりに考えてみよう．

　このモデルが，社会的学習理論の立場からタイプAとされる行動が信念という認知過程によって引き起こされていると考えていることは明らかである．確かに，タイプA者の特徴はその独特に認知の偏りにあるということも理解できる．ただ，ふつうタイプA的と考えられる特徴は，個人内の認知過程よりも，むしろ，高い目標を設定し，他者を凌ぎ，より高い成果を得ようとする達成行動や攻撃的な言動・行動などの顕在的な特徴にある．素朴な表現となることを敢えて恐れなければ，エネルギッシュという表現があてはまるような行動がその特徴とされているのである．しかし，Bower & Hilgard (1981) が「社会的学習心理学者は，神経症的な行動の説明に精神力動的な「内的原因」を導入することに反対（邦訳，下巻，p.197）」していると述べている通り，社会的学習理論を標榜する Price はそのような力動的な概念を考慮していない．また，社会的学習理論をはじめとした行動の源泉を認知に求める理論が高く評価されている所以は，主としてうつ病，（近年はこの用語はあまり用いなくなったが）神経症などに対する認知行動療法的アプローチの理論的支柱として有効だからである．確かに，タイプAに関する研究文脈でも第3章でみたようにその変容において論理療法などの認知行動療法的アプローチの効果は確認されている．しかし，それはあくまで形成されたタイプAの変容においてであり，タイプAの発達ではない．本章で先に論じたように，著者はタイプAの発達における信念をはじめとした認知過程の果たす役割の重要性を認める立場にあるが，うつ病，神経症などと異なり広義の動機によって表出される行動によって特徴が列挙されるタイプAの発達にあっては，

やはり，何らかの力動的な動機，あるいは，性格特性などの寄与について考慮してもよいのではないかと思われる．また，そもそも，第1章でみた Glass (1977a; b) のコントロール説などタイプAの心理学的な説明をめざす理論が動機あるいは欲求を仮定することから考えても，そのような要因をモデルの中に組み込み考慮することは必要なのではないかと思われる．

そのように考えると，Price (1982) が個人的先行要因 (personal antecedents) と呼んだ部分を，遺伝もしくは安定的な特性と限定せず，より広い意味でタイプAの発達に寄与する力動的な動機，性格特性として捉えてよいのではないだろうか．

では，そうした力動的な動機，性格特性として何が考え得るかであるが，現段階で一番有力な候補として考えられるのは自己愛性パーソナリティ (narcisstic personality) ではないかと思われる．自己愛性パーソナリティについては精神分析的な背景をもった Kohut (1971)，Kohut & Wolf (1978) の自己心理学によって説明されるが，一方，それは先ほども紹介した Glass (1977a; b) のコントロール説をはじめとした動機，あるいは，欲求によってタイプAを説明する立場とも共通する部分が大きいからである．すなわち，Kohut (1971)，Kohut & Wolf (1978) の理論がいうように自己の形成不全によってリビドーの放出になんらかの問題が起こっている状態が自己愛性パーソナリティであるとすると，そうした力動的な構造に加え，Price (1982) のモデルが指摘しているような競争や達成を重視するような社会文化的価値によって形成された信念がそれを方向付けることで，行動としてのタイプA，すなわち，過剰な達成行動や競争的，攻撃的な行動が発現されると考えることができるからである．また，この認知的な側面を補う力動的な機能をあえて Price (1982) の中に位置づけるのならば，個人的先行要因の部分に位置づけることができるのではないかと思われる．さきほどはこの部分は山崎 (1995) のモデルのなかの遺伝の部分と関連づけて取り上げたが，そうすることが具体的な実証可能性を欠くことになるのも，述べたとおりである．し

たがって，そうしたある意味不可知な領域に入り込むことよりも，むしろ，実証がなされず，また，理論的にも必要性があると考えられる部分をそれらに代わる要因として，自己愛性パーソナリティを取り上げた方が現実的であろう．

さて，第1章でもみたようにタイプAと自己愛性パーソナリティとの間には中程度の相関係数が得られるという報告（Fukunishi, et al., 1996）は，すでに行われている．しかし，これまで行われた研究はこの Fukunishi, et al. (1996) のものが唯一であり，十分な検討が行われているとは言い難い．

以上のようなことからタイプA行動に寄与する性格特性もしくは動機づけ要因の問題として，本書ではタイプAと自己愛性パーソナリティとの関連を取り上げてみたい．

第3節　実証的研究の概略

次章以下では上記の4つの問題に対応する4つの章を設け，それぞれの課題に関連する諸要因を整理したい．まず，第6章では，1つめの課題に関連し小中学生を対象として3つの実証的研究を検討する．ここではタイプA傾向を示す小中学生が日常生活のなかでタイプA者に特徴的な競争的な学業達成行動を示すこと，それが学年の推移に伴い受験に対する圧力などからよりその傾向を強めてゆくことなどを確認する．続く，第7章では，タイプAと信念との関係を扱う．タイプAとされる行動を発現させる先行要因としての信念内容を特定し，それらが小中学生から大学生に至るまでの間に，その内容を変化させながらタイプAの形成に影響していることを明らかにする．また，そうした信念内容が両親の信念の影響を受けていることなどについても加えて検討する．第8章では，旧来のタイプAの発達的研究でも大きな位置を占めてきた養育態度の問題について再検討する．とくに，この章では，Price のモデルの枠組みをもとに養育態度が社会文化的な価値観の反映され

た両親の信念を子どもに伝えるための媒介手段となっていることを，小中学生，および，大学生とその両親を対象とした調査によって明らかにする．また，この章ではタイプAの発達のおよぼす両親からの影響のうち養育態度と並んで取り上げられるモデリング（第2章参照）の要因についても触れる．そして，第9章では，最後にタイプAと自己愛性パーソナリティの問題が扱われる．

以上の実証的な研究を通して，最後の第10章ではそれらの実証的な研究をもとにタイプAの発達に関する統合的なモデルを提起し，それがタイプAの発達的研究のなかでいかなる意味をもち，どのように位置づけられるかについて考察してゆきたい．

第4節　本章の要約

本章では，第4章で紹介されたタイプAの発達に関する2つのモデルの批判的検討を通して見いだされた4つの問題点を提示した．そして，それらの問題点が次章以下で実証的に検証されることを述べた．

第6章　児童期，思春期におけるタイプA者の
生活習慣と学習行動・動機づけの検討

第1節　養育態度以外の要因の検討の必要性

　前の章でも述べたように，おそらく，幼児期に両親の養育態度などの影響のもとにその萌芽を見せたタイプAは，児童期，青年期と経る中でその競争的，達成的な特徴ゆえに達成的，競争的な場面により直面しやすい状況におかれ，さらにそうした状況にさらされることで一層競争的，達成的な傾向を強めてゆくという循環をなしていると思われる。そうしたなかで，(繰り返しの引用となるが)「子どもは成長に従い，地域や学校場面へと活動範囲を広げて行き，そこから家庭以外の様々な環境から多様な影響を受けることになり，研究対象とすべき要因が自ずと増加 (山崎, 1995, p.15)」してゆくわけである。しかし，児童期・青年期などに属する対象者に対し，養育態度などの両親からの影響以外の要因を含めて実証的な検討を行った研究はほとんど皆無に近い。そして，実際のところ家庭以外にどのような要因があり得るのか，実証的な知見を含んだ手がかりがほとんどないのである。

　そこで，本章は，まず，研究1で，タイプAを示す児童や青年が普段の生活のどのような場面でタイプA的とされる行動を示しているかを検討することとする。タイプA的とされる特徴故にそのような場面に自らをおくことがさらにタイプAの発達を促進する要因を招き，それが児童期，青年期におけるタイプAの発達を促すプロセスをつくっていると考えるからである。ただ，その中でも学業をめぐる諸問題，とくに受験や進学などの影響はやはり扱わなくてはならないであろう。研究2，研究3では，それらの問題について学習動機づけや勉強時間を通してみてゆきたい。すなわち，タイプA者がたと

えば高校受験のような達成的，競争的な場面においてどのようにして動機づけを高め，達成的な行動に駆り立てられてゆくかを明らかにしてみたいのである．

第2節　小学生のタイプAと生活習慣との関連（研究1）

1．本研究の目的
　タイプA傾向を示す小学生は，その達成的，競争的な特徴のため普段の日常生活の場面で達成的，競争的な行動傾向を示し，それが生活習慣として定着していることを確認する．

2．方法
（1）対象者
　関東地方の政令指定都市の2つの小学校に在学する小学生のうち1校は5年生，6年生，他の1校は6年生のみを対象とした．対象者は調査当日欠席した者，調査の記入に大幅な不備があり対象者に含めなかった者を除きそれぞれの小学校の対象とした学年の全児童である．対象者数は5年生63名（男子28名，女子35名），6年生110名（男子50名，女子60名）の合計173名である．ただし，有効回答として分析から除外しなかった調査票のなかにもごく一部ではあるが記入漏れがある箇所があり，すべての分析において上記の有効回答数が確保されているわけではないが，それについては分析の際必要に応じて数字を示す．

（2）調査に用いた質問紙
タイプAを測定する質問紙：今回は，児童，生徒のタイプAを測定する質問紙として欧米でよく用いられているHunter-Wolf A-B評定尺度（Wolf, Hunter & Webber, 1979）を翻訳し，妥当性，信頼性を検討した日本語版（大芦，

表 6-1 Hunter-Wolf A-B 評定尺度の項目

#						
1.	わたしはのんきだと思う	4	3	2	1	わたしはいつも急いだりあせったりしている
2.	勉強やスポーツをするときはかならず勝ちたい	4	3	2	1	勉強やスポーツの勝ち負けはあまり気にしない
3.	友達や仲間と話をしているときはわたしがリーダーになる	4	3	2	1	友達や仲間と話をしているときはわたしは自分ではあまり話さず友達や仲間の話を聞く
4.	できるだけよい成績をとりたい	4	3	2	1	成績は今とれているくらいで満足している
5.	人を待つときはとてもいらいらする	4	3	2	1	人を待つときも あまり いらいらしない
6.	わたしは先生や父母や仲間から早口だ（話すのが早い）といわれます	4	3	2	1	わたしは先生や父母や仲間から話すのがゆっくりだといわれます
7.	わたしは大声でどなることがあります	4	3	2	1	わたしは大声はだしません
8.	わたしは毎日いそがしいです	4	3	2	1	わたしは毎日ひまです
9.	塾や習いごとや勉強などしなくてはならないことがたくさんあります	4	3	2	1	塾や習いごとや勉強など しなくてはならないことはあまりありません
10.	わたしは自分の思ったことははっきりといいます	4	3	2	1	わたしは自分の思ったことでもはっきりいいません
11.	人に命令をすることがあります	4	3	2	1	人に命令をすることはありません
12.	グループで何かをするときはじぶんから班長やリーダーになります	4	3	2	1	グループで何かをするときはじぶんから班長やリーダーになることはありません
13.	友達から班長やリーダーになるようにいわれます	4	3	2	1	友達から班長やリーダーになるようにいわれることはありません
14.	牛乳や水を飲むときはすばやく飲みます	4	3	2	1	牛乳や水を飲むときはゆっくり飲みます
15.	わたしにはたくさんのしゅみがあります	4	3	2	1	わたしには あまり しゅみがありません
16.	わたしはときどきかっとなります	4	3	2	1	わたしは あまり かっとなることはありません

（注）実施にあたっては「4…よくあてはまる」「3…すこしあてはまる」「2…すこしあてはまらない」「1…あてはまらない」として該当する数字に○印をつけさせた．

2003；表6-1参照）を実施することとした．この尺度は全16項目で「時間がたつのは早いと思う」と「時間がたつのはゆっくりだと思う」というような対になる2つの質問文によって1つの項目が構成されている．下位尺度などはなく単一の尺度からなり，4件法（「よくあてはまる」「すこしあてはまる」「すこしあてはまらない」「あてはまらない」）で実施された．

<u>生活習慣を問う質問紙</u>：資料1（巻末）に示すような28項目の質問紙を用いた．この質問紙は大芦・曽我・大竹・島井・山崎（2002）が小学校5，6年生を対象として行った調査で用いた生活習慣に関する質問紙の一部に変更を加えたものである．調査項目は，主に（1）睡眠時間や就寝時刻など睡眠に関するもの，（2）夕食の時間や偏食傾向など食生活に関するもの，（3）稽古，塾通い，勉強時間などに関するもの，（4）ゲームをする時間やスポーツの習慣などおもに余暇，遊びに関するものの4分野からなりたっている．今回は，これにインターネットに関する項目などを加えている．

（3）手続き

上記の2つの質問紙を1つの冊子に綴じたものを用意し調査校に依頼した．小学校のクラス担任が特別活動の時間などを利用しクラスごとに無記名で実施し，回収した．調査時期は3月上旬である．なお，実施にあたって本調査は大学での研究のために行われるもので成績評価とは関係ないこと，どうしても回答したくない場合は回答しなくてもよいことが伝えられた．

3．結果

まず，生活習慣を問う質問紙の単純集計結果については男女別に表6-2に示した．また，Hunter-Wolf A-B評定尺度についても項目の粗点を合計しタイプA得点を算出した．

次に，生活習慣がタイプAと何らかの関連をもっているかについての検討を行った．

表 6-2 生活習慣の単純集計結果

( ) 内は%

項目番号．項目	男子		女子		全体	
	「はい」と答えた者	「いいえ」と答えた者	「はい」と答えた者	「いいえ」と答えた者	「はい」と答えた者	「いいえ」と答えた者
3．睡眠時間はたりてますか	50 (64.1)	28 (35.9)	58 (61.1)	37 (38.9)	108 (62.4)	65 (37.6)
4．ふとん（ベッド）に入ってからすぐに眠れますか	42 (53.8)	36 (46.2)	46 (48.9)	48 (51.1)	88 (51.2)	84 (48.8)
5．ぐっすり眠れますか	60 (77.9)	17 (22.1)	75 (79.8)	19 (20.2)	135 (78.9)	36 (21.1)
6．朝，目がさめたときの気分はよいですか	35 (44.9)	43 (55.1)	54 (58.1)	39 (4.19)	89 (52.0)	82 (48.0)
7．学校にいる時間にねむくなることがありますか	46 (59.0)	32 (41.0)	72 (79.1)	19 (20.9)	118 (69.8)	51 (30.2)
8．こわいゆめをみることがありますか	36 (46.2)	42 (53.8)	59 (62.8)	35 (37.2)	95 (55.2)	77 (44.8)
9．よなかに目がさめてしまうことがありますか	37 (47.4)	41 (52.6)	46 (48.4)	48 (51.6)	83 (48.0)	90 (52.0)
10．朝食をたべないことがありますか	22 (28.2)	56 (71.8)	21 (22.1)	74 (77.9)	43 (24.9)	130 (75.1)
11．夕食の時間はだいたい決まっていますか	44 (56.4)	34 (43.6)	66 (69.5)	29 (30.5)	110 (63.6)	63 (36.4)
12．食事はひとよりたくさんたべますか	36 (46.2)	42 (53.8)	25 (26.9)	68 (73.1)	61 (35.7)	110 (64.3)
13．ポテトチップやおせんべいなどをよくたべますか	30 (38.5)	48 (61.5)	43 (45.3)	52 (54.7)	73 (42.2)	100 (57.8)
14．油もの（フライなど）をよくたべますか	31 (39.7)	47 (60.3)	27 (28.7)	67 (71.3)	58 (33.7)	114 (66.3)
15．あまいものをよくたべますか	30 (38.5)	48 (61.5)	60 (65.2)	32 (34.8)	90 (52.9)	80 (47.1)
16．野菜をよくたべますか	57 (73.1)	21 (26.9)	69 (72.6)	26 (27.4)	126 (72.8)	47 (27.2)
17．栄養ドリンクやビタミン剤をよくのみますか	24 (30.8)	54 (69.2)	17 (17.9)	78 (82.1)	41 (23.7)	132 (76.3)
18．急いでごはんを食べることがありますか	47 (60.3)	31 (39.7)	55 (58.5)	39 (41.5)	102 (59.3)	70 (40.7)
19．水泳や剣道など何かスポーツをつづけていますか	52 (66.7)	26 (33.3)	49 (53.3)	43 (46.7)	101 (59.4)	69 (40.6)
23．じゅくやけいこごとや英会話にゆくときは電車やバスにのってゆきますか	9 (12.5)	63 (87.5)	15 (16.9)	74 (83.1)	24 (14.9)	137 (85.1)
27．勉強や宿題がたくさんあってねる時間がおそくなることがよくありますか	42 (53.8)	36 (46.2)	50 (53.2)	44 (46.8)	92 (53.8)	80 (46.5)
28．ゲームやインターネットをやっていてねる時間がおそくなることがよくありますか	20 (25.6)	58 (74.4)	19 (20.0)	76 (80.0)	39 (22.5)	134 (77.5)

そして生活習慣の質問紙の項目のうち3．から19．および，23．27．28．の3項目については「はい」もしくは「いいえ」と答えた者の間で，1．2．20．21．22．24．25．26．についてはそれぞれの項目の平均値（それぞれ順に，10時8分，8時間9分，2.2日，2.9日，1時間24分，1時間17分，3時間32分，1時間17分）で被験者を2分しその群間でタイプA得点統計的に有意な差がみられるかを検討することとした．なお，比較にあたっては男女の性差も考慮したため，群間の要因および性差の要因の2つの要因を考慮した2×2の分散分析を実施することとなった．表6-3に結果を示す．

全体についてみた場合，7つの項目（12．19．20．21．22．23．27．）で「はい」，または，平均より高い群間の主効果が有意となりタイプA得点が有意に高くなっていることがわかった（それぞれ，$F(1.167)=10.60$, $p<.01$; $F(1.166)=4.87$, $p<.05$; $F(1.168)=4.12$, $p<.05$; $F(1.168)=9.33$, $p<.01$; $F(1.166)=7.04$, $p<.01$; $F(1.157)=6.11$, $p<.05$; $F(1.168)=8.92$, $p<.01$）．このうち，12．「食事はひとよりたくさんたべますか」，18．「急いでごはんを食べることがありますか」の2項目が睡眠と食生活に関する項目であったが，他の項目は，勉強時間の長さ，多忙さ，活動性の高さに関するものであった．また，交互作用が有意となっている箇所が1カ所みられたが（$F(1.168)=5.16$, $p<.05$），これは，8．「こわいゆめをみることがありますか」で男子についてのみ「はい」と答えた場合もタイプA高くなることによるものと思われる．

なお，性差は1．2．3．4．6．7．8．9．11．13．15．16．17．18．19．21．23．24．25．26．27．28．の各項目でほぼ一貫してみられ（それぞれ $F(1.168)=5.22$, $p<.05$; $F(1.167)=5.77$, $p<.05$; $F(1.169)=5.47$, $p<.05$; $F(1.168)=6.04$, $p<.05$; $F(1.167)=5.00$, $p<.05$; $F(1.165)=9.12$, $p<.01$; $F(1.168)=5.71$, $p<.05$; $F(1.169)=5.78$, $p<.05$; $F(1.169)=7.57$, $p<.05$; $F(1.169)=4.91$, $p<.05$; $F(1.166)=7.51$, $p<.01$; $F(1.169)=5.56$, $p<.05$; $F(1.169)=4.55$, $p<.05$; $F(1.168)=5.81$, $p<.05$; $F(1.166)=3.93$, $p<.05$; F

表 6-3 生活習慣を基準に分けた 2 群のタイプ A 得点の比較

質問番号	「はい」または高群		「いいえ」または低群		検定結果 (F値, 有意確率)		
	男子	女子	男子	女子	性差	群間差	交互作用
1. 就寝時刻	36 44.19(5.16)	48 40.73(5.93)	42 43.29(6.33)	46 42.54(6.37)	5.22*	.242	2.19
2. 睡眠時間	37 43.76(6.00)	38 41.84(6.52)	39 43.90(5.73)	57 41.25(6.17)	5.77*	.06	.15
3. 睡眠時間は充分か	50 43.30(5.94)	58 41.02(6.12)	28 44.43(5.67)	37 42.22(6.56)	5.47*	1.47	.00
4. 入眠は容易か	42 43.64(6.00)	46 42.09(7.24)	36 43.78(5.63)	48 40.75(5.18)	6.04*	.42	.62
5. 熟睡できるか	60 43.77(5.64)	75 41.09(6.40)	17 43.12(6.45)	19 42.47(5.51)	2.12	.10	.80
6. 起床時の気分はよいか	35 43.46(4.86)	54 40.26(6.07)	43 43.91(6.51)	39 42.95(6.26)	5.00*	2.85+	1.45
7. 昼間眠くなることはあるか	46 43.78(5.96)	72 41.69(5.96)	32 43.59(5.66)	19 39.37(7.00)	9.12**	1.46	1.05
8. 悪夢をみるか	36 45.50(5.64)	59 41.14(6.00)	42 42.17(5.54)	35 42.06(6.88)	5.71*	1.66	5.16*
9. 夜中に目が覚めるか	37 43.78(5.64)	46 40.96(6.15)	41 43.63(6.00)	49 41.98(6.44)	5.78*	.22	.40
10. 朝食を抜くことがあるか	22 42.63(6.25)	21 41.67(5.26)	56 44.13(5.61)	74 41.43(6.52)	2.91	.34	.64
11. 夕食は定刻か	44 42.86(6.00)	66 41.97(6.04)	34 44.79(5.42)	29 40.38(6.76)	7.57**	.03	3.33+
12. 食事の量は多いか	36 45.94(5.27)	25 43.12(6.81)	42 41.79(5.59)	68 41.06(5.94)	3.46+	10.60**	1.21
13. ポテトチップなどをよく食べるか	30 13.10(5.95)	43 41.56(6.08)	48 44.08(5.71)	52 41.42(6.51)	4..91*	.20	.35
14. 油もの多いか	31 43.45(5.87)	27 43.00(6.10)	47 43.87(5.81)	67 40.87(6.35)	3.07+	.75	1.67
15. 甘いものをよく食べるか	30 45.07(6.07)	60 41.63(6.84)	48 42.85(5.52)	32 40.97(5.30)	7.51**	2.20	.64
16. 野菜をよく食べるか	57 43.89(5.62)	69 41.97(6.38)	21 43.19(6.38)	26 40.19(5.97)	5.56*	1.41	.27
17. 栄養ドリンクビタミン剤をよく飲むか	24 44.83(6.38)	17 41.94(6.42)	54 43.20(5.51)	78 41.38(6.30)	4.55*	.98	.24
18. 急いで食事をするか	47 44.21(5.91)	55 42.42(6.70)	31 42.94(5.63)	39 40.13(5.53)	5.81*	3.68+	.32

(次ページにつづく)

質問番号		「はい」または高群		「いいえ」または低群		検定結果 （F値，有意確率）		
		男子	女子	男子	女子	性差	群間差	交互作用
19.	何かスポーツをつづけているか	52 44.63(5.16)	49 42.06(5.70)	26 41.85(6.62)	43 40.63(6.87)	3.93*	4.87*	.50
20.	外で運動や外遊びをするのは週に何日か	50 44.88(5.09)	45 41.87(6.23)	27 41.74(6.55)	50 41.14(6.38)	3.63	4.12*	1.61
21.	週あたりのスポーツ以外の稽古ごと通う回数	22 46.81(5.28)	33 42.61(7.53)	55 42.51(5.62)	62 40.89(5.49)	8.76**	9.33**	1.72
22.	家や塾での勉強時間	32 45.38(4.90)	19 43.58(6.69)	44 42.55(6.20)	75 40.89(6.13)	2.75	7.04**	.01
23.	けいこ事にゆくときバスや電車にのるか	9 47.89(3.41)	15 43.07(5.56)	63 42.90(5.91)	74 41.19(6.57)	5.55*	6.11*	1.25
24.	きょうだい友だちと遊ぶ時間	34 44.38(5.67)	40 40.43(6.31)	42 43.26(5.99)	52 42.25(6.14)	6.92**	.14	2.43
25.	テレビの視聴時間	31 43.29(5.70)	34 40.85(7.17)	45 44.18(5.95)	59 41.78(5.77)	6.21*	.87	.00
26.	ゲームやインターネットをする時間	28 43.54(5.12)	17 40.88(7.32)	50 43.80(6.19)	77 41.66(6.11)	4.81*	.23	.06
27.	勉強をしていて就寝が遅くなることがあるか	42 44.33(5.21)	50 43.36(6.17)	36 42.97(6.41)	44 39.30(5.82)	6.56*	8.92**	2.22
28.	ゲームやインターネットで就寝がおそくなるか	20 44.40(5.00)	19 41.68(4.47)	58 43.47(6.07)	76 41.43(6.69)	4.55*	.28	.10

上段：各郡に該当する対象者数　下段：平均値（標準偏差）　検定結果の欄の*印は2群の平均値に有意差があったことを示す．*p＜.05，**p＜.01（なお，有意差はなかったがその傾向が見られた場合も示した．+p＜.10）

$(1.168) = 8.76$，p＜.01；F$(1.159) = 5.55$，p＜.05；F$(1.164) = 6.92$，p＜.01；F$(1.165) = 6.21$，p＜.05；F$(1.168) = 4.81$，p＜.05；F$(1.168) = 6.56$，p＜.05；F$(1.169) = 4.55$，p＜.05），本研究の対象者について言えば男子が女子よりタイプA得点が高くなっていることがわかる．

4．考察

　タイプA者と非タイプA者で違いの見られた生活習慣は必ずしも多くはなかったが，全体についてみた場合，勉強時間や稽古事に関する項目でタイプA者が高い値を示すなど達成傾向の強さをうかがわせた．また，起床時の気

分がよくないなどタイプA者の不健康さを思わせる項目でも差が見られた.しかし,タイプA者が高い値を示した項目のなかには19.「水泳や剣道など何かスポーツをつづけていますか」といった一見健康な生活習慣と思われるものも含まれており,そうした項目に該当する者のタイプAが高くなっている点は若干奇異に思える.しかし,Raikkoenen & Keltikangas-Jaervien (1991) は,男子の場合タイプAの特徴の1つでもある敵意の高い者が運動を比較的よく行っていることを確認している.一般に,スポーツは勝敗のはっきりとしていることが多く他者と競争して勝つことが求められる.また,とくにスポーツの場合,技量を上達させ競争に勝つためには,限られた時間の中で持続的にトレーニングを積むことが必要とされる.これらスポーツで求められることは競争性,時間的切迫感,達成欲求などいずれもタイプAの特徴と合致する.したがって,スポーツをする場面に多く直面することで,結果的にタイプA的な特性を後々強めてゆくのかもしれない.

　一般に,成人を対象とした研究でもタイプA傾向を示す者は睡眠時間の少ない者や睡眠障害の傾向が見られることが報告されているが(Hayer & Hicks, 1993; Koulack & Nesca, 1992),小学生を対象とした本研究ではその傾向は8.に関してわずかに見られたのみである.今回の対象者でタイプAと関連があるとされた生活習慣は勉強時間の長さや多忙さや活動性の高さに関するものが主であった.タイプA者が強い達成欲求をもち活動的であることは成人の場合と同じだが,本研究のような小学生を対象とした場合,タイプAであることが成人の場合とは異なり睡眠の習慣とあまり関連していないのである.しかし,他方,本研究と同じ小学生児童を対象としてほぼ同様の生活習慣を質問した大芦・曽我・大竹・島井・山崎 (2002) の研究では,1.2.5.6.などの睡眠に関する質問で不健康とされる傾向を答えた者の敵意や攻撃性が高くなっていたという事実もある.これらの事実をどう考えるかであるが,1つの推測として,成人の場合,タイプA者は活動性が高く多忙を極めることと敵意や攻撃性が高く不健康な睡眠習慣をもっていることとが比較的強く

結びついているのに対し，発達途上にある小学生の場合，そうした結びつきがまだ弱く，やがて成人になるまでの間に次第に結びつきを強めてゆくのではないかと考えられる．つまり，タイプＡを示す小学生が本研究で見られたように活動的で多忙な生活を繰り返し送っているとすると，それは結果的に睡眠時間を短縮するなどの傾向をもたらすことになる．また，タイプＡを示す児童や青年はストレスを感じやすいといわれている（Eagleston, Kirmil-Gray & Thorensen, 1986）ことを考えると，そのストレスが原因となり寝付きが悪くなるといったような不健康な睡眠の習慣をつくることもあるかもしれない．そして，これら短い睡眠時間，寝付きの悪さなどといった習慣を長期に渡って持続することが敵意や攻撃性などを強めることにならないだろうか．このことは，大学生に強制的に睡眠時間を短縮させると敵意傾向が高まってくるという報告（Hart, Buchsbaum, Wade, Hamer & Kwentus, 1987）があることなどからも推測される．そのようにして，成人ではタイプＡ者の多忙さ，過活動さと敵意，不健康な睡眠週間などが共存した形でみられるようになるのではないだろうか．それに対し，小学生の場合，大芦ら（2002）の研究の結果が報告するような敵意，攻撃性と不健康な睡眠週間の関係がある一方で，タイプＡそのものは多忙さ，活動性の高さなどとの関係が主となっていて不健康な睡眠の習慣との関係はそれほどはっきりしていないのである．本研究の場合も男子の生活習慣の８．では睡眠に関連した生活習慣とタイプＡの関係が少しずつだが見られてはいる．しかし，それが成人の場合ほどはっきりしていないのである．

　以上の考察はあくまで１つの推測に過ぎないが，このように考えると，小学生の場合，タイプＡ傾向が強くそれがやがて不健康な睡眠習慣を招き敵意，攻撃性を高めるグループがいる一方，大芦ら（2002）の結果が示すように小学生においてすでに敵意や攻撃性が高く不健康な睡眠週間をもっている者も別の一群として存在しているという可能性が想定されてくる．ただ，本書で問題にしているのはむしろ前者，すなわち，タイプＡ傾向が強くそれがやが

て不健康な睡眠習慣を招き敵意，攻撃性を高めるグループであり，すでに敵意や攻撃性が高く不健康な睡眠習慣をもっているグループについての議論はここではこれ以上は控える．

いずれにしろ，タイプＡ傾向を示す小学生がその達成的，競争的な特徴故にそうした場面に習慣を示しそうした状況へ直面する機会を増加させ，それらが生活習慣となりつつあることはうかがうことが出来た．そうした，生活習慣を維持することが父母の養育態度などとは別のタイプＡを強化してゆくさらなる要因となるのかもしれない．

なお，本研究の対象者は男子が女子より一貫してタイプＡの得点が高いことが示されたが，先行研究をみても幼児のタイプＡを比較すると男子が女子より強いという報告 Matthews & Angulo (1980) はこれまでにもいくつか行われている．このように考えると本研究でみられた性差もそれらと通じるものがあると考えられる．

第3節　小学生のタイプＡと学習動機づけ，勉強時間との関係 (研究2)

1．問題の所在

研究1ではタイプＡを示す小学生が，勉強時間の長さや多忙さや活動性の高さに関する生活習慣を示すことが確認された．こうした傾向はタイプＡ者の達成傾向や競争性の強さで説明されたが，実際に，タイプＡ者が競争的な傾向をもった達成傾向に動機づけられていたかについては必ずしも明らかになっていなかった．そこで，本研究では，研究1でタイプＡ者が高い値を示した生活習慣のうち主に勉学に関する動機づけについて検討してみたい．第1章で見たようにタイプＡの心理学的なメカニズムの解明を試みた研究はタイプＡ者のコントロール欲求（たとえば，Glass, 1977a）や自尊心維持欲求が強い（Strube, et al., 1987）ことを報告している．つまり，タイプＡ者が強い達

成傾向や高い活動性を見せることは他者を凌ぎ自らの地位を誇示し，優位に立つことを目指していることを示している．実際に，成人の研究ではタイプA者がみせる達成動機づけは内発的動機づけよりも外発的動機づけとの関連が強いという研究もある（Lawler, et al., 1991; Sturman, 1999）．

　こうした研究をみると，児童期においてタイプAを示す者が見せる達成的な行動も同様に外発的な動機づけと関連を持っていると考えられるのである．

2．本研究の目的

　小学生を対象とし，タイプA傾向と学習に対する動機づけとの関連を検討する．とくに，タイプAの高い者が示す動機づけが外発的動機づけと関連していることを確認する．

3．方法

（1）対象者

　関東地方の政令指定都市の2つの小学校5年生および6年生児童．対象者数は5年生94名（男子49名，女子45名），6年生107名（男子43名，女子64名）の合計201名である．この対象者は調査当日欠席したもの，および，調査の記入に大幅な不備があり対象者に含めなかったもの若干名を除き2つの小学校の5年，6年児童の全員にあたる．

（2）調査に用いた質問紙

タイプAを測定する質問紙：研究1と同様にHunter-Wolf A-B評定尺度の日本語版（大芦，2003；表6-1参照）を実施した．
学習動機づけを測定する質問紙：小学生の学習動機づけについては，本研究ではとくに学習行動が生起している過程よりも学習行動を行う理由について問題にしていることから，学習動機に関する質問を行うこととした．今回は桜井（1989）が作成した学習動機測定尺度（表6-4）を実施した．この質問紙

表 6-4　学習動機測定尺度（桜井，1989）の質問項目

項　　目
わたしが勉強するのは……
1．お父さんやお母さんにほめられたいから（外生）
2．楽しいから（内）
3．新しいことを知りたいから（内）
4．先生にしかられたくないから（外生）
5．友だちに負けたくないから（外）
6．好きだから（内）
7．お父さんやお母さんに言われるから（外生）
8．先生にほめられたいから（外生）
9．おもしろいから（内）
10．よい成績をとりたいから（外）
11．お父さんやお母さんにしかられたくないから（外生）
12．先生に言われるから（外生）
13．悪い成績をとりたくないから（外）
14．友だちに勝ちたいから（外）
15．立派な人（えらい人）になりたいから（外）
16．おとなになって役に立つから（内）
17．テストがあるから

(注1) 教示は以下のように行った．
　つぎの文章を1つずつを読んで　あなたが　ふだん　勉強するときの気持ちとしてあてはまるかどうか考えてください．そして，「あてはまる」「ややあてはまる」「あまりあてはまらない」「あてはまらない」のどれかに○をつけてください．○は1つの文章にたいして1つだけつけてください．
(注2) 項目のあとの（　　）は属する下位尺度を示す．（内）：内的動機，（外）：外的動機，（外生）：外生的動機
(注3) 項目17．はいずれの下位尺度にも含まれていない．

は桜井が今回の対象者と同じ小学校5，6年生を対象に作成したもので，内的動機（6項目），外生的動機（6項目），外的動機（5項目）からなる．このうち，内的動機は広義の意味での内発的動機に該当し，一方，外的動機は同様に広義の意味での外発的動機に該当する．外生の動機づけは，教師や親，友だちなど主として外的な他者に由来する動機に相当する．なお，今回は4

件法（「あてはまる」「ややあてはまる」「あまりあてはまらい」「あてはまらない」）で実施した．

<u>勉強時間などに関する質問</u>：上記の２つの質問紙の他に「学校以外の家やじゅくでどのくらい勉強しますか？」「あなたはじゅくや英会話やならいごとなどに週に何日いっていますか？」について質問し，前者は１日あたりの時間，分，後者は週あたり回数を所定の欄に記入してもらった．

（３）手続き

上記の質問紙を１つの冊子に綴じたものを用意し調査校に依頼した．小学校のクラス担任が特別活動の時間などを利用しクラスごとに無記名で実施し，回収した．なお，実施にあたって本調査は大学での研究のために行われるもので成績評価とは関係ないこと，どうしても回答したくない場合は回答しなくてもよいことが伝えられた．

４．結果

まず，学習動機測定尺度は，粗点を合計し下位尺度得点を算出した．そして，学習動機測定尺度の３つの下位尺度得点，および，家庭や塾での勉強時間を問う質問の回答を分に換算した値，学習塾などに通う回数を問う質問の回答の値の合計５つの変数とタイプＡ得点との間の相関係数を算出した．相関係数の算出にあたっては対象者全体，男子，女子の別に行った．結果を表6-5-1に示す．

結果は対象者全体，男子，女子のいずれの場合もほぼ同じ傾向を示した．まず，家庭や塾での勉強時間，学習塾などに通う回数はいずれの場合もタイプＡとの間に有意な正の相関係数を示した．学習動機については内的動機，外的動機の両者がタイプＡ得点との間に有意な相関係数が得られている．

ただし，学習動機測定尺度の３つの下位尺度の間には.3前後の相関係数が得られていることから，タイプＡとの関係においても当該下位尺度以外の２

つの下位尺度の影響を取り除いた偏相関係数も算出してみた（表6-5-2参照）．その結果，学習動機のうち内的動機，外的動機とタイプAとの間で有意な正の相関が得られた点では前述の結果と同じであったが，外生的動機との間に有意な負の相関が得られている点は明らかに異なっていた．また，男女別に分析した場合，男子は外的動機との間でのみ有意な相関が得られているが，女子は内的動機，外的動機との間に正の相関が，外生的動機との間に負の相関が得られるなど，男子と女子で差がみられた．

表6-5-1　学習動機，勉強時間，塾などに通う回数とタイプAとの相関係数

		内的動機	外生的動機	外的動機	勉強時間	塾などに通う回数
男女合計	相関係数	.329***	.122+	.412***	.325***	.397***
	人数	200	200	200	197	196
男子のみ	相関係数	.209*	.140	.450***	.269*	.303**
	人数	92	92	92	91	91
女子のみ	相関係数	.432***	.112	.396***	.360***	.466***
	人数	108	108	108	106	105

（注）***p＜.001，**p＜.01，*p＜.05，+p＜.10

表6-5-2　学習動機とタイプAとの相関係数

（他の動機の影響を除いた偏相関）

		内的動機	外生的動機	外的動機
男女合計	相関係数	.327**	－.219**	.332***
	人数	196	196	196
男子のみ	相関係数	.118	－.138	.394***
	人数	88	88	88
女子のみ	相関係数	.338***	－.303**	.293**
	人数	104	104	104

（注）***p＜.001，**p＜.01，*p＜.05，+p＜.10

5．考察

　タイプA者は学習時間が長く，学習塾や稽古事に回数も多くなる傾向がみられ，研究1の場合と同様の傾向をもっていることが確認された．

　学習動機との関係では，広義の外発的動機づけに相当する外的動機とタイプAと正の相関が得られている．前述のように成人を対象とした研究ではタイプAと外発的動機づけとの関連が報告されているが（Lawler, et al., 1991; Sturman, 1999），それらの結果と同様に，タイプA者の達成行動が他者を凌ぎ自らが優位に立つことに動機づけられていることを示すものと思われる．しかし，本研究では，女子については明らかに一般に外発的動機づけの対概念と考えられる内発的動機づけにおおむね相当する内的動機との間にも関係がみられている．また，女子についていえば，家族や教師にしかられたくないからといった内容を中心とした外生的動機とタイプAとの間に有意な負の相関が得られていることも，タイプAと内的動機づけとの間に相関がみられたことと通じるものがある．おそらく，少なくとも女子についていえば，タイプAを示す児童は勉強時間が長く学習塾などにも通うことも多いため学力的にも必ずしも低くなく，小学校段階では，学習活動自体が楽しみや，満足を得る側面を持っているのではないだろうか．もちろん，都市部の小学生の間では私立中学校等の受験熱が高いことはよく知られているが，それは在学生のある部分についてであり，また，中学受験は経なくてもそのまま中学に進学することは何ら問題はない．

　そういう意味で，小学生では学習活動を専ら競争的な状況とみなすことは必ずしもないのかもしれない．なお，この傾向が女子に顕著に見られた理由であるが，とくに我が国の場合，近年まで両親や教師が一般に女子に対しては男子ほど高い学業達成を求めなかった（たとえば，渡辺，1995；山梨県立富士女性センター，1999）ことなどとも関係があるかもしれない．

　いずれにせよ，タイプA者の学習に対する動機づけが他者を凌ぎ自らを優位におくための競争的な色彩を帯びてくるのは，ほぼ全員が受験を意識する

中学生になってからなのではないだろうか.

第4節　中学生におけるタイプAと学習動機づけ，勉強時間との関係
（研究3）

1．問題の所在

　研究1および研究2ではタイプA傾向を示す小学生が，勉強時間や塾に通う回数などが多く成人のタイプA者と同じように実際の日常生活でも達成的，競争的な傾向をみせることが確認された．そして，こうした活動がどのような動機づけによって支えられているかについて確認した研究2では，小学生のタイプAと外発的な動機づけにほぼ相当する外的動機との間に相関が得られることを確認したが，同時にとくに女子については内発的な動機づけに近い内的動機との間にも有意な相関がみられていた．これについて，小学生では，まだ，進学や受験などといったことが時間的にやや先のものとして位置するため，他者と競い自らが優位たつために勉強するといったような外発的な傾向が必ずしも内発的な動機の存在を許容しないレベルにまで強まっていないのではないかと考えた．そこで，本研究では，高校受験という他者と競い自らが優位たつために勉強しなくてはならない状況に必然的に迫られた中学生を対象として，タイプAと学習動機づけ，勉強時間などについて検討してみたい．とくに，一概に中学生といっても高校受験に対する圧力などそのおかれた状況は異なるはずであり，本研究では学年別にそれらを比較してみたい．おそらく，タイプA者は，3年次で受験に直面する状況のなかで，とくに受験勉強という達成行動を高め，また，それを支える学習動機づけも外発的な傾向を強めてゆくのではないかと考えられる．

2．目的

　中学生を対象として，タイプAと学習動機づけ，および，勉強時間との関

係を検討する．とくに，タイプA者は1年次から3年次に推移してゆく中で，競争的，達成的な特徴から，勉強時間を増し，また，それを支える動機づけが外発的な傾向を強めてゆくことを確認する．

3．方法
（1）対象者
　関東地方の政令指定都市の都心部の公立中学校の生徒189名．内訳は1年生62名（男子23名，女子39名），2年生67名（男子33名，女子34名），3年生60名（男子29名，女子31名）である．対象者は調査当日欠席したもの，調査の記入に大幅な不備があり対象者に含めなかった若干の者を除き，この中学校の生徒の全員にあたる．なお，一部の調査項目に欠損値があり実際に分析された人数は上記と完全に一致しないが分析の際その都度数を示す．

（2）調査で用いた質問紙
<u>タイプAを測定する質問紙</u>：これまでと同様にHunter-Wolf A-B評定尺度の日本語版（大芦，2003）を実施した．
<u>学習動機づけを測定する質問紙</u>：学習動機づけを測定する質問紙については柏木（1983）が作成した学習動機づけに関する項目のなかから一部を取り出し，それらの表現を改め利用することにした．柏木（1983）の研究は中高校生を対象として学習動機づけの性質を検討したもので，そこでは，自己形成・内発的志向的動機づけ，手段的・試験志向的動機づけ，他者志向的動機づけ，職業関心に基づく動機づけの4つのカテゴリーからなる質問紙が用いられている．しかし，この質問紙は127項目と項目数が多く調査対象校の教育活動に影響を与えることなどを考慮し，その中から27項目のみを抜き出した．また，柏木の調査が行われてからすでに長く時間が経過しており調査時点での中学生に実施するには必ずしも適切と思われない項目表現もみられたため，それらに修正を加えた．以上の項目の選択，表現の修正にあたっては，

表6-6 学習動機づけを測定する質問紙の項目

項　目

1. 試験に合格する（よい点をとる）ことが勉強の大きな理由ではない
2. 試験は学習にとって必要なものだと思う
3. 試験をうけるとき，どんな成績がとれるか，どんな学校に入れるかといったことはあまり意識しない
4. 自分が興味をもっていることは，試験には重要でなくても，かなり時間をかけて勉強している
5. その学科に興味があるというよりも，試験でいい点をとるために勉強している
6. 何の学科であれ，学校ではいい成績をとりたい
7. むずかしくてできないとすぐにあきらめてしまう
8. 試験で悪い点をとるのはいやだ
9. 試験の成績がよくないと，もう一度うけ直したいと思う
10. 好きな学科だと，教科書以外の参考書や本にも眼を通したり，読んだりする
11. 勉強すること自体がわたしにとって楽しいことだ
12. 試験をうけるのは好きだ
13. 試験は自分の勉強のためにもなるから好きだ
14. 学校でよい成績をとりたいと思うと，勉強したことを友だちに教えたりするのは損になる
15. 学校の勉強では，友だちと協力することも学ぶことができる
16. 試験勉強は，がまん強さやじっくりやる力を育ててくれるものだ
17. 試験をうけることは，わたしにとって有意義な経験の一つだ
18. 両親をよろこばせたいと思って一生懸命勉強する
19. 先生は，わたしが授業でよく勉強することを期待している
20. 私が試験でどんな点をとれるかといったことには両親は無関心だ
21. 私が試験に落ちたら，家の人たちは恥ずかしいと思うだろう
22. 学校を卒業したあと職業がみつかるかどうかは，わたしにとってとても重大なことだ
23. 将来どんな仕事をするかといったことは，それほど重要ではない
24. 自分の興味が生かされ，伸ばせるような仕事をみつけたい
25. 楽しんで働けるような仕事をみるけることが私には重要なことだ
26. 収入のよい仕事につきたい
27. 出世のチャンスがたくさんあるような職業をみつけたい

（注）教示は以下のように行った．
　このページには質問が27問あります．それぞれの質問について，「あてはまる」と思ったときは……4 「ややあてはまる」と思ったときは……3 「どちらかといえばあてはまらない」と思ったときは……2 「あてはまらない」と思ったときは……1, のいずれかに○をつけてください．

対象校の教育相談主任の教諭（国語担当，経験年数約25年）と話し合いながらできるだけ対象者の現状に即すように努めた．用いた項目については表6-6に示した．なお，実施にあたっては4件法（「あてはまる」「ややあてはまる」「あまりあてはまらない」「あてはまらない」）でおこなった．

<u>勉強時間についての質問</u>：以上の質問紙に加え生徒の学習時間を問う質問として「ふだん，学校がある日に家に帰ってどのくらいの時間勉強しますか」という問いを設け，時間，分に分けた欄に数字を記入してもらった．

（3）手続き

上記の質問紙を他の調査のための質問紙と一緒に1つの冊子綴じたものを用意し調査校に依頼した．中学校のクラス担任がホームルームの時間などを利用しクラスごとに無記名で実施し，回収した．なお，実施にあたって本調査は大学での研究のために行われるもので成績評価とは関係ないこと，どうしても回答したくない場合は回答しなくてもよいことが伝えられた．

4．結果

（1）学習動機づけの因子分析

学習動機づけの27項目については，因子分析を行い学習動機づけの構造を検討することとした．因子分析は主因子法とし，プロマックス回転を実施した．そして，抽出因子数を2因子から5因子程度に設定し数度にわたって計算を試みたところ3因子解が比較的解釈可能なものであったので，その解を採用することとした．回転後の因子負荷量を表6-7参照に示した．なお，因子に対応する下位尺度得点の算出にあたっては因子負荷量.3以上の項目のみを対象とし，粗点を（因子負荷量がマイナスの場合は反転し）合計した．これら下位尺度の信頼性係数（α係数）[1]であるが，それぞれ第1因子，第2因子，

---

[1] 以下，本書で算出する信頼性係数はすべてCronbachのα係数である．

第3因子に対応する尺度の順.82, .75, .62であった.

第1因子には13.「試験は自分の勉強のためにもなるから好きだ」, 11.「勉強すること自体がわたしにとって楽しいことだ」のような内発的な動機づけを思わせるような項目が多く負荷したが, 18.「両親をよろこばせたいと思って一生懸命勉強する」, 19.「先生は, わたしが授業でよく勉強することを期待している」というような他者志向的な項目も含まれていた. 他者志向的な動機づけと内発的な動機づけは一見相容れないような概念と思われる. しかし, 東 (1994) は, 日本人の動機づけの特徴として他者志向を通して自己の成長や自己実現をめざそうとする傾向があり, 一見, 外発的な他者志向とみえる動機づけもむしろ内面に由来するものと位置づけることが可能とみている. 他者志向的な傾向が必ずしも内発的な興味, 関心を主とした動機づけの対概念としての外発的な動機づけには位置づけられないのである. つまり, そのように考えれば第1因子のような因子が抽出されることも不思議ではないのである. したがって, 第1因子であるが, いわゆる内発的な動機づけを思わせる項目に加え他者志向的な項目も含まれているが, 前述のような論拠から日本では他者志向的な項目も個人の内的な側面に由来する動機となりうるということを考慮し, この因子を内的動機づけの因子と命名することとした. 続いて, 第2因子であるが24.「自分の興味が生かされ, 伸ばせるような仕事をみつけたい」, 22.「学校を卒業したあと職業がみつかるかどうかは, 私にとってとても重大なことだ」など, 学習内容そのものよりもそれを通して職業面での成功をめざそうとする動機づけを示すもので実用・職業志向的動機づけの因子と命名することとした. 最後に第3因子であるが8.「試験で悪い点をとるのはいやだ」, 5.「その教科に興味があるというよりも, 試験でいい点をとるために勉強している」, 3.「試験をうけるとき, どんな成績がとれるか, どんな学校に入れるかといったことはあまり意識しない (逆転)」といった項目から構成されており, よい成績をとり受験に勝利するなど学業を外的な報酬のため, 競争で他者を凌ぐための手段とみなし動

表 6-7 学習動機づけの因子分析の結果

番号	項目	第1因子	第2因子	第3因子
13	試験は自分の勉強のためにもなるから好きだ	.843	−.164	−.105
11	勉強すること自体がわたしにとって楽しいことだ	.775	−.088	−.201
12	試験をうけるのは好きだ	.714	−.167	−.090
17	試験をうけることは，わたしにとって有意義な経験の一つだ	.603	.126	.022
19	先生は，わたしが授業でよく勉強することを期待している	.530	−.024	.072
18	両親をよろこばせたいと思って一生懸命勉強する	.517	−.075	.286
16	試験勉強は，がまん強さやじっくりやる力を育ててくれるものだ	.509	.291	−.119
2	試験は学習にとって必要なものだと思う	.375	.054	.187
10	好きな学科だと，教科書以外の参考書や本にも眼を通したり，読んだりする	.248	.212	−.219
7	むずかしくてできないとすぐにあきらめてしまう	−.211	.116	.172
25	楽しんで働けるような仕事をみつけることが，わたしには重要なことだ	−.044	.836	−.297
24	自分の興味が生かされ，伸ばせるような仕事をみつけたい	.009	.673	−.195
22	学校を卒業したあと職業がみつかるかどうかは，わたしにとってとても重大なことだ	−.019	.626	−.082
26	収入のよい仕事につきたい	−.190	.506	.207
27	出世のチャンスがたくさんあるような職業をみつけたい	−.100	.500	.194
15	学校の勉強では，友だちと協力することも学ぶことができる	.047	.490	−.087
21	わたしが試験に落ちたら，家の人たちは恥ずかしいと思うだろう	−.031	.168	.150
23	将来どんな仕事をするかといったことは，それほど重要ではない	.067	−.154	−.054
8	試験で悪い点をとるのはいやだ	.063	.364	.539
6	何の教科であれ，学校ではいい成績をとりたい	.259	.302	.496
5	その教科に興味があるというよりも，試験でいい点をとるために勉強している	.084	.008	.487
3	試験をうけるとき，どんな成績がとれるか，どんな学校に入れるかといったことはあまり意識しない	.025	.047	−.458
1	試験に合格する（よい点をとる）ことが勉強の大きな理由ではない	.156	.167	−.371
14	学校でよい成績をとりたいので，勉強したことを友だちに教えたりするのは損だ	.191	−.243	.305
4	自分が興味をもっていることは，試験には重要でなくても，かなり時間をかけて勉強している	.172	.277	−.296
9	試験の成績がよくないと，もう一度うけ直したいと思う	.234	.268	.278
20	わたしが試験でどんな点をとれるかといったことには両親は無関心だ	.047	.001	−.084
	抽出後の負荷量平方和	17.095	8.126	5.587
	抽出後の負荷量平方和（累積）	17.095	25.221	30.807
	回転後の負荷量平方和	3.931	3.596	2.370
因子間相関	第1因子	1.000	.366	.237
	第2因子	.366	1.000	.343
	第3因子	.237	.343	1.000

機づけられているので手段的動機づけと名づけた．この手段的動機づけは内容はほぼ外発的動機づけに相当するものとも考えられる．

（２）タイプAと学習動機づけとの関係

　Hunter-Wolf A-B 評定尺度については全16項目の素点を合計し高得点者ほどタイプA傾向が強くなるようにした．そして，学習動機づけの３つの因子に対応する下位尺度得点との相関係数を算出した（表6-8-1参照）．ところで，本研究では各学年の対象者数が60人程度と少なく男女別の検討には難しいと思われた．また，研究２において学習動機づけとタイプAとの相関係数を算出した際とくに目立った男女差がみられなかったことなどから，男女合計の分析のみを行うこととした．まず，全被験者についてみた場合，学習動機づけの３つの因子の得点との間に弱い有意な相関係数が確認された．ただし，学年別に検討してみると相関係数のパターンは学年によってかなり異なっており，それぞれの学年でタイプAと学習動機づけとの間で特徴的な関係がみられた．このことからタイプAと学習動機づけとの関係はそれぞれの学年で異なる意味をもっていることが予想されたので，以下，学年別の分析を中心にみてゆく．まず，１年生についていえば，学習動機づけの３つの因子のいずれともそれほど高くない相関係数が得られているが，その中では手段的動機づけとの関係が他の２因子と比較してやや低くなっている．次に，２年生であるが，タイプAと３つの学習動機づけ因子との関係はほぼ無相関といってよい．ところが，３年生についてみると，手段的動機づけとタイプAとの間で比較的高い相関係数が確認され，また，実用・職業志向的づけとの間にも有意な相関係数が得られているが，内的動機づけとの相関係数は有意にはなっていない．

　ただし，表6-7からも分かるように学習動機づけの３つの下位尺度は相互に.3程度の相関係数がみられることから，研究1-2の場合と同様に，当該下位尺度以外の２つの下位尺度の影響を除いた偏相関係数を算出してみた

表6-8-1　タイプAと学習動機づけの相関係数

	内的動機づけ	実用・職業志向的動機づけ	手段的学習動機づけ
全対象者（n = 189）	.19*	.21**	.24**
1年生（n = 62）	.33**	.33**	.25*
2年生（n = 67）	.00	.01	.04
3年生（n = 60）	.24	.33*	.48***

（注）***p<.001，**p<.01，*p<.05

表6-8-2　タイプAと学習動機づけの相関係数
（他の動機づけの影響を除いた偏相関）

	内的動機づけ	実用・職業志向的動機づけ	手段的学習動機づけ
全対象者（n = 185）	.10	.14⁺	.16*
1年生（n = 58）	.19	.22⁺	.09
2年生（n = 63）	−.01	.00	.04
3年生（n = 56）	.19	.27*	.44***

（注）***p<.001，**p<.01，*p<.05，⁺p<.10

（表6-8-2）．この場合，1年生でみられた内的動機づけとの相関係数は有意でなくなっている．また，実用・職業志向的動機づけとの関係も有意な傾向が見られるにとどまっている．2年生，3年生については表6-8-1の分析とあまり大きな差は見られていない．

（3）タイプAと勉強時間について

　勉強時間の検討についても全対象者を一括した分析のほか学年別の分析を行った．なお，この分析でもさきほどと同様，男女別の分析は実施しなかった．

　まず，勉強時間について学年別の平均値を算出した．さらに，タイプA得点の平均値（42.76，SD = 6.77）で全被験者を2分し高得点者をタイプA者，

表 6-9　学年を独立変数とした勉強時間の関数への適合推定の結果

	勉強時間[注1]			関数への適合推定 (F値　有意確率)	
	1年生	2年生	3年生	1次	2次
全体	68.22　(91.03) 59	33.43　(38.39) 67	101.61　(73.86) 59	5.97*	14.87***
タイプA者	54.13　(49.70) 23	40.64　(44.16) 39	111.55　(82.82) 29	12.11***	12.14***
非タイプA者	77.22　(109.38) 36	23.39　(26.04) 28	92.00　(63.97) 30	0.31	6.19***

(注1) 上段：時間（単位は分，括弧内は標準偏差）　下段：N
(注2) *p＜.05, ***p＜.001

低得点者を非タイプA者として，それぞれ学年別の平均値を求めた．以上の結果は表6-9に示す．

　表6-9の平均値を一見したところ1年生から2年生にかけて勉強時間は減少し3年生で再び長くなっている．このU字関係が統計的に有意といえるかを検討するために1次関数，2次関数への適合度を検定してみた．その結果，全体で見た限りは1次関数，2次関数ともに適合するがF値は2次関数にあてはめた場合がより大きくあてはまりがよいことがわかる．さらに，タイプA者，非タイプA者の別にみた場合であるが，非タイプA者は2次曲線にのみ適合するが，タイプA者は1次，2次の双方の関数に適合していることがわかる．

5．考察

　本研究の主たる目的は，タイプA傾向をみせる中学生の学習動機づけがどのような特徴をみせるかについて検討してみることであった．旧来の成人を対象とした研究（たとえば，Sturman, 1999）の結果などからタイプA者はどちらかというと外発的な動機づけをもつことが予想された．また，小学生を対象とした研究2でもタイプA者は外発的動機づけとの関係が見られたが，一

部で内発的な動機づけとの関連も示唆された．その間に位置する中学生を対象とした本研究の結果は学年によって動機づけ傾向に違いがあることを明らかにした．まず，1年生ではタイプAは実用・職業志向的との関係が弱いながらみられている．おそらく，この段階においては，勉強を将来に役立てよういう動機づけとタイプAとはある程度関連しているのであろう．

ところが，2年生になるとこうした関係はほとんどみられなくなる．そして，3年生になって再び関係がはっきりしてきたとき，タイプAと一番強い関係がみられたのは，よい点数をとるため，受験に合格するために勉強するという手段的動機づけであった．つまり，受験を直前に控えた3年生になると，タイプAの高い者は外的な報酬，他者からの優越を目的として勉強に動機づけられる姿がはっきりしてくるのである．

また，勉強時間についていえば，1年生から2年生で減少し3年生で増加するU字型のカーブを描くことが分かった．そのはっきりした理由は今回の結果からは不明だが，中学入学とともに新たな気持ちで勉強に取り組むようになった生徒が2年生になると意欲を失いかけ，3年に至って高等学校への受験を意識して再び勉強に励むのかもしれない．

ところが，これをタイプA者，非タイプA者の別にみてみるとタイプA者は2年生での減少の幅が少なく，また，3年生でも非タイプA者と同じ程度に回復し結果的に学年が進行するに伴い勉強時間が増えてゆく関係も有意になった．タイプA者は時間的な切迫感や競争で他者に対して優位に立とうとするというその特徴から2年生の段階から達成行動を顕著に見せ3年生になっても維持し続けているように思われた．

このタイプA者と非タイプA者の違いについて考えてみる．勉強時間はタイプA者，非タイプA者ともに1年生から2年生にかけて落ち込み3年生になると回復している．このうち，2年生から3年生の回復の幅はタイプA者が70.91分，非タイプA者は68.10分と大きな差はないが，2年生での落ち込みをみるとタイプA者は13.49点に対し非タイプAの53.83分と後者のほうが

大きいことがわかる．実際に2年生の勉強時間の平均値についてタイプA者，非タイプA者間で比較を行ったところタイプA者が有意に長い傾向がみられた（$t=2.00, p=.05$）．つまり，タイプA者は2年生での勉強時間の減少が少ないまま3年生で回復がなされているために，全体としてみれば1年生から3年生までに直線的に増加する1次関数にも適合してしまうのである．いってみれば，非タイプA者の勉強時間の学年推移がU字曲線を描くのに対し，タイプA者の場合はむしろJ字曲線を描いていることがわかる．この2年生でのタイプA者の勉強時間の減少の幅の少なさをどう考えるかであるが，おそらく，タイプAの特徴である時間的な切迫感などから非タイプA者よりも早く高校受験を意識しその準備のための勉強をはじめていることなどが考えられる．さらに，3年生になり勉強時間の落ち込みから受験を意識し再び勉強に励み始めるとき2年生での落ち込みの大きかった非タイプA者とほぼ同じ幅の回復を見せているが，これは，おそらくタイプA者は他者に対する競争心や高校受験に失敗した場合の自尊心の低下への脅威などから2年生で低い値を示していた非タイプA者と同じレベルの回復を示すことで競争で優位に立とうとしているのではないかと思われる．

　さて，こうしてみると成人のタイプA者がみせる外的報酬に対する動機づけ，他者を凌ごうとする競争心，ワーカホリックを思わせる達成欲求などが顕著に表れてくる過程の一端が明らかになってくるのではないかと思われる．すなわち，本調査の中学2年生，3年生のように受験という達成に対する圧力や失敗に対する脅威といった状況を意識したとき，タイプA者はその時間的な切迫感から非タイプA者より早くそれに対応すべく達成行動を強めそれを維持しようとするのである．

　以上，本研究の結果を研究1，研究2の結果と併せて考えると，幼児期あるいは児童期にその原型が形成されたタイプAは，その達成的，競争的な特徴から，学業場面など他者との比較，競争が行われがちな場面により直面することが多くなる．また，タイプA者はそうした場面において達成的，競争

的な傾向を強めてタイプAを維持，強化してゆくのではないだろうか．本研究を含めた3つの研究ではそうした児童期，思春期のタイプAの形成のプロセスの一端を示したといってよいかもしれない．

第5節　本章の要約

　本章では，タイプAは，児童期，青年期と経る中でその達成的，競争的な特徴ゆえに，達成的，競争的な場面により直面しやすい状況におかれ，さらにそうした状況にさらされることでより一層達成的，競争的な傾向を強めてゆく可能性を検討するため，小学生，および，中学生を対象として，タイプAと生活習慣，勉強時間，そして，それを支える学習動機づけの検討を行った．まず，研究1では，タイプAを示す小学生が高い活動性を示したほか，勉強時間が長く，学習塾に通う回数なども多く達成的であるなどといった生活習慣を見せることが確認された．ついで研究2では，小学生を対象とし，このタイプA者の達成的な行動を支える動機づけの特徴を探った．タイプA者の他者と競争し，他者を凌ぎ優位に立とうとするという特徴から外発的な傾向が強いことが予想されたが，結果は外発的動機づけにほぼ相当する外的動機と正の相関がみられ予測を裏付けることとなったが，女子についてはそれとともに内発的な動機づけに近い内的動機とも関連があることが確認された．研究3では，中学1年生から3年生を対象とし，タイプAと学習動機づけ，勉強時間との関係が検討された．結果は学年別に検討されたが，中学1年生では実用・職業志向的動機づけ因子との関係もみられたが，2年生になるとどの動機づけ因子との相関関係もみられなくなった．中学3年生になるとむしろ外発的動機づけに近い手段的動機づけとタイプAとの間にある程度高い相関係数がみられるようになった．勉強時間に関していえば1年生から3年生までの勉強時間をグラフに描くとU字型の曲線になった．つまり，中学2年生になると1年生より勉強時間が減少し，高等学校受験を控えた3年

生になると再び増加に転じた．そして，このU字型の曲線をタイプA者，非タイプA者の別に見ると，タイプA者は2年次での減少が小さいにもかかわらず3年次で増加に転じたときの増加幅は非タイプA者とあまりかわらなかった．タイプA者は，その達成的，競争的な特徴から，受験などといった他者と競争し達成することが求められる場面においてその特徴を一層強めていることが示唆された．

第7章 タイプAの発達を規定する信念についての検討

第1節 タイプAの発達研究における信念の要因の検討の必要性

　前章では，幼児期あるいは児童期にその下地が形成されたと思われるタイプAが，その達成的，競争的な特徴から，主として学業達成面での活動性の高さを示すこと，そして，それが高校受験などといった競争性が求められる場面で顕著になることを確認した．また，それを支える動機づけが内発的なものからより外発的なものへ変化してゆくプロセスについてもその一端を示した．

　しかしながら，前章では，タイプA者の動機づけやタイプAの特徴に由来する行動について検討しただけにとどまっている．第4章でもみたようにタイプAの形成プロセスについて社会的学習理論をベースにモデル化を行ったPrice（1982）は，タイプAの形成に信念を中心とした認知的なプロセスが大きな影響を果たしていることを述べている．そして，第5章でも述べたようにこの認知的なプロセスをタイプAの発達的研究の一環として検討した例は内外を問わずこれまでのところほとんど知られていない．

　この章では第5章第2節でも述べたようにそうしたタイプAの発達の要因として大きな位置を占める認知的な規定要因としての信念について検討してみたい．まず，研究4では，Price（1982）などが述べているタイプAの規定要因となりうる信念とタイプAとの関係が我が国で全く検討されてこなかったことを踏まえ，成人を対象としタイプAと信念との関係について検討する．ところで，そうした信念がタイプAの規定要因であることを踏まえると，それらがタイプAを発達させる途上にある小学生，中学生などにおいても確認されタイプAの発達と関連しているはずである．そこで，続く研究5-1では

小学生，研究5-2では中学生を対象としタイプAと信念との関連についてみてみる．さらに，そうした信念の中でもとくに学業や学歴面での達成を重視する信念について注目し，大学生を対象としタイプAとの関連を検討する（研究6）．また，そのような学業や学歴面での達成を重視する信念を規定する要因として中学生，高校生の学習動機づけが関係している可能性を検討し（研究7-1），さらに，それらが，父母の学業や学歴面での達成を重視する信念の影響にある可能性についても併せて考えてみたい（研究7-2）．本章の最後では，そうした父母の学業や学歴面での達成を重視する信念が父母自身のタイプAと関連しているかについても検討する．

第2節　タイプAとそれに関連するとされる信念との関係について
　　　　（研究4）

1．本研究の目的

　Price（1982）やThurman（1984）などの記述に基づきタイプA者に特徴的とされる信念を測定し，さらに実際にそれらがタイプAの規定要因となっていることを確認する．

2．方法

(1) 対象者

　関東地方の国立大学の1年生216名（男子79名，女子137名）．

(2) 質問紙

信念に関する質問紙：タイプA者に特徴的な信念を測定する質問紙は，今回，新たに作成することになった．

　まず，タイプAに関連した信念に関する項目を作成するための予備調査を行った．はじめに，Thurman（1984）の論文のTable 1に記載されたタイプ

Aに特徴的な信念24項目をできるだけ原文に忠実に訳した．次に，上述のPrice（1982），Burke（1984）などの記述にしたがい作成した28の信念に関する項目とあわせて52項目の質問紙を構成した．そして，その質問紙を関東地方の国立大学の心理学専攻の大学2，3年生20名（男子6名，女子14名）に実施した．なお，実施にあたって，この調査は予備調査であるので，ふつうに回答するほか，項目の表現のわかりにくい箇所，字句の誤り，回答しにくい項目などについてはコメントを欄外に記述して欲しいと説明，依頼した．評定は4件法（「あてはまる」「ややあてはまる」「あまりあてはまらない」「あてはまらない」）で行った．

さて，そのようにして回収した結果について，まず，全項目の分布を検討し，特定の評定カテゴリーに半数程度の被験者が評定してしまう項目については，表現を工夫しつづく本調査でできるだけ分布が偏らないように修正した．また，コメントを参考に不適切な表現なども改めた．以上のような手続きを経て52項目の質問紙を作成した（表7-1参照）．なお，本調査でも予備調査時と同様に4件法で実施することとした．

<u>タイプAを測定するための質問紙</u>：岡崎・大芦・山崎（1995）によって作成され信頼性，妥当性の検討された改訂版タイプA行動パターン評価尺度を用いた（表7-2）．この質問紙は短気と攻撃性を伴った話し方（13項目），仕事熱心（9項目），時間的切迫感（3項目）の合計25項目からなる．表7-2を参照．この質問紙もやはり4件法（「あてはまる」「ややあてはまる」「あまりあてはまらない」「あてはまらない」）で実施された．

（3）手続き

上記の2つの質問紙を教室で一斉に被験者に配布し，無記名で，実施した．なお，実施にあたって本調査は研究のために行われるもので成績評価とは関係ないこと，プライバシーの保護には十分配慮すること，どうしても回答したくない場合は回答しなくてもよいことが伝えられた．

表 7-1 信念に関する質問紙

	項　　目
1.	自分が勝てば誰かが負け，誰かが勝てば自分が負けるというのが世の中ではあたりまえのことだ
2.	自分の人間としての価値のある部分は学校の成績，大学の偏差値に左右される
3.	正しいことをしていればいつかは必ず認められる
4.	人生の勝者になろうとするならば他人より少しでも多く努力しなければならない
5.	悪いことをした者はその報いを受けなくてはならない
6.	世の中には価値のある人間と価値のない人間がいるのはまぎれもない事実である
7.	現代社会を生きてゆくうえで道徳というのは便宜的なものにすぎない
8.	うっかりしていると他人に先を越されて自分が損をしてしまうと思うことがある
9.	進学や就職，国家試験などに失敗することは多少とはいえ人生の価値を減じることになる
10.	残念ながら正義が必ず勝つとは限らないのが世の中の現状である
11.	何かをするとき人より少しでも先にやったものが得をすると思う
12.	誰かを復讐してやりたいと思っている
13.	人間の価値のある部分はその人が世の中に対してどれだけ貢献をしたかによってきまってくる
14.	絶対的な正義などというものはそもそも存在しない
15.	本当に価値のあるものを手に入れることができる人はそれほど多くないと思う
16.	名誉，地位，財産，学歴などというものと人間の価値との間にはいかなる関係もない
17.	あるところでは正しいとされることが別のところでは悪いとされるようなことがあってはならない
18.	人生は勝ち負けのあるゲームのようなものだ
19.	自分が損をさせられたら相手にも同じだけ損をさせてやらないと気が済まない
20.	自分の価値を他人から認めてもらうためには相当に努力しなくてはない
21.	本当に良いことをすることより，世間から良いと思われることをするほうが大切だ
22.	人生の勝者になれるものはそれほど多くないのだからのんびりしているわけにはゆかない
23.	ひどいめにあわせられたら，相手に対して仕返しをしてやりたくなる
24.	何かをするときは善悪よりも損得で考えたほうがよい
25.	価値あるものを手に入れようと思ったら他人より少しでも先にはじめなくてはならない
26.	人生でもっとも大切なことは成功することだ
27.	「重要なのは正義より利益だ」と強調する会社の経営者の意見に強く反対する気になれない
28.	いくらやっても何の成果もあげられない人が馬鹿にされるのも仕方ない
29.	仕事（勉強）は質も大切だがやはり量をこなす必要がある
30.	何かを上手にするためにはゆっくりとやることが必要だ

（次のページにつづく）

	項　目
31.	物事が時間通りきちっと終えられないなんて耐えられない
32.	競争で勝つことはたまたまそのとき相対的によかっただけであり，それで人間の価値がきまるなどということではない
33.	一番大切なことは完成させることだ
34.	遅れたり，ゆっくり待たなくてはならないことがあるのは止むを得ないことであり，当然だと思えばよい
35.	人が自分を好きになれるのはその人が絶えず何かしらの成功をしつづけているからである
36.	何かをした結果，有益な結果がえられないことがあってもかまわない
37.	人は一生懸命頑張れば自分の人生はほとんど自分の思うとおりにできるはずだ
38.	ときどき意図的に活動のペースを落とし休むことで疲れて失っていた自信を回復することができる
39.	質の高い結果をだすためには完ぺき主義であることが必要だ
40.	怒って，イライラした気持ちでいると何もかもうまくいかなくなってしまう
41.	何かをして少しでも納得できる部分があれば質の高い仕事をしたといってよい
42.	何かしようと思ったら，とにかく早くはじめることが重要だ
43.	よほど遅れて困ったことがあってもそれで世界が終わるわけではないので大して気にすべきことではない
44.	何かをやって勝利を得るか，敗退するかはその人の人間としての価値の反映である
45.	人間としての価値はその人自身にあるのであって，その人がどのようなことをしたかにあるのではない
46.	何かするときはあえてゆっくりとやる必要はない
47.	たくさんのことを成し遂げた人はかえって人から嫌われてしまうことが多い
48.	何かを成し遂げたり完成させたりするための手段となりえないことをしても時間が無駄になるだけだ
49.	費やした努力のうち良い結果を導くことになるのはほんの一部にすぎない
50.	ゆっくりしたり，遅れたりすることは失敗を導く大きな原因の1つになりがちだ
51.	少し低めの慎重な目標をもったほうが質の高い仕事ができる
52.	人をおとなしく従わせて仕事をうまく運ぶためには 少しは怒ったり怒鳴ったりすることが必要なときもある

(注) 教示は以下のように行った．

以下の各文を読んで，「あてはまる」と思ったときは…4　「ややあてはまる」と思ったときは…3　「どちらかといえばあてはまらない」と思ったときは…2　「あてはまらない」と思ったときは…1　を記入してください．

表7-2 改訂版タイプA行動パターン評価尺度

項　　目
1. 自分は気性が激しいと思う（1）
2. 仕事熱心（あるいは，勤勉）である（2）
3. かっとなって怒りやすいたちである（1）
4. 自分の仕事や行動に自信がもてる（2）
5. つい声をあらげてしまうことがある（1）
6. 責任感が強い方である（2）
7. 会話をしていてついつい喧嘩をしているような口調で話してしまうことがある（1）
8. やる以上はかなり徹底的にやらないと気がすまない（2）
9. 人の話を途中でさえぎることが多い（1）
10. きちょうめんである（2）
11. 会話の主導権はいつも自分で握ろうとする（1）
12. 物事をこなすスピードは早い（2）
13. 人の話をせかしたくなることが多い（1）
14. 仕事，勉強などで人と競争して負けまいという気持ちをもちやすい（2）
15. 自分は勝気なほうである（1）
16. 自分が正しいと思ったことはどこまでもぬく（2）
17. ゆっくりと話をする人と会話をしているとイライラしてくる（1）
18. 日課を済まさないと落ち着いて眠れない（2）
19. 人から声が大きいと言われている（1）
20. あわただしく毎日をおくっている（3）
21. 並んで順番を待つときはイライラしやすい（1）
22. 毎日の生活で時間に追われている感じがする（3）
23. 待ち合わせた相手が少しでも遅れるとイライラしてくる（1）
24. 手帳をみると予定がぎっしりつまっている（3）
25. 話をするとき大げさな身振り手振りをする（1）

（注1）項目の末のカッコ（　）内の数字は所属する因子に対応する．（1）…第1因子：短気と攻撃性を伴った話し方，（2）…第2因子：仕事熱心，（3）…第3因子：時間的切迫感
（注2）教示は以下のように行った．
　以下の各文を読んで，「あてはまる」と思ったときは…4　「ややあてはまる」と思ったときは…3　「どちらかといえばあてはまらない」と思ったときは…2　「あてはまらない」と思ったときは…1　を記入してください．

3．結果
（1）信念に関する質問紙の因子分析

　タイプA者に特徴的な信念に関する質問については，まず，因子分析を実施し項目がPrice（1982）やBurke（1984）の述べたタイプA者に特徴的な信念のカテゴリーに分かれるかどうかを検討した．因子分析は主因子法とし斜交プロマックス回転を施した．抽出する因子数は2～8程度まで様々に設定してみたがいずれも十分に解釈可能な結果が得られなかった．そのなかで3因子解については比較的解釈が可能であった．しかし，3因子解を採用した場合，3つの因子のいずれにもある程度以上負荷しない項目が多数あった．そこで，因子負荷量がいずれの因子に対しても.35に満たない項目や分布にかたよりがある項目19項目を削除し33項目で再度，同様の手続きで因子分析を実施した結果が表7-3に示したものである．

　この結果に検討を加えた結果，因子負荷量がいずれの因子に対してもおよそ.35程度に達しない項目や逆に複数の因子に因子負荷量比較的高い値で負荷している項目は削除することとし，それ以外の項目をその因子に所属する項目とし，粗点を合計し各因子から尺度得点を算出した．

　まず，第1因子であるが，44.「何かをやって勝利を得るか，敗退するかはその人の人間としての価値の反映である」，35.「人が自分を好きになれるのはその人が絶えず何かしらの成功をしつづけているからである」というようなPrice（1982）やBurke（1984）のいう人の価値というものが達成や競争での勝利によってのみ決まるというような信念や，22.「人生の勝者になれるものはそれほど多くないのだからのんびりしているわけにはゆかない」のような，価値ある資源は有限であるという信念などが混然として1つの因子を構成している．したがって，第1因子は競争による達成に価値をおく信念と命名することにする．さて，第2因子であるが，19.「自分が損をさせられたら相手にも同じだけ損をさせてやらないと気が済まない」，6.「世の中には価値のある人間と価値のない人間がいるのはまぎれもない事実である」，

31.「物事が時間通りきちっと終えられないなんて耐えられない」など一見してあまり一貫性のない項目が並んでいるようにみえるが，基本的に共通しているのは，他者を信用せず，自分の思い通りにしなくてはならないという信念や他者からの攻撃，批判に対しては復讐をもって応えなければならないという信念である．そこでこの因子は他者に対する不信と猜疑の信念と命名しておく．そもそもタイプA者が競争によって他者を凌ぎ達成することによってしか自分の価値を見いだせないのは，他者は信用できないので自分の側に優位を確保しておかないと安全でないという信念をもっているからとも考えられる．そういう意味ではこの第2因子は第1因子と表裏をなす面もあるのかもしれない．さて，第3因子であるが3.「正しいことをしていればいつかは必ず認められる」，37.「人は一生懸命頑張れば自分の人生はほとんど自分の思うとおりにできるはずだ」というような項目が集まっている．Price（1982）やBurke（1984）はタイプA者はこうした絶対的な道徳の存在に対してタイプA者は否定的な信念をもっているとしているが，ここではそのような道徳的な価値観を問う項目としてよりも42.「何かしようと思ったら，とにかく早くはじめることが重要だ」というような項目も含め，仕事熱心な実直さというような側面を含む項目が集まっている．これについては，保坂・田川（1993），瀬戸・長谷川・坂野・上里（1997）などが日本人のタイプAの特徴として攻撃性や敵意性が必ずしも高くなくむしろ仕事中毒的な側面が強いと指摘していることに注意してみる必要がある．そうした点を考慮すると，今回のような仕事に対する強迫的なまでの実直さというようなものがタイプAの信念と1つとして抽出できることは頷けるのである．以上のようなことを勘案しこの因子については，仕事をしていないといられない，仕事を完璧にこなすことでしか正義を実現することはできないといった信念をあらわすものと考え，仕事に対する強迫的なこだわりの信念と名づけることにする．なお，各因子に対応する下位尺度の信頼性係数であるが，それぞれ第1因子，第2因子，第3因子の順に，.80，.74，.64であった．

表7-3 信念に関する質問紙の因子分析の結果

番号	項目	第1因子	第2因子	第3因子
22	人生の勝者になれるものはそれほど多くないのだからのんびりしているわけにはゆかない	.568	.031	.152
44	何かをやって勝利を得るか，敗退するかはその人の人間としての価値の反映である	.541	.180	.006
35	人が自分を好きになれるのはその人が絶えず何かしらの成功をしつづけているからである	.526	−.135	−.032
26	人生でもっとも大切なことは成功することだ	.525	.180	.012
25	価値あるものを手に入れようと思ったら他人より少しでも先にはじめなくてはならない	.480	.073	.380
21	本当に良いことをすることより，世間から良いと思われることをするほうが大切だ	.456	.097	−.031
48	何かを成し遂げたり完成させたりするための手段となりえないことをしても時間が無駄になるだけだ	.443	.074	−.065
50	ゆっくりしたり，遅れたりすることは失敗を導く大きな原因の1つになりがちだ	.403	.021	.084
38	ときどき意図的に活動のペースを落とし休むことで疲れて失っていた自信を回復することができる	−.374	.064	.352
9	進学や就職，国家試験などに失敗することは多少とはいえ人生の価値を減じることになる	.370	.260	−.064
39	質の高い結果をだすためには完ぺき主義であることが必要だ	.365	.029	.095
2	自分の人間としての価値のある部分は学校の成績，大学の偏差値に左右される	.309	.269	.026
32	競争で勝つことはたまたまそのとき相対的によかっただけであり，それで人間の価値がきまるなどということではない	−.303	.068	.132
28	いくらやっても何の成果もあげられない人が馬鹿にされるのも仕方ない	.284	.265	−.266
18	人生は勝ち負けのあるゲームのようなものだ	.260	.242	.046
19	自分が損をさせられたら相手にも同じだけ損をさせてやらないと気が済まない	−.001	.770	.074
23	ひどいめにあわせられたら，相手に対して仕返しをしてやりたくなる	−.078	.708	.009
12	誰かを復讐してやりたいと思っている	−.032	.610	−.121
6	世の中には価値のある人間と価値のない人間がいるのはまぎれもない事実である	.140	.452	−.077
8	うっかりしていると他人に先を越されて自分が損をしてしまうと思うことがある	.073	.417	.161
52	人をおとなしく従わせて仕事をうまく運ぶためには少しは怒ったり怒鳴ったりすることが必要なときもある	−.102	.385	.195
31	物事が時間通りきちっと終えられないなんて耐えられない	.076	.347	.227
24	何かをするときは善悪よりも損得で考えたほうがよい	.264	.314	−.270
47	たくさんのことを成し遂げた人はかえって人から嫌われてしまうことが多い	.176	.311	.019
3	正しいことをしていればいつかは必ず認められる	−.195	.019	.585
37	人は一生懸命頑張れば自分の人生はほとんど自分の思うとおりにできるはずだ	.083	−.055	.489

(次のページにつづく)

番号	項目	第1因子	第2因子	第3因子
30	何かを上手にするためにはゆっくりとやることが必要だ	.064	−.036	.423
20	自分の価値を他人から認めてもらうためには相当に努力しなくてはならない	.245	−.074	.420
4	人生の勝者になろうとするならば他人より少しでも多く努力しなければならない	.219	.010	.403
42	何かしようと思ったら,とにかく早くはじめることが重要だ	.263	.001	.382
41	何かをして少しでも納得できる部分があれば質の高い仕事をしたといってよい	−.124	.139	.371
46	何かするときはあえてゆっくりとやる必要はない	.130	.176	−.334
5	悪いことをした者はその報いを受けなくてはならない	−.125	.192	.332
	抽出後の負荷量平方和	16.861	6.874	3.057
	抽出後の負荷量平方和(累積)	16.861	23.735	26.792
	回転後の負荷量平方和	4.678	4.353	2.290
因子間相関	第1因子	1.000	.533	.128
	第2因子	.533	1.000	−.058
	第3因子	.128	−.058	1.000

(2) 信念とタイプAの関係について

つぎに,タイプAに特徴的な信念とタイプAの関係について共分散構造分析を用い分析してみる.計算に用いたプログラムは Amos (version 5.0.1) である.

まず,タイプAに特有な信念を1つの潜在変数として想定し,これに対する観測変数として前述の因子分析によって抽出された3つの尺度得点をおいた.そして,一方,タイプAに相当する潜在変数をおき,これに対応する観測変数として改訂版タイプA行動パターン評定の3つの尺度をあてた.Price (1982) などによればタイプAに特徴的な信念はタイプAとされる諸行動の発現に先立つ認知要因と考えられるので,これを原因の側におき,認知の結果としてタイプAが発現するというモデルを構成した.なお,分析は先ほどの結果で信念の尺度得点に男女差がみられたことから男子と女子の別におこなった.図7-1-1,図7-1-2に標準化されたパス係数を記入した結果を示す.

モデルの全体的評価:まず,全体的なモデルの評価であるが,適合度に関す

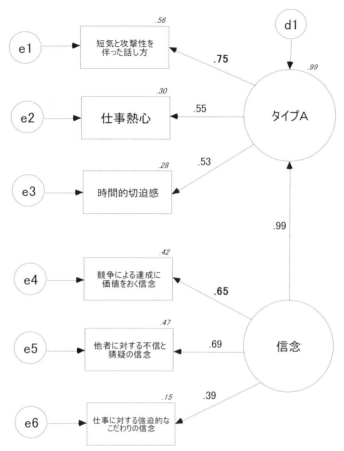

図7-1-1 信念がタイプAにあたえる影響(男子)
(注) パス係数のうち太字のものはモデルによって1に固定されたことを,
また,斜体の数字は説明率を示す.

140 第2部

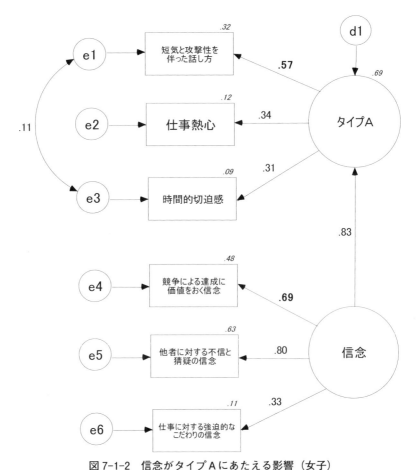

図 7-1-2　信念がタイプAにあたえる影響（女子）

(注) パス係数のうち太字のものはモデルによって1に固定されたことを，また，斜体の
　　数字は説明率を示す．

る指標として一般的に知られている適合度指標（以下，一般に用いられているGFIの略称を用いる），修正適合度指標（同じく，以下，AGFIの略称を用いる），残差平方平均平方根（同様にRMRの略称を用いる）を示す．男子についていえば$\chi^2=8.27$（df＝8, p＝.41），GFI＝.97，AGFI＝.91，RMR＝1.22，RMSEA＝.02，女子では$\chi^2=33.22$（df＝7, p＝.00），GFI＝.92，AGFI＝.76，RMR＝2.36，RMSEA＝.17となっている．男子については高い適合度を示しているが，女子はそれに比してやや低くなっている．

<u>モデルの部分的評価</u>：次に，パス係数を検討しながらモデルの部分的な評価を行ってみる．タイプA者に特徴的な信念として仮定された潜在変数からタイプAについての潜在変数に至るパスは男子は.99，女子は.83となっており，男女とも極めて高い値を示している．いずれにしろ，タイプAに特徴的な信念がタイプAを規定する関係はかなり強いといえる．

さらに，その他のパス係数を検討してみる．まず，タイプAに特徴的な信念と観測変数との関係であるが，男子，女子とも「他者に対する不信と猜疑の信念」との間のパス係数の値が高く，次に「競争による達成に価値をおく信念」となり，「仕事に対する強迫的なこだわりの信念」はさらに低くなっている．なお，女子ではタイプAの観測変数のうち「仕事熱心」「時間的切迫感」と潜在変数の間のパス係数もあまり高くない．これに対し，男子はタイプAに関する3つの観測変数と潜在変数との間のパス係数はいずれも.5を越えている．

4．考察

以上の結果をまとめると，タイプA者に特有の信念が実際のタイプAに与える影響は，男女いずれの場合でもかなりはっきりと認められることがわかる．Price（1982）のモデルではタイプAを規定する認知過程としてタイプAの核（core）を仮定しそこに信念をあてているが，本研究ではそれらの記述にもとづき構成した項目で信念を測定している．そうした意味で本研究は

Price (1982) のモデルが仮定する，行動としてのタイプAは先行する認知によって規定される，という前提を実証したことになる．

ただ，モデルの全体的な適合度についてみると男子に比べ女子は必ずしも高くなく，信念がタイプAに影響を与えているという仮定は女子よりも男子についてよりあてはまるものと考えられる．

このあたりの男女差の原因はどこに求められるのであろうか．一般にタイプAは競争によって他者を凌ぎより高い成果をあげることを称揚する現在の資本主義社会の価値観がそのまま反映されたようなところがある．そして，確かに近年では雇用，昇進，成果の評価などについては男女の差は徐々になくなりつつあるが，やはり，意識の上では未だ伝統的な男女差もすべては解消されない面もあるのではないだろうか．そのため女子は男子に比べ，競争によって他者を凌ぎ達成しなければならないという信念を非合理といえるほどまでに持たない可能性もある．それは実際に「競争による達成に価値をおく信念」の得点における女子の平均18.04（SD＝4.15），男子が平均19.61（SD＝4.66）となり，女子が男子に比して有意に低かった（t＝2.55，p＜.05）ことからもわかる．そして，女子の場合そのような信念をもつことが，即，タイプAのような攻撃的，競争的な達成欲求を前面に出した行動につながらないのかもしれない．

第3節　小学生におけるタイプAと信念との関係（研究5-1）

1．問題の所在

研究4では，大学生を対象として行動としてのタイプAがPriceのモデルなどでいわれるように認知過程としての信念によって規定されていることを明らかにした．しかし，本研究はタイプAの発達過程について解明することを目指している．したがって，タイプAそのものがある程度形成された後の成人を対象として，信念が行動としてのタイプAに与える影響を明らかにし

ただけでは十分とはいえない．なぜなら，成人の場合，あらかじめタイプA が形成され，その形成された後のタイプAを維持もしくは強化する要因として信念が機能している可能性も否定できないからである．もし，本章において，信念がタイプAの原因となっているというPriceなどの見解を発達的な立場から実証しようとするならば，それらの信念がタイプAの形成より時間的に以前に存在していなければならないのである．したがって，少なくとも成人以前の段階である種の信念がすでに存在し，それがタイプAと何らかの関係を有していることを確認する必要があると思われる．

以上のような視点に立ち，本研究では児童を対象としてタイプAに特徴的な信念とタイプAとの関係を検討してゆきたい．

ただ，児童を対象にタイプAに特徴的な信念を検討する場合，問題がある．それは，Price（1982）やThurman（1984）が述べているような多分に抽象的な内容をもった信念が形成されていることが疑わしいということである．確かに，研究4ではPrice（1982）やThurman（1984）の記述に基づき作成した信念に関する項目とタイプAとの明確な関係が認められたが，それは研究の対象者が抽象的な内容を理解可能な大学生であったからである．一方，認知発達における形式的操作期に完全に到達していないと思われる児童ではそうした抽象的な命題とでもいうべき信念が形成されているか，あるいは，それを質問文として表現したものが理解できるか，甚だ疑わしいと言わざるを得ない．本研究の研究文脈とは異なるが，たとえば，児童や生徒を対象として抑うつを規定する認知的要因としての帰属スタイル（attributional style）との関係を扱った研究において，Turner & Cole（1994）は帰属スタイルが抑うつを規定する要因として確立する時期について，認知発達における形式的操作が抽象的な推論の可能になる時期と一致すること述べている．また，Abela（2001）も，認知的要因としての帰属スタイルはスキーマ駆動型の処理に相当するため，現在の状況を過去の記憶に参照させ抽象化することができる年齢になってから十分に機能するとしている．こうした，ことなども考

慮すると，児童に成人と同様の抽象的命題とでもいうべき信念が確固として形成されていることはやや疑わしいと言わざるをえない．もちろん，本書が社会的学習理論に基盤をおいた Price (1982) などと同様の立場を取る限りタイプAの発達の規定要因となる認知的な要因，すなわち，信念を仮定しなくてはならないことはいうまでもない．ただ，上述のような認知発達的な側面について考慮すると，おそらくは，児童期においてタイプAの発達に影響をあたえている信念は，少なくとも，Price (1982) や Thurman (1984) の記述よりはやや抽象度の低いものとなるであろう．そこで，本研究では Price や Thurman の記述に基づく信念より，より抽象度の低い信念について検討してみる．

　では，その抽象度の低い信念とはどのようなものであろうか．まず，Price や Thurman の記述をできるだけ具体的で児童にも理解しやすいものに書き改めればそれがそのまま抽象度の低い信念と見なせる，という考え方がある．また，これとは別にタイプA者の達成を重んじ，相対主義的な意味で他者を凌駕するために競争することに価値をおくタイプA者の信念の特徴においては共通性をもちながら児童や生徒の実際の生活の中で直接的に関連した事柄に置き換えたものをそうした信念にあてることも可能と思われる．そのようなとき，学業達成やあるいは進学面での成功ということは，児童にとってとくに現実味を帯びた価値観と考えられるのではないだろうか．第4章でも紹介したように，実際に Price (1982) も，タイプAの社会文化的先行要因，つまり，社会的価値観をいくつか列挙する中に教育（education）を取り上げ，学校が子どもに社会化の主要な主体（agent）でありそこでは競争的な達成の重要さが伝授されていると述べている．そういう意味からも，学業達成やあるいは学歴面での成功を重視する信念がタイプAの規定要因としての信念となりうることを示唆している．

　そこで本研究では，このような2つの視点から児童でも理解可能なより抽象度の低い信念内容を表す項目を作成しタイプAとの関連をみてゆきたい．

2．本研究の目的

　研究4で成人においてタイプAと関連があるとされた信念に相当するものが小学生でもタイプAと関連がみられることを確認する．また，それと同時に，学業達成や有名校への進学などを重視する信念を保持することもタイプA傾向の強さと関連していることを併せて検討する．

3．方法

（1）対象者[1]

　関東地方の政令指定都市の小学校5年生および6年生児童．対象者数は5年生119名（男子53名，女子66名），6年生228名（男子110名，女子118名）の合計337名である．この対象者は調査当日欠席したもの，および，調査の記入に大幅な不備があり対象者に含めなかった若干の者を除き，1つの小学校の5，6年児童，および，もう1校の児童の6年生の全員にあたる．

（2）調査に用いた質問紙

タイプAを測定する質問紙：今回は，研究1，研究2などで用いたものと同じHunter-Wolf A-B評定尺度の日本語版（大芦，2003）を実施することとした．

タイプAに関連した信念を問う質問紙：先に紹介したPrice（1982）のタイプA者に特徴的な信念の3つの特徴（①人は絶えず達成を通して自分の存在価値を示していかねばならない．②絶対的な道徳的な正しさなどなく非道徳的とされる行為でも成功を導くことがある．③この世の資源は少なく限られているので競争によって勝ち取らねばならない．），および，偏差値の高い有名大学，名門大学に進学し高学歴を得ることが成功につながるという信念に関する項目を合計15項目作成した．そして，調査対象校とは別の小学校教諭（女性，経験約25年）に検討

---

[1] この対象者の一部は研究9-1の対象者と重複している．

表 7-4 小学生を対象にしたタイプAに関連した信念を問う質問紙

	項目内容
1	悪いことをするとそのときは見つからなくてもきっとあとで見つかると思う
2	先生や友だちや父母からほめられるのならうそをついてもよいと思う
3	えらい人やお金もちになれる人は少ししかいないと思う
4	がんばらないと先生や友だちから認められないと思う
5	できるだけよい中学や高校にいきたいと思う
6	よい学校にいかないとおとなになってからよい会社につとめたりお金もちになったりできないと思う
7	先生や友だちや父母にほめられるためならば悪いことをしてもよいと思う
8	しょうらいよい学校にいける人は ほんのすこししかいないと思う
9	父母は「勉強しなくても りっぱなおとなになることはできる」とよくいいます
10	おとなになってえらくなるためにはよい学校にいかなくてはならないと思う
11	スポーツやゲームがとくいでない人は友達から人気がないと思う
12	先生や父母や友だちはわたしがよい成績をとらないとほめてくれないと思う
13	学校の勉強でよい点をとることよりも えらい人になったりお金もちになるほうがかんたんだと思う
14	テストでよい点をとれる人は少ししかいないと思う
15	父母や家族はよい学校にいった人のことを「頭がよい人だ」とか「りっぱな人だ」とかいいます

(注) 実際の実施にあたっては 4：「とてもよくあてはまる」，3：「よくあてはまる」，2：「あまりあてはまらない」，1：「まったくあてはまらない」の4件法で行った．

を依頼し，その意見にもとづき修正を加えた．項目を表7-4に示す．

（3）手続き

　上記の2つの質問紙を他の調査のための質問紙と一緒に1つの冊子にして準備した．小学校のクラス担任が特別活動の時間などを利用しクラスごとに無記名で，実施し，回収した．なお，実施にあたって本調査は大学での研究のために行われるもので成績評価とは関係ないこと，どうしても回答したくない場合は回答しなくてもよいことが伝えられた．

4. 結果
（1）タイプAに関連した信念を問う質問項目の因子分析

　タイプAに関連した信念に関する項目として作成された15項目は，Price (1982) による3つの特徴と偏差値の高い有名大学，名門大学に進学し高学歴を得ることが成功につながるという信念の特徴をそれぞれ表す項目として作成したものである．したがって，まず，それらの特徴が反映されているかどうかを確認するために因子分析を実施した．因子の抽出方法は主因子法としバリマックス回転を施した．因子の抽出数は2～5因子までのそれぞれに設定し試みたが，意味ある解が得られなかった．ただし，5因子に設定してみた場合の解が比較的解釈が可能と思われたのでその解を採用することにした．回転後の因子負荷量を表7-5に示す．

表7-5　小学生におけるタイプAに関連した信念を問う質問紙の因子分析の結果

番号	項目（スペースの都合で一部表現を簡略化した）	第1因子	第2因子	第3因子	第4因子	第5因子
10	おとなになってえらくなるためにはよい学校…	.645	－.009	.118	.032	.091
6	よい学校にはいらないとよい会社につとめられない	.643	－.028	－.023	.013	.125
5	できるだけよい中学や高校にいきたいと思う	.546	－.071	－.059	.035	－.353
15	よい学校にいった人のことを「頭がよい人だ」	.415	.186	.043	.031	.029
4	がんばらないと先生や友だちから認められない	.396	－.064	.079	.150	－.197
2	ほめられるのならうそをついてもよい	.025	.687	.147	.020	－.111
7	ほめられるためならば悪いことをしてもよい	－.008	.678	.053	.110	.180
13	よい点をとることより偉く成ったりお金もちになるほう簡単だ	.035	.400	－.128	.068	.318
14	テストでよい点をとれる人は少ししかいないと思う	.014	.221	.208	.182	.184
3	えらい人やお金もちになれる人は少し	.038	.014	.725	－.040	－.108
8	よい学校にいける人は ほんのすこししかいない	.153	.201	.426	.147	.292
12	よい成績をとらないとほめてくれない	.281	.200	.060	.571	－.039
11	スポーツやゲームがとくいでない人は友達から人気がない	.144	.112	.045	.463	.054
1	悪いことをするときっとあとで見つかる	.139	－.008	－.012	－.269	－.029
9	勉強しなくてもりっぱなおとなになることはできる	－.041	.198	.048	－.253	.021
	寄与率（％）	10.690	8.784	5.497	5.173	3.134
	累積寄与率（％）	10.690	19.474	24.971	30.144	33.278

（注）因子負荷量が実線で囲まれた項目は当該因子に属するものとした．

このうち因子負荷量がおよそ.4程度に達している項目をその因子に所属する項目としてその粗点を合計し各因子の尺度得点とした．第1因子は6．「よい学校にいかないとおとなになってから（よい会社につとめたりお金もちになったりできないと思う」など主に進学面での達成に価値をおく内容で，学業や学歴面での達成を重視する信念の因子と命名した．第2因子は7．「先生や友だちや父母にほめられるためならば悪いことをしてもよいと思う」など道徳性の軽視といった内容を含むもので，前述したPriceの3つの信念の特徴の1つに相当するものと考えられるので道徳性の軽視の因子とした．第3因子は3．「えらい人やお金もちになれる人は少ししかいないと思う」と8．「しょうらいよい学校にいける人はほんのすこししかいないと思う」の2項目から構成されておりこの因子についてもPriceの3つの信念にならい資源の有限性に関する信念の因子とした．第4因子は11．「スポーツやゲームがとくいでない人は友達から人気がないと思う」，12．「先生や父母や友だちはわたしがよい成績をとらないとほめてくれないと思う」の2項目で達成による承認の重視の因子とした．第5因子は2つの項目が極めて低い値で負荷したにとどまり，とくに尺度として構成することは不可能と判断した．なお，各因子に対応する下位尺度の信頼性係数であるが，それぞれ第1因子から第4因子の順に，.63，.58，.42，.49となっており，第3因子，第4因子はそれぞれ項目が2項目のみであることもあり実用性のある信頼性のレベルではない．

（2）タイプAと信念との関係について

　これらの因子に対応する尺度得点の高低とタイプAとの間に関連がみられるかどうかを検討するために以下の方法で分析を行った．

　まず，各因子に対応する尺度得点の分布から概ね上位25パーセント，下位25パーセント以内に含まれる者を高得点者，低得点者に2分した．

　そして，この信念の高低を1つめの要因としさらに性別を2つめの要因と

表7-6 タイプAに関連した信念と性別とで分けた場合の各群の統計値,検定結果(小学生)

因子	低得点者群		高得点者群		検定結果(F値,有意確率)		
	男子	女子	男子	女子	性差	群間差	交互作用
第1因子:学業や学歴面での達成を重視する信念	38.86(8.54) 22	40.17(6.71) 35	41.72(5.76) 36	44.06(7.73) 34	2.07	7.09*	.17
第2因子:道徳性の軽視	41.29(7.10) 41	41.25(6.79) 60	42.57(6.10) 37	43.12(6.92) 33	.06	2.21	.08
第3因子:資源の有限性に関する信念	42.60(6.72) 87	41.87(6.42) 120	42.08(5.41) 66	42.17(7.27) 64	.34	.15	1.11
第4因子:達成に関する承認の重視	42.17(7.10) 60	42.30(6.60) 82	42.51(5.61) 93	41.71(6.82) 1.02	1.06	.37	.20

(注1) セル内は上段は平均値(標準偏差),下段は人数
(注2) *p<.05

しタイプA得点を従属変数とする2×2の分散分析を実施した.結果は表7-6に示した.

信念についての4つの因子に対応する下位尺度得点の高低の主効果が見られたのは「学業や学歴面での達成を重視する信念」の因子に対応する下位尺度のみであった($F(1.123)=7.09$, $p<.01$).それ以外の性別の主効果あるいは交互作用はいずれも有意ではなかった.以上の結果から,児童については学業や学歴面での達成を重視する信念を保持することとタイプA傾向が強くなることとの関係が確認された.

5.考察

タイプAと信念の関係について取り上げたPrice(1982)の理論では,タイプAの形成のプロセスとして信念が形成されそれがタイプAとされる行動を発現するという流れをその骨子としている.しかし,本研究の結果をみると,信念とタイプAとの関連は,学業や学歴面での達成を重視する信念においてみられただけだった.

前述のように,抑うつ研究の文脈において抑うつの認知的な規定要因とし

ての帰属スタイルは，スキーマ駆動型の処理であり現在の状況を過去の記憶に参照させ抽象化することができる年齢になってから形成されるという指摘がある（Abela, 2001）．一方，本研究で測定した信念に関する項目も，Price (1982) などによって挙げられたもので，抽象度が高く達成や競争に関する場面での個々の出来事とその結果を収集し一般的な命題レベルで抽象化したものである．したがって，Abela (2001) が抑うつ研究のなかで述べたことと同じことが本研究についてもいえるのではないだろうか．おそらく，児童の段階では本研究でタイプAとの関連が見られた学歴志向的達成に関する信念のような具体的で児童にも日常的に馴染みやすい信念は獲得されており，それがタイプAとされる達成的，競争的な行動を生起させているが，この段階ではPriceのいうような抽象的な信念はまだ形成されていないのではないかと考えられる．

　すでに述べたようにPriceのモデルはタイプAの発達モデルとしての体裁は整えられているが，十分な実証が行われていない．したがって，社会的学習理論の立場に依拠し認知が行動の規定要因になるという流れは仮定しているが，その流れが一方向的なものというより，むしろ双方向的なものであることまでは十分に認識していなかったのではないだろうか．すなわち，まずは本研究でわずかながらタイプAとの関係が見られた学業や学歴面での達成を重視する信念のような具体的な信念が児童のタイプAを生起させ，結果としてさまざまな達成的，競争的な場面に身をおくことになる．そのような場面でさらにさまざまな出来事を経験し，それらが認知的，社会的な発達に伴いより抽象化された信念を形成しやがて Price (1982) の提起したようなものに変化するというようなプロセスである．そもそも，本研究でタイプAと関連がみられた学業や学歴面での達成を重視する信念も，Priceが主として成人を念頭におきながら提起した信念の1つ，人は絶えず達成を通して自分の存在価値を示していかねばならない，と通じるものがあるし，学業や学歴面での達成を重視する信念が発達に伴いそのようなものに変化していったこと

は十分に考えられる.

そこで，次に中学生を対象とした研究を実施し中学生においてどのような信念がタイプAと関係しているかを確認してみる.

第4節　中学生におけるタイプAと信念との関係（研究 5-2）

1．本研究の目的

研究4で成人においてタイプAと関連があるとされた信念に相当するものが中学生でもタイプAと関連がみられることを確認する．また，小学生を対象にした研究 5-1 で学業や学歴面での達成を重視する信念を保持することもタイプA傾向の強さと関連していることが，確認されたが，中学生でも同様の関係がみられることを検討する．

2．方法

(1) 対象者[2]

関東地方の政令指定都市の公立中学校の生徒298名．1年生153名（男子76名，女子77名），2年生145名（男子69名，女子76名）である．対象者は調査当日欠席したもの，および，調査の記入に大幅な不備があり対象者に含めなかった若干の者を除き，この中学校の1，2年生の全員にあたる．なお，本研究で対象とした中学校は研究 5-1 で対象とした小学校とほぼ重複する学区に相当することを申し添えておく．

(2) 調査に用いた質問紙

<u>タイプAを測定する質問紙</u>：同じく Hunter-Wolf A-B 評定尺度日本語版（大芦，2003）を実施した．

---

[2] この対象者の一部は研究 9-2 の対象者と重複している．

表7-7 中学生を対象にしたタイプAに関連した信念を問う質問紙

	項　　目
1	悪いことをするとそのときはみつからなくてもあとで　きっと　ばれてしまうと思う
2	先生や友人や父母からほめられるのならうそをつくのもしかたない　と思う
3	えらい人やお金もちになれる人は少ししかいないと思う
4	がんばらないと先生や友人に認められないと思う
5	できるだけよい高校や大学にいきたいと思う
6	よい高校や大学にいかないと　おとなになってからよい会社につとめたりお金もちになったりできない　と思う
7	仲間に認められるためならすこしは悪いことをしてもよいと思う
8	将来　よい高校や大学に進める人は　ほんのすこししかいない　と思う
9	父母は「勉強しなくてもりっぱな大人になることはできる」とよくいう
10	幸せな人生を送るためにはできるだけよい高校や大学に進まなくてはならないと思う
11	スポーツやゲームが得意でない人は仲間から人気がないと思う
12	先生や父母や友人はわたしがよい成績をとらないと認めてくれないと思う
13	学校の勉強でよい点をとることよりも有名になったりお金もちになるほうが　かんたんだと思う
14	テストでよい点をとれる人は　少ししかいないと思う
15	父母や家族はゆうめいな学校にいった人のことを「頭がよい人だ」とか「りっぱな人だ」とかいう

（注）実際の実施にあたっては4：「とてもよくあてはまる」，3：「よくあてはまる」，2：「あまりあてはまらない」，1：「まったくあてはまらない」の4件法で行った．

タイプAに関連した信念を問う質問紙：研究5-1で児童を対象にして実施した信念に関する項目15項目とほぼ同じものを実施した．なお，今回は，中学生に対して実施することを考慮し，調査対象校とは別の中学校教諭（女性，経験約30年）に検討を依頼し，一部の項目の表現を改めてある（表7-7参照）．

（3）手続き

上記の2つの質問紙を他の調査のための質問紙と一緒に1つの冊子にして準備した．実施に当たっては，無記名とし，中学校のクラス担任がホームルームの時間などを利用しクラスごとに実施し，回収した．その際，本調査は大学での研究のために行われるもので成績評価とは関係ないこと，どうして

も回答したくない場合は回答しなくてもよいことが伝えられた.

3．結果
（1）タイプAに関連した信念を問う質問項目の因子分析

　研究5-1の場合と同様にタイプAに関連した信念を問う質問項目については因子分析を実施し，信念の構造を検討することにした．因子分析は同じく主因子法とし，バリマックス回転を実施した．抽出する因子数については2～5因子を設定し計算を試みたがいずれも十分に解釈可能な解は得られなかった．しかし，その中で3因子解については比較的解釈が可能な解であったために，その解を採用することにした．回転後の因子負荷量を表7-8に示す．このうち因子負荷量がおよそ.4程度に達している項目をその因子に所属する

表7-8　中学生におけるタイプAに関連した信念を問う質問紙の因子分析の結果

番号	項目（スペースの都合で一部表現を簡略化した）	第1因子	第2因子	第3因子
10	幸せな人生を送るためにはよい高校や大学…	.730	.140	.146
6	よい高校や大学にはいらないとよい会社につとめられない	.685	.125	.231
5	できるだけよい高校や大学にいきたいと思う	.576	.128	.051
1	悪いことをするときっとあとで見つかる	.291	.196	-.274
9	勉強しなくてもりっぱなおとなになることはできる	-.201	.061	.068
14	テストでよい点をとれる人は少ししかいないと思う	-.063	.587	.114
8	よい高校や大学にいける人は ほんの少ししかいない	.085	.492	.184
12	よい成績をとらないと認めてくれないと思う	.249	.428	.100
3	えらい人やお金もちになれる人は少しかいないと思う	.098	.422	.212
15	父母はゆうめいな学校にいった人のことを「頭がよい人だ」という	.179	.407	.007
4	がんばらないと先生や友人から認められない	.243	.315	-.023
13	よい点をとることより有名になったりお金もちになるほう簡単だ	-.069	.307	.075
7	仲間から認められるためならば悪いことをしてもよい	.051	.134	.810
2	ほめられるのならうそをつくのもしかたないと思う	.003	.257	.413
11	スポーツやゲームが得意でない人は仲間から人気がない	.165	.235	.352
	寄与率（％）	11.119	10.259	8.096
	累積寄与率（％）	11.119	21.387	29.483

（注）因子負荷量が実線で囲まれた項目は当該因子に属するものとした．

項目としてその粗点を合計し各因子の尺度得点とした.

第1因子は小学生を対象とした結果の第1因子にほぼ相当するもので，10.「幸せな人生を送るためには できるだけよい高校や大学に進まなくてはならないと思う」など高学歴，学業達成などを重視する信念で学業や学歴面での達成を重視する信念の因子と命名した．第2因子は14.「テストでよい点をとれる人は 少ししかいないと思う」といった資源の有限性についての信念に関する項目や12.「先生や父母や友人はわたしがよい成績をとらないと認めてくれないと思う」といった達成によって自らの存在意義を認めさせなくてはならないという信念に関する項目などが一体となっていて解釈が難しいが，一応，競争によって限られた地位を達成することへの重視の因子と命名しておく．第3因子は小学生を対象とした結果の第2因子と同じく道徳性の軽視の因子が抽出されている．なお，3つの因子に対応する下位尺度の信頼性係数であるが，それぞれ第1因子から順に，.73，.60，.54であり第3因子は低いと言わざるをえない．

（2）タイプAと信念との関係について

これらの因子に対応する尺度得点の高低とタイプAとの間に関連がみられるかどうかを検討するために，小学生についての分析と同様の手続きで，分散分析を実施した．

すなわち，各因子に対応する尺度得点の分布から概ね上位25パーセント，下位25パーセント以内に含まれる者を高得点者，低得点者に2分し，この信念の高低を1つめの要因としさらに性別を2つめの要因としタイプA得点を従属変数とする2×2の分散分析を実施した．結果は表7-9に示した．

信念についての3つの因子に対応する下位尺度得点の高低の主効果は「学歴志向的達成の重視」の因子に対応する下位尺度が有意であった（$F(1.116)=7.12$, $p<.01$）．この信念が強い中学生は，小学生と同様，タイプA得点が高いことが確認された．また，第2因子に対応する「競争によって限られた

表7-9 タイプAに関連した信念と性別とで分けた場合の各群の統計値，検定結果（中学生）

因子	低得点者群		高得点者群		検定結果（F値，有意確率）		
	男子	女子	男子	女子	性差	群間差	交互作用
第1因子：学業や学歴面での達成を重視する信念	41.44(6.18) 34	40.86(6.71) 35	44.21(6.18) 34	44.59(4.21) 17	.01	7.72**	.17
第2因子：競争によって限られた地位を達成することへの重視	41.62(6.69) 26	42.62(5.80) 34	45.66(5.69) 32	42.67(6.54) 36	.82	3.46+	3.29+
第3因子：道徳性の軽視	43.17(8.15) 18	42.22(6.76) 32	43.91(5.15) 35	43.46(6.81) 28	.30	.61	.04

(注1) セル内は上段は平均値（標準偏差），下段は人数
(注2) **p<.01, +p<.10

地位を達成することへの重視」についても主効果が有意な傾向を示した（F(1.124)=3.46, p<.10）．この第2因子に対応する下位尺度の高低については性別の効果との交互作用も有意な傾向が見られた（F(1.124)=3.29, p<.10）．この結果は，限られた地位を達成することを重視する信念をもっている中学生のなかでもとくに男子のタイプAが高くなる傾向がみられる傾向を示唆しているものと思われる．

4．考察

本研究の結果は，小学生を対象とした先の研究5-1の結果と大筋において一致するものであった．学歴や学業を達成することを重視する信念を抱くことがタイプAが強くなることと関係しているという現象は，中学生においても見られるようであった．

ただし，詳細を検討すると，小学生を対象とした結果と異なる点もみられる．まず，信念に関する項目の因子分析の結果の違いについてみてみよう．中学生を対象とした本研究と，小学生を対象とした研究5-1で用いた信念に関する15項目は，ほぼ同じ内容となっている．しかし，因子分析の結果をみると，中学生の3因子に対し小学生は5因子を抽出している．このうち，中

学生の第1因子と小学生の第1因子，中学生の第3因子と小学生の第2因子はほぼ対応している．しかし，中学生の第2因子については，小学生の第3因子，すなわち，「資源の有限性」に含まれる2項目のほか，第4因子の「達成による承認の重視」に関する項目の1項目に加え他の項目が含まれたものとなっている．これらを見ると，主として学業や学歴面での達成が相対的なものですべての者に達成できないという資源の有限性についての信念と，そのためには競争によって他者を凌ぎ自らが勝者であることを他者に承認させる必要があるというタイプA者の中核となる達成性，競争性の両者を兼ねたような信念内容となっていることがわかる．また，この因子の内容は，大学生を対象とした研究4で抽出した信念の3つの因子のうち，第1因子「競争による達成に価値をおく信念」とも比較的近いものであることがわかる．以上のように考えると，小学生では個々の項目が具体的な項目内容の類似から相互に相関関係が得られその結果比較的多くの因子として結果に抽出されたのに対し，中学生では項目がより抽象的なレベルでの因子の存在を反映するように抽出されているのではないかと思われる．しかし，それは，中学生の結果のうちの第2因子のみについてであり，第1因子，第3因子は小学生と同様の具体的なレベルにとどまっている．

　次に，タイプAと関連の見られた下位尺度について，小学生における結果との比較も含めながら考えてみる．

　「学歴志向的達成の重視」の因子の下位尺度の得点の高い者はタイプA得点が高くなることが確認された．これは基本的には小学生における結果と同様のものである．中学生はその大部分が高等学校の受験を控えており，「学業や学歴面での達成を重視する信念」のような具体的な信念内容がタイプAのような競争的，達成的行動と結びつきやすいことは納得できる．ただ，本研究では「競争によって限られた地位を達成することへの重視」とされた第2因子に対応する尺度の高得点者もタイプAが高くなる傾向が見られたことも言及しておくべきであろう．前述したようにこの下位尺度は小学生で見い

だされた因子より抽象的な信念内容を反映している可能性があり，そのような信念とタイプAとの関係がわずかでもあるが示唆されたことは一応注目してもよいであろう．すなわち，前述したように，具体的な信念がタイプAとされる行動を生起させ，そのため達成的，競争的な状況に直面しそうした事態を多く経験することで，より抽象的な Price (1982) などが述べたようなタイプAに特徴的な信念が形成されてゆく可能性が考えられるからである．なお，この第2因子に対応する信念については性差との交互作用が示唆されたことも一応記しておく．表7-9 からもわかるようにおそらく男子ではこの下位尺度の高得点者のタイプAがやや高くなる傾向かうかがわれたのに対し，女子では平均値を一見してわかるように差はほとんどわからない．もちろん，明確な有意水準で見いだされた結果ではないので断定的な考察は避けるべきであろうが，大学生における信念とタイプAとの関係を検討した研究4の結果において女子より男子のほうが信念とタイプAとの関係がよりはっきりとしており，その結果との関連も考えられるのではないかと思う．

　いずれにせよ，本研究の結果から中学生においても達成的，競争的な価値観を反映する信念がタイプAと関連していることが示されたことは確かであろう．

第5節　タイプAの形成に影響を与える規定要因としての過去の信念の役割の検討（研究6）

1．問題の所在

　研究4では，大学生を対象として Price (1982) などのいうタイプAの規定要因となる信念が実際にタイプAと密接に関連していることを明らかにした．さらに，研究5-1 および研究5-2 ではそれぞれ小学生，中学生を対象として，タイプAに特徴的な信念のなかでもより具体的な学業や学歴面での達成を重視する信念がタイプAと関連を持っていることを明らかにした．そして，小

学生,中学生,そして,大学生の期間を通して,タイプAの規定要因となる信念自体も具体的なものからより抽象的なものへ変化している可能性について考察した.

ところが,これらの研究は,単に両者の関係をある一時点で検討したものに過ぎない.一方,Price (1982) など社会的学習理論に依拠する立場は,認知は行動に先行しそれが原因となり結果としての行動が生起するプロセスを仮定しており,本書でも仮定はそのまま引き継がれている.したがって,単に一時点で信念とタイプAとの間に関連が見いだされただけでは十分とはいえず,信念が時間的に先行する規定要因としてタイプAの形成に影響を与えるプロセスについて明らかにする必要がある.本研究の主要な目的としてまずそれを挙げておく.

ところで,前述のように研究4では,大学生を対象としてPrice (1982) などのいうタイプAの規定要因となる信念が実際にタイプAと密接に関連していることを明らかにした.ただ,そこで取り上げられた信念はPrice (1982) やThurman (1984) などの記述にもとづき構成されたもので,その内容はかなり抽象度の高いものとなっている.信念をタイプAの規定要因として考えると大学生の時点でタイプAの形成プロセスに影響を与えた信念がどの時期のものであるか断定はしにくいが,少なくとも大学入学以前のものであること考えたほうが現実的であろう.となると,大学入学以前に相当程度に抽象度の高い信念が確固たるものとして形成されており,それがタイプAの形成の規定要因となっていると考えることは必ずしも適切とはいえない.むしろ,研究5-1,研究5-2で示された生徒や児童の信念とタイプAとの関係を考えれば,それは,学業や学歴を達成するために競争的になることを重視する信念であると考えるのが自然であろう.先(研究5-2の考察)に論じたように,そうした,信念内容が大学入学以降も抽象化され続けていると考えることができるであろう.

以上のような問題点を踏まえると,大学生のタイプAの規定要因を検討す

るためには，それ以前の時期も含めた信念，なかでも，学業や学歴面での達成を重視する信念について検討し，その信念との関係を明らかにしてゆく必要があると考えられる．

2．本研究の目的
本研究では，大学生を対象とし，大学入学以前のことも含めた信念，とくに，学業や学歴面での達成を重視する信念の有無を測定し，その信念と現在のタイプAとの関係を検討する．

3．方法
（1）対象者
関東地方の国立大学に在学する1年生から3年生218名（男子100名，女子118名）．

（2）調査で用いた質問紙
<u>学業や学歴面での達成を重視する信念を測定する質問紙</u>：本研究では学業や学歴面での達成を重視する信念のなかでも，とくに有名大学進学による学歴の達成を重視する信念の有無に絞って測定した．その理由は，今回の対象者がいわゆる有名大学に在学する者で，大学に進学するまでの過程でそのような信念を形成，維持してきた可能性が高いと考えたからである．また，大学受験のための勉強がタイプAの特徴とされる達成性，競争性などを求められるものであることから，そうした信念が要因となりいわゆるタイプAとされる行動を形成しやすい状況にあったと思われる．また，研究5-1，研究5-2においてタイプAと関連がみられた信念内容も，有名校に進学するなどといった学歴面での達成を重視する信念に絞られていたことも考慮すると，本研究でもそうした信念を中心に据えることが適当と考えられたからである．

今回は，まず，有名大学に進学することの重要性，そのために生じうる競

争的な受験勉強の意義,そして,その手段としての受験産業の存在などを認めるかなどといった視点から40項目ほどの原案を作成した.そして,それについて有名私立大学の大学生5名(男子2名,女子3名)および国立大学の心理学担当教員にそれぞれ別に内容の検討を依頼しその意見に基づき,項目の取捨選択,表現の修正を行い,表7-10に示すような33項目を実施することとした.対象者には「現在から高校,中学くらいまでのことを振り返り,自分の考えにあてはまるかを考え」これらの項目に評定してもらった.

タイプAを測定するための質問紙:さきほどと同様に岡崎ら(1995)によって作成された改訂版タイプA行動パターン評価尺度を用いた.

表7-10 研究6で用いた学業や学歴面での達成を重視する信念を測定する質問紙

項 目
1. 進学競争が激しいのは,現代の社会の流れでありやむを得ないことだと思う
2. 結局,進学競争がなくなることなどないと思う
3. 無理をして偏差値の高い学校に進学することよりも,自分の趣味にあった生き方をするほうが人生にとってよいことだと断言できる
4. 世の中に出て他人から笑われないだけの大学に進学することは,ある程度は,必要なことだと思う
5. 受験勉強を勝ち抜いて勝者になれる人は決して多くないと思う
6. 大学受験に有利になるために,有名な小学校,中学,高校に進学するという最近の風潮は,絶対に,許せないと思う
7. 進学競争が激しいといっても,知名度のある大学に進めば将来の道も開けるわけであり,受験勉強をすることはやむを得ないことだと思う
8. 有名校に進学することが人生の目的ではないと思っていたし,自分でもそうしてきたと自信をもっていえる
9. 学歴は能力を示すための重要な条件になる
10. もし,自分が親になったとしたら,子どもに世間に出て納得されるだけの学歴を身につけてやることは,やはり,親のつとめだと思う
11. 世の中で認めてもらうために学歴はかなり重要である
12. 自分が,有名大学に入れなかったら,近所や知人や友人の手前,やはり恥ずかしかっただろう

(次のページにつづく)

項　目
13. 仮に，友達が進学塾に通うなど受験の準備をしているのに自分がそうしたことを何もしていなかったとしても，自分はあまり不安にはならなかったと思う
14. 進学や受験のことをそれほど重要だと考えていなかった
15. 人生は競争であり受験もその競争の一つである
16. 学生が勉強するのは，受験や進学のためという以前に当たり前のことだと思う
17. 他人の学歴（高卒か，大学か，どこの大学の出身か）などが気になることがある
18. とにかく，最低限，知名度のある大学には進みたかったというのが本音である
19. 受験戦争に勝者と敗者があるのは当然のことである
20. 学校の勉強だけでは，ふつうは，志望校に入れそうにないと思う
21. 受験ということについては，世間一般に普通に行われていることであり，特に反対する気持ちも，賛成する気持ちもない
22. 他人より少しでも勉強をしてよい点をとることが勝利につながると思う
23. 中学や，高校の進学指導では，志望校に入学するのは難しいと思う
24. 子供のころから世の中には学歴の高い低いというものがあるのだとなんとなく意識していた
25. 有名大学に合格することはこれからの人生で勝ち抜くための重要な一歩となる
26. 学歴の低い人を見下げたことは絶対にないと，言い切ることができる
27. 予備校や，模擬試験といったいわゆる受験産業は完全にはなくならないと思う
28. 有名大学を卒業している人といない人では，やはり，卒業している人の方が社会的に有能な人が多いと思う
29. 受験がなければ，中学生や，高校生はきっとあまり勉強しなくなるのではないかと思う
30. 学校の偏差値は，必要悪だと思う
31. 自分の人間としての価値のある部分は入学した大学の偏差値に左右される
32. 学歴が高いことが将来にわたって有利であるということは，やはり，確実である
33. 受験は人生に勝ち負けの1つであり，そのようなものがあるのは仕方ない

(注) 教示は以下のように行った．
　以下の各質問文を読んで，現在から，高校，中学時代くらいまでのことを振り返り，それらの内容が自分の考えとあてはまるかどうか考えてみてください．そして，「あてはまる」と思ったら…4，「ややあてはまる」と思ったら…3，「どちらかといえばあてはまらない」と思ったら…2，「あてはまらない」と思ったら…1のいずれかの欄に数字を記入して下さい．

(3) 手続き

上記の2つの質問紙と関連する他の研究目的のための質問紙を含め1つの冊子に綴じたものを，対象者に授業時に配布し無記名で，その場で記入してもらい，回収した．なお，実施にあたって本調査は研究のために行われるもので成績評価とは関係ないこと，プライバシーの保護には十分配慮すること，どうしても回答したくない場合は回答しなくてもよいことが伝えられた．

4．結果
(1) 学業や学歴面での達成を重視する信念に関する項目の分析

学業や学歴面での達成を重視する信念を測定する項目については，因子分析によって項目の意味づけを探るべく検討を行った．因子分析は主因子法によりバリマックス回転を施した．因子の抽出法，抽出する因子数，回転方法などさまざまな設定を行い計算を繰り返したが意味ある解は得られなかった．ただし，そのなかで5因子解のみは比較的解釈可能であったためそれについて検討したが，いずれの因子に対しても高い因子負荷量を負荷しない項目や複数の因子に高い因子負荷量で負荷する項目が多かったため，それら13項目を削除し20項目で再度因子分析を行った．その際，再度，2～5因子程度の抽出因子数を設定し解釈可能な解を探った．その結果，3因子解が比較的解釈が容易であったためその解を採用することとした．

項目と回転後の因子負荷量を表7-11に示す．さて，そのうち第1因子であるが，4．「世の中に出て他人から笑われないだけの大学に進学することは，ある程度は，必要なことだと思う」，11．「世の中で認めてもらうために学歴はかなり重要である」などの項目からなるもので学歴志向の因子と命名した．第2因子は，33．「受験は人生の勝ち負けの1つであり，そのようなものがあるのは仕方ない」，19．「受験戦争に勝者と敗者があるのは当然のことである」など進学競争によって選抜を行うことを積極的に評価するもので，進学競争志向の因子とした．一方，第3因子であるが14．「進学や受験のこ

表7-11 学業や学歴を達成することを重視する信念を測定する
質問紙の因子分析の結果

番号	項目	第1因子	第2因子	第3因子
4	世の中に出て他人から笑われないだけの大学に進学することは，ある程度は，必要なことだと思う	.689	.153	.008
11	世の中で認めてもらうために学歴はかなり重要である	.628	.206	.168
10	もし，自分が親になったとしたら，子どもに世間に出て納得されるだけの学歴を身につけてやることは，やはり，親のつとめだと思う	.585	.208	.059
12	自分が，有名大学に入れなかったら，近所や知人や友人の手前，やはり恥ずかしかっただろう	.544	-.005	.206
25	有名大学に合格することはこれからの人生で勝ち抜くための重要な一歩となる	.525	.312	.343
18	とにかく，最低限，知名度のある大学には進みたかったというのが本音である	.524	.189	.398
1	進学競争が激しいのは，現代の社会の流れでありやむを得ないことだと思う	.402	.401	.018
33	受験は人生の勝ち負けの1つであり，そのようなものがあるのは仕方ない	.242	.562	.205
32	学歴が高いことが将来にわたって有利であるということは，やはり，確実である	.200	.527	.182
2	結局，進学競争がなくなることなどないと思う	.124	.525	.019
19	受験戦争に勝者と敗者があるのは当然のことである	.126	.464	.160
22	他人より少しでも勉強をしてよい点をとることが勝利につながると思う	.259	.379	.330
29	受験がなければ，中学生や，高校生はきっとあまり勉強しなくなるのではないかと思う	.122	.339	-.048
27	予備校や，模擬試験といったいわゆる受験産業は完全にはなくならないと思う	-.043	.335	-.016
21	受験ということについては，世間一般に普通に行われていることであり，特に反対する気持ちも，賛成する気持ちもない	.024	.280	-.048
13	仮に，友達が進学塾に通うなど受験の準備をしているのに自分がそうしたことを何もしていなかったとしても，自分はあまり不安にはならなかったと思う	-.049	.013	-.542
14	進学や受験のことをそれほど重要だと考えていなかった	-.097	-.087	-.507
26	学歴の低い人を見下げたことは絶対にないと，言い切ることができる	-.074	-.003	-.433
8	有名校に進学することが人生の目的ではないと思っていたし，自分でもそうしてきたと自信をもっていえる	-.348	.097	-.388
9	学歴は能力を示すための重要な条件になる	.292	.309	.326
	寄与率（％）	13.289	10.252	7.801
	累積寄与率（％）	13.289	23.541	31.342

とをそれほど重要だと考えていなかった」，13.「仮に，友達が進学塾に通うなど受験の準備をしているのに自分がそうしたことを何もしていなかったとしても，自分はあまり不安にはならなかったと思う」など進学や受験に対してあまり関心がなく重視しないことを示す項目からなるもので進学に対する無関心の因子と命名することとした．

　各因子に属する項目のうち因子負荷量が.4以上の項目の粗点を合計しその因子を表す尺度得点とした．なお，各因子に対応する下位尺度の信頼性係数は第1因子から順に.80，.67，.52で第3因子はやや低い．

（2）信念とタイプAとの関係についての検討

　信念とタイプAとの関係については，研究4と同様に共分散構造分析によるパス解析を用い因果関係のモデルを構成し検討することとした．計算に用いたプログラムは先ほどと同じ Amos（version 5.0.1）である．

　まず，規定要因としての信念に相当する部分の潜在変数を設け，それに対応する観測変数としてさきほどの3つの因子の対応する尺度得点を位置づけた．そして，この潜在変数からタイプAに至るパスを仮定した．潜在変数としてのタイプAには研究4の場合と同様に改訂版タイプA行動パターン評定の3つの尺度を観測変数としてあてた．分析はこれまで同様男女別に行った．パス係数などの設定についていくつかのモデルを検討したが適合度や変数間のパス係数が解釈可能な解を採用した．図7-2-1，図7-2-2に標準化されたパス係数を記入した結果を示す．

<u>モデルの全体的評価</u>：全体的なモデルの評価であるが，研究4の場合と同様に適合度に関する諸指標を示す．男子についていえば $\chi^2 = 15.61$（df = 8，P = .05），GFI = .96，AGFI = .88，RMR = .74，RMSEA = .10，女子では，$\chi^2 = 3.92$（df = 8，p = .86），GFI = .99，AGFI = .97，RMR = .34，RMSEA = .00 となっており男子については一定以上の，また，女子についていえば十分な適合度を示している．

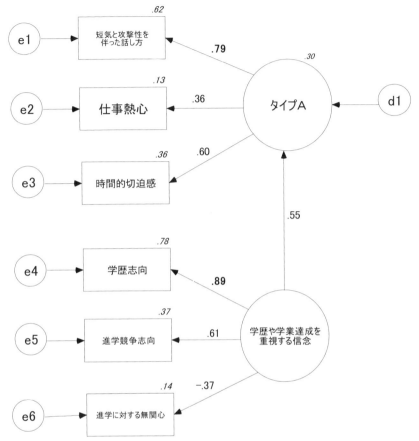

図 7-2-1 学歴や学業達成を重視する信念がタイプAに与える影響（男子）

(注) パス係数のうち太字のものはモデルによって1に固定されたことを，また，斜体の数字は説明率を示す．

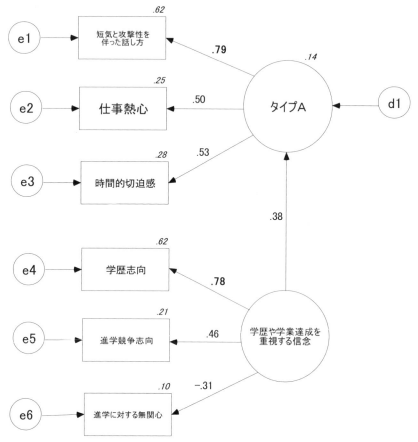

図 7-2-2　学歴や学業達成を重視する信念がタイプAに与える影響（女子）

(注) パス係数のうち太字のものはモデルによって1に固定されたことを，また，斜体の数字は説明率を示す．

モデルの部分的評価：次に各変数間の標準化されたパス係数を見ながらモデルの評価を行っていきたい．全体的な適合度の高さに比して，個々のパス係数は必ずしも十分な値が得られたとはいえないが，男女とも学歴や学業達成を重視する信念からタイプAに至る両潜在変数間のパスについては一定の値が得られている．また，タイプAとしての潜在変数から観測変数に至るパス，信念にとしての潜在変数から観測変数に至るパスについても同様である．

5．考察

　本研究では，学業や学歴面での達成を重視する信念が時間的に先行する要因としてタイプAの発達を促進しているという仮説を検討したが，結果は仮説をおおむね裏付けるものとなった．つまり，研究4，研究5-1，研究5-2などにおける信念とタイプAとの関係はあくまでその時点における関係であったのに対し，本研究では信念を回想的な方法で測定することで時間的に先行するものと位置づけタイプAの原因となりうることを明らかにし，因果関係を同定する道を開いたのである．

　なお，本研究でも信念からタイプAに至るパス係数の値は男子が女子に比して高かった．研究4ではPrice（1982）やThurman（1984）の記述に基づき作成した信念に関する項目によって測定された信念とタイプAとの関係を検討したが，そこでも同様の結果が得られており，この男女差は共通するものがある．少なくとも大学生についていえば，信念が規定要因となりタイプAの発達に与えるというタイプA形成の流れは女子では男子に比べ強くない可能性が示唆される．ただ，この性差を生み出す要因については，現段階では十分なデータが揃っているとは言えないのでこれ以上は深入りしないこととする．

　いずれにしろ，本研究によって，中学高校時代から形成していた学業や学歴面での達成を重視する信念がタイプAの発達の規定要因となりうることは

ある程度明らかにされたといってよいであろう．

第6節　タイプAの形成に影響を与える規定要因としての信念の形成プロセスの検討－学習動機づけについて（研究7-1）

1．問題の所在

　研究6では，学業や学歴面での達成を重視する信念が，少なくとも男子についていえば，タイプAの発達の規定要因となりうることが示された．そこで，つぎに本研究では，この規定要因としての信念が形成されるプロセスについて考えてみたい．ところで，本書では，Price（1982）や山崎（1995）のモデルを踏まえつつこれまでも検討を行ってきた．それらのモデルでは，信念は社会的な価値観が反映されたものと考えられている．そのうち，とくにPrice（1982）はそれが媒介手段としての養育態度によって形成されたことを示唆している．これについては，本書でも次章で検討することになるが，本研究ではそれ以外の要因についても検討してみたい．研究2，研究3では小学生や中学生のタイプA者が受験などを意識した状況下において学業でよい成績を得るため，受験に成功するために学習に動機づけられることを確認した．こうした動機づけは一義的には達成的，競争的な行動を生起させるが，それがいわゆるタイプA的な行動とよばれるものとなる．ただ，研究5-1の考察でも述べたようにそうして生起された行動は再び信念の発達に影響を与えていると思われるので信念とタイプAとは循環する関係にあるともいえる．となると，信念の形成には，行動，あるいは，その行動をささえる動機づけが一定の役割を果たしているといえるはずである．なかでも，動機づけは欲求や価値を含んだものであり，そうした欲求や価値が固定化するプロセスこそが信念の形成過程と考えることもできる．そこで，本研究では，この動機づけが信念の形成にあたえる可能性について検討してみることとする．すなわち，研究5-2，研究6の結果などから，学業や学歴面での達成を重視する

信念がタイプAの形成に影響を与えていたことを踏まえ，中学校，高校時代の学習に対する動機づけ傾向がそうした信念の形成に影響を与えている可能性について検討してみることとする．タイプAを発達させてゆく者は，中学，高校時代段階でも高い学業達成を成し遂げ受験に成功するために学習に動機づけられており，そうして達成的，競争的な傾向を強めてゆく中で研究5-2，研究6などでみられた学業や学歴面での達成を重視する信念が形成されるという可能性を検討してみたいのである．

2．本研究の目的

大学生を対象として，タイプAの規定要因と考えられる学業や学歴面での達成を重視する信念の形成に，それ以前の中学，高校時代の学習動機づけが関与していることを確認する．

3．方法

（1）対象者

首都圏の国立大学および私立大学に在学する1年生352名（男子222名，女子130名）．

（2）調査に用いた質問紙

<u>学習動機づけに関する質問紙</u>：学習動機づけに関する質問紙の項目は研究3の場合と同様に柏木（1983）が作成した項目のなかから一部を取り出し，それらの表現を改め利用することにした．まず，先ほどと同様に柏木（1983）の質問紙を構成している自己形成・内発的志向的動機づけ，手段的・試験志向的動機づけ，他者志向的動機づけ，職業関心に基づく動機づけの4つのカテゴリーの中から概ね10項目程度を選び出した．そして，それらを心理学担当教員2名で検討した．なお，今回は学習動機づけを信念の規定要因と位置づけていることから大学生を対象にして時間的にも先行する中学，高校，大

学受験の浪人時代のことを回想的に評定してもらうことにした．そうした点を念頭におきながら表現の修正，項目の削除，他の項目の内容を踏まえた上での新項目の作成などを行った．そして，最終的に表7-12に示すような26項目を作成した．

表7-12 学習動機づけに関する質問紙

	項　　　目
1.	勉強は進学のための手段と考えていた
2.	勉強すること自体，私にとっては楽しいことだった
3.	その教科に興味があるというより，大学に合格する（あるいは，希望の大学，学部に推薦入学する）ために勉強した
4.	自分だけでなく，仲間みんなも自分の志望している大学（学部）に入れればよいと思っていた
5.	勉強は好きではないが，希望の大学（希望の学部）に入れないと仕方ないので我慢してやっていた
6.	勉強したことを試す機会として，試験は重要だと思っていた
7.	志望校（志望学部）の選択にあたっては，両親の希望も考慮した
8.	進学する大学や学部の選択は，将来の自分の資格や技術の取得を考えて行った
9.	受験勉強のための科目とはいえ，興味のある科目は自然とやる気が沸いてきたものだった
10.	資格や技術の取得につながる科目を勉強したいと思っていた
11.	中学，高校，浪人時代の勉強は，努力することや勤勉さを育ててくれると思った
12.	中学，高校は，もっと将来の職業の選択や，資格の選択に役立つ知識を教えるべきだと思っていた
13.	仲間と比べてあまり見劣りする大学（学部）には進学したくなかった
14.	受験や進学のための勉強は楽ではなかったが，自分に対する挑戦だと思ってがんばった
15.	自分の望む大学，学部に入学することを思い浮かべると，たとえ少しでも勉強しなくてはならないという気持ちになったものだ
16.	楽しんで勉強することが大事で，試験でよい点を取るかどうかは二の次であった
17.	試験は根気や集中力を育ててくれるものだった
18.	勉強の最終的な目標は，大学受験に合格する（あるいは，希望の大学，学部に推薦入学する）ことだった
19.	中学，高校は，もっと資格や技術の取得に必要な科目を教えるべきだと思っていた
20.	嫌いな科目でものちのち自分の役に立つと思って勉強してきた

（次のページにつづく）

	項　　目
21.	わが家の子どもとしてそれにふさわしい高校，大学に進学しなくてはならないと思っていた
22.	進学，受験のことを考え，選択できる科目は試験で点のとりやすい科目を選んでいた
23.	試験がなければ勉強などしなかっただろう
24.	両親（または，主たる養育者）が満足してくれるような大学，学部をめざした
25.	進学する学部は，主として将来の職業のことを考えて選択した
26.	試験に出る内容だけを，もっぱらに勉強するようにしていた

（注）教示は以下のように行った．
　次の質問では，あなたが中学，高校，浪人時代に大学進学についてどのように考えていたかを質問するものです．中学，高校，浪人時代にどのように考えていたか，おおよそ思い出して記入してください．次の各文を読んであてはまる数字を回答用紙の該当する箇所に記入してください．
　「あてはまる」と思ったときは…4　　「ややあてはまる」と思ったときは…3　　「どちらかといえばあてはまらない」と思ったときは…2　　「あてはまらない」と思ったときは…1

学業や学歴面での達成を重視する信念を測定する質問紙：研究6で用いた33項目については因子分析を実施した限り必ずしも十分な因子的妥当性が得られなかった．そこで，今回はより因子的な妥当性が高い尺度を構成することを念頭にそれらの項目を再検討し，表7-13に示すような14項目を新たに作成した．なお，研究6では，タイプAの発現の規定要因として信念を位置づけるため現在より高校，中学時代のことまで振り返り評定してもらう方法をとった．しかし，今回はこれらの項目の規定要因として前述の学習動機づけに関する項目が回想的な方法で実施されることから，これらの項目については現在のことについて評定するように求めた．

タイプAを測定するための質問紙：これまでと同様に岡崎ら（1995）によって作成された改訂版タイプA行動パターン評価尺度が実施された．

（3）手続き

　上記の3つの質問紙と関連する他の研究目的のための質問紙を含め1つの冊子に綴じたものを，対象者に授業時に配布し各自自宅に持ち帰り記入するように指示された．そして，次回以降の授業時に回収された．なお，実施は

表7-13 研究7-1で用いた学業，学歴面での達成を重視する信念を測定する質問紙

項　目
1. 進学競争が激しいのは，現代の社会のながれであり，やむを得ないことだと思う
2. 無理をして偏差値の高い大学に進学するより，自分の趣味にあった生き方をするほうがよいことだと断言できる
3. 世間に出て他人から笑われないような大学に進学することは，ある程度必要なことだ
4. もし自分が親になったら，子どもにはできるだけ高い学歴を身につけてやりたいと思う
5. 有名大学に進むことは将来の道を開くことであり，そのための受験勉強はやむを得ないことだ
6. 有名校に進学することが人生の目的でないと思ってきた
7. 自分が知名度のある大学に進学できなかったら友人や知人の手前恥ずかしかっただろう
8. 有名大学を卒業している人としていない人では，卒業している人のほうが絶対に有能だと思う
9. 進学や受験のことははじめから関心が薄かった
10. 学歴が高いことが将来に渡って有利である，ということは確実である
11. 有名人や知人の学歴が気になることがある
12. とにかく最低限，世間で知られた大学には進みたかったというのが本音である
13. 子どもの頃から世の中には学歴の高い，低いというものがあるのだとなんとなく意識していた
14. 学歴の低い人を絶対に見下げたことはないと，言い切ることができる

(注) 評定は「あてはまる」「ややあてはまる」「どちらかといえばあてはまらない」「あてはまらない」の4件法で行った．

無記名とし，さらに，本調査は研究のために行われるもので成績評価とは関係ないこと，プライバシーの保護には十分配慮すること，どうしても回答したくない場合は回答しなくてもよいことが伝えられた．

4．結果
（1）学習動機づけに関する質問紙の分析

学習動機づけに関する項目については因子分析を実施し因子構造を検討した．因子分析は主因子法とし，バリマックス回転を実施した．抽出する因子数を2～6因子に設定し計算を繰り返したが，その中で4因子解が解釈可能と思われた．回転後の因子負荷量を表7-14に示す．

4つの因子は柏木（1983）の4つのカテゴリーにほぼ対応するものとなっていた．第1因子は5．「勉強は好きではないが，希望の大学（希望の学部）に入れないと仕方ないので我慢してやっていた」などの項目を含み手段的・試験志向的動機づけに，第2因子は7．「志望校（志望学部）の選択にあたっては，両親の希望も考慮した」などの項目に代表されるように自己形成・内発的志向的動機づけに，第3因子は24．「両親（または，主たる養育者）が満足してくれるような大学，学部をめざした」の項目などから構成されており他者志向的動機づけに，そして，第4因子は19．「中学，高校は，もっと資格や技術の取得に必要な科目を教えるべきだと思っていた」といった項目からなり職業関心に基づく動機づけもそれぞれ該当していた．そこで，それら柏木（1983）のカテゴリー名をそれぞれ引き継ぎそれぞれの因子名とした．各因子に該当する下位尺度の得点の算出にあたっては因子負荷量.4以上の項目の粗点を合計した．なお，4つの因子に対応する下位尺度得点の信頼性係数は第1因子から順に.70, .72, .69, .70となっている．

表7-14　学習動機づけに関する質問紙の因子分析の結果

番号	項目	第1因子	第2因子	第3因子	第4因子
5	勉強は好きではないが，希望の大学（希望の学部）に入れないと仕方ないので我慢してやっていた	.687	-.114	.004	.074
18	勉強の最終的な目標は，大学受験に合格する（あるいは，希望の大学，学部に推薦入学する）ことだった	.673	.137	.124	.006
1	勉強は進学のための手段と考えていた	.666	.049	.213	.060
2	勉強すること自体，私にとっては楽しいことだった	-.640	.212	.089	-.059
3	その教科に興味があるというより，大学に合格する（あるいは，希望の大学，学部に推薦入学する）ために勉強した	.632	.093	.156	-.072
23	試験がなければ勉強などしなかっただろう	.530	-.109	.003	.072
26	試験に出る内容だけを，もっぱらに勉強するようにしていた	.488	.041	.019	-.043
16	楽しんで勉強することが大事で，試験でよい点を取るかどうかは二の次であった	-.481	-.154	-.043	.064
9	受験勉強のための科目とはいえ，興味のある科目は自然とやる気が沸いてきたものだった	-.344	.286	.067	.074

（次のページにつづく）

番号	項目	第1因子	第2因子	第3因子	第4因子
22	進学，受験のことを考え，選択できる科目は試験で点のとりやすい科目を選んでいた	.318	.051	.193	−.086
20	嫌いな科目でものちのち自分の役に立つと思って勉強してきた	−.265	.258	.001	.047
17	試験は根気や集中力を育ててくれるものだった	.009	.665	−.011	.005
11	中学，高校，浪人時代の勉強は，努力することや勤勉さを育ててくれると思った	−.060	.605	−.001	.069
14	受験や進学のための勉強は楽ではなかったが，自分に対する挑戦だと思ってがんばった	.014	.600	.184	.073
6	勉強したことを試す機会として，試験は重要だと思っていた	.006	.460	.045	−.070
15	自分の望む大学，学部に入学することを思い浮かべると，たとえ少しでも勉強しなくてはならないという気持ちになったものだ	.132	.449	.213	.102
24	両親（または，主たる養育者）が満足してくれるような大学，学部をめざした	.110	.067	.845	.052
21	わが家の子どもとしてそれにふさわしい高校，大学に進学しなくてはならないと思っていた	.139	.107	.617	−.019
7	志望校（志望学部）の選択にあたっては，両親の希望も考慮した	−.042	.004	.480	.054
13	仲間と比べてあまり見劣りする大学（学部）には進学したくなかった	.139	.310	.405	.036
19	中学，高校は，もっと資格や技術の取得に必要な科目を教えるべきだと思っていた	.098	−.150	.069	.664
12	中学，高校は，もっと将来の職業の選択や，資格の選択に役立つ知識を教えるべきだと思っていた	.047	−.149	.090	.617
8	進学する大学や学部の選択は，将来の自分の資格や技術の取得を考えて行った	−.026	.289	−.015	.577
10	資格や技術の取得につながる科目を勉強したいと思っていた	−.065	.153	−.002	.491
25	進学する学部は，主として将来の職業のことを考えて選択した	−.006	.285	.061	.481
4	自分だけでなく，仲間みんなも自分の志望している大学（学部）に入れればよいと思っていた	−.061	−.038	−.095	.128
	寄与率（％）	12.734	8.478	6.668	6.618
	累積寄与率（％）	12.734	21.212	27.880	34.498

（2）学業や学歴面での達成を重視する信念を測定する質問紙についての検討

　学業や学歴面での達成を重視する信念を測定するための14項目については，当初は，因子分析を実施し項目の関係を検討した．因子分析の実施にあたってはさまざまな因子の抽出法，抽出する因子の数，回転の方法などを試みた

が，意味ある解が得られなかった．また，全体的に第1因子に負荷する項目が多く，項目が単一の次元の概念を測定している可能性が高いように思われた．そこで，14項目全体について信頼性係数を算出し，さらに，そのなかの1項目を削除することで全体の信頼性係数が高まる可能性を検討したところ，項目番号14. が削除された．つづいて残りの13項目について再度信頼性係数を算出し同様の方法で検討したところ項目1．が削除された．さらに，残りの12項目について信頼性係数を算出したところ.83という比較的高い値が得られ，また，これ以上項目を削除しても信頼性が大幅に高まらないことが確認されたため，この12項目の粗点を合計し，学業や学歴面での達成を重視する信念を測定するための尺度得点とした．

（3）学習動機づけが信念に与える影響とタイプAの形成についての検討

重回帰分析による検討：まず，過去の学習動機づけのどの下位尺度が現在の学業や学歴面での達成を重視する信念に対して影響を与えているかを検討するために，学習動機づけの4つの下位尺度得点を説明変数，学業や学歴面での達成を重視する信念についての尺度得点を従属変数とする重回帰分析を男女別に実施した．重回帰分析はステップワイズ法によりβの有意水準が5％以下であることを変数投入の打ち切り基準とした．その結果男女のいずれの場合も学習動機づけの4つの因子に対応する下位尺度のうち「職業関心に基づく動機づけ」以外は学業や学歴面での達成を重視する信念についての尺度得点を有意に説明していた．また，このなかでも「他者志向的動機づけ」については男女とも比較的高い値のβが得られている．以上の結果を表7-15-1，および，7-15-2に示す．

共分散構造分析によるモデル化：重回帰分析の結果から，過去の学習動機づけの4つの因子のうち少なくとも3つの因子に対応する尺度得点が現在の学業や学歴面での達成を重視する信念に対して影響を与えていることは確認されたので，つぎにこの結果を込みにし，学習動機づけが信念に影響を与え，

表 7-15-1　現在の学業や学歴面での達成を重視する信念に与える過去の学習動機づけの影響についての重回帰分析（男子）

	投入した変数	非標準化係数		標準化係数	t 値	R^2
		B	標準誤差	ベータ		
段階1	他者志向的動機づけ	1.197	.143	.492	8.392***	.242
段階2	他者志向的動機づけ	1.056	.140	.435	7.563***	.310
	自己形成・内発的志向的動機づけ	.554	.119	.267	4.648***	
段階3	他者志向的動機づけ	.996	.137	.410	7.273***	.350
	自己形成・内発的志向的動機づけ	.541	.116	.261	4.659***	
	手段的・試験志向的動機づけ	.274	.075	.200	3.624***	

(注) ***p＜.001

表 7-15-2　現在の学業や学歴面での達成を重視する信念に与える過去の学習動機づけの影響についての重回帰分析（女子）

	投入した変数	非標準化係数		標準化係数	t 値	R^2
		B	標準誤差	ベータ		
段階1	他者志向的動機づけ	1.229	.164	.553	7.507***	.306
段階2	他者志向的動機づけ	1.123	.165	.505	6.824***	.343
	自己形成・内発的志向的動機づけ	.407	.151	.200	2.700***	
段階3	他者志向的動機づけ	.995	.172	.448	5.782***	.368
	自己形成・内発的志向的動機づけ	.431	.149	.212	2.895**	
	手段的・試験志向的動機づけ	.247	.112	.166	2.209*	

(注) ***p＜.001，**p＜.01，*p＜.05

それがさらにタイプAの形成に影響を与えているという一連のプロセスについて検討してみることにする．この分析にあたっては，これまでと同様に共分散構造分析によるパス解析を用い因果関係のモデルを構成した．計算に使用したプログラムは先ほどと同じ Amos（version 5.0.1）である．

モデル化にあたっては，まず，学習動機づけの4つの因子に対応する下位尺度を観測変数とし，これらの組み合わせによる潜在変数を仮定することとした．そして，この潜在変数が学業や学歴面での達成を重視する信念に影響を与え，さらに，信念からタイプAに相当する潜在変数にパスが至ることと

した．タイプAの潜在変数についてはこれまでと同様に改訂版タイプA行動パターン評価尺度の3つの下位尺度が観測変数として対応する．このうち，学習動機づけに対応する潜在変数については複数の潜在変数を仮定する可能性が考えられた．そこで，これらを考慮しいくつかのモデルを構成し，また，パラメーターの設定なども様々に試みながら，適合度に関する諸指標，変数間のパス係数の値などを参考にもっとも適切と考えられるモデルを男女のそれぞれについて採用した．標準化されたパス係数示したパスダイアグラムを図7-3-1，および，図7-3-2に示した．

<u>モデルの全体的評価</u>：全体的なモデルの評価であるが，男子についていえば$\chi^2=49.61$（df=19，p=.00），GFI=.94，AGFI=.89，RMR=1.58，RMSEA=.09，女子では$\chi^2=32.49$（df=19，p=.03），GFI=.94，AGFI=.88，RMR=2.54，RMSEA=.07となっており一定の適合度を示している．

<u>モデルの部分的評価</u>：つぎに個々のパス係数を参照しながら変数間の因果関係について検討してみる．学習動機づけと学業や学歴面での達成を重視する信念との関係は男子，女子とも極めて高く中学，高校時代の学習に対する動機づけが信念の形成に与えている影響はかなり明確に確認された．ただ，学習動機づけの潜在変数に対応する4つの下位尺度との間のパス係数をみるとさきほど重回帰分析を実施した際に明らかになったように「他者志向的動機づけ」との関係が一番強いことがわかる．つぎに，信念からタイプAに至るパスであるが，男女とも必ずしもパス係数は高い値を示していないが，信念がタイプAに影響をあたえていることがわかる．

5．考察

本研究では，大学生にみられる学業や学歴面での達成を重視する信念が形成されるにあたって，中学校，高等学校時代の学習に対する動機づけが与える影響について検討した．その結果，学習動機づけから信念に与える影響はかなり明確に認められ仮説が支持された．ただし，そうして形成された学業

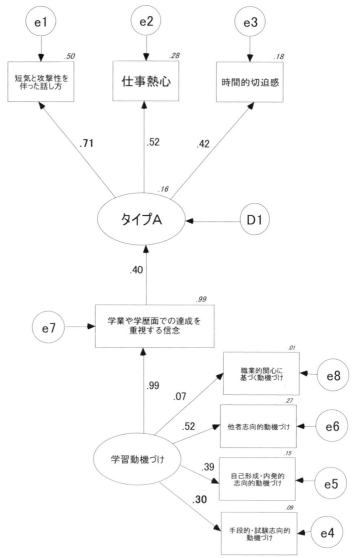

図7-3-1 タイプAの形成過程において学習動機づけが信念に与える影響（男子）
(注) パス係数のうち太字のものはモデルによって1に固定されたことを，また，斜体の数字は説明率を示す．

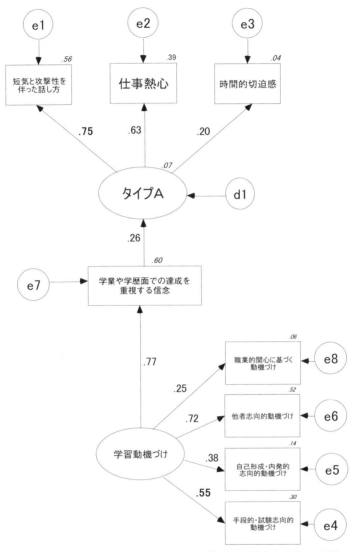

図 7-3-2　タイプ A の形成過程において学習動機づけが信念に与える影響（女子）
（注）パス係数のうち太字のものはモデルによって 1 に固定されたことを，また，斜体の数字は説明率示す．

や学歴面での達成を重視する信念がタイプAにあたえる影響は必ずしも強くはない．以上の結果についてはいくつかの点で考察されるべき点が残されているので，以下，それらについて議論してみたい．

　まず，学業や学歴面での達成を重視する信念からタイプAに至る関係について考えてみたい．先の研究6は，まさに，この関係が主目的として検討され裏付けが得られた．本研究でもこの関係はモデルのなかに組み込まれているが，研究6と比べるとパス係数の値，説明率などもやや低くなっている（ただし，パス係数に対するワルドの検定では有意性が確認されている（$p<.05$））．この理由については必ずしも明らかではない．しかし，研究6と本研究は以下の2点において方法上の変更点がある．すなわち，①研究6では学業や学歴面での達成を重視する信念については現在から高校，中学時代のことも含めて思い出し評定するようにとの教示が与えられ回想的な方法がとられているのに対し，本研究では現在のこととして評定することが求められている．②研究6では学業や学歴面での達成を重視する信念に関する質問項目に対し因子分析などでその妥当性の検討が行われたが必ずしも納得ゆく結果が得られなかったため，本研究では項目の改訂，精選が行われ両者で用いられた信念に関する項目が異なる，の2点である．とくに①についていえば，研究6では，学業や学歴面での達成を重視する信念は時間的に先行する原因として位置づけられているのに対し，本研究ではそうした関係は必ずしも明確でなく，それが信念からタイプAに至るパス係数の値が高くなかった理由として考えられるのではないだろうか．

　つぎに，本研究の主たる目的となった学習動機づけと学業や学歴面での達成を重視する信念との関係について考えてみよう．本研究において共分散構造分析を用いて検討した結果，男女のいずれの場合も，学習動機づけが信念に与える影響については極めて強く両者の関係が確認されている．しかし，学習動機づけの潜在変数と4つの因子に相当する下位尺度とのパス係数のうち，もっとも関係の強いのは「他者志向的動機づけ」であった．ところが，

学業や学歴面での達成を重視する信念の内容を考えると，そうした信念が形成されるプロセスにおいてはむしろ第1因子に相当する「手段的・試験志向的動機づけ」との関連が深いという想像が容易に出来る．つまり，受験勉強や進学の意義を十分に考慮する以前に，よい成績，高い偏差値を得て，有名学校に進学するために受験勉強に励むことによってそれ自体が目的となり，有名大学に進学することを重視しその威信に頼る信念が形成されると考えられるのである．ところが，本研究の結果を見る限りそのような関係は必ずしも強くなく，他者志向的動機づけが学業や学歴面での達成を重視する信念と関係しているのである．この他者志向的動機づけの他者であるが，表7-14からもわかるように該当する4項目のうち3つまでが両親，家族に関連したものとなっている．つまり，当初は両親のためによい成績を得て有名な大学に進もうと動機づけられていたものが，そうした行動を継続するうちその動機が自らのものとなり，やがて自分自身が学業や学歴面での達成を重視する信念を形成させるという過程が示唆されるのである．

　こうしたプロセスは，東（1994）などが比較文化的な視点から述べている他者志向的な動機づけが次第に自らの価値観として形成され内発的なものとなってゆくという日本人特有の傾向との類似を思わせるところある．しかし，そもそも本研究のような結果は欧米では報告例がなく，欧米では他者志向的な動機づけがタイプAに関連した信念の形成に関与しているかどうかについては明らかではない．したがって本研究を日本人特有のものとみなすべきかについてこれ以上の議論は控えることとする．ただ，そうした比較文化的な視点に立たなくても，Price（1982）のモデルでも，信念の形成に関与している媒介手段として，家庭があげられていることはすでに第4章，第5章などで紹介した．となると，他者志向的な動機づけが信念の形成に影響していた本研究の結果は，そうした媒介手段としての家庭の影響を子どもが受容しているプロセスを反映している可能性もあるのである．

第7節 両親の信念が子どもの学習動機づけ，信念を介し子ども[3]のタイプA形成に与える影響のモデル化の試み（研究7-2）

1．問題の所在

　研究7-1では，学業や学歴面での達成を重視する信念の規定要因として学習動機づけを仮定し，その関係を検討した．その結果，両者の関係は認められたが，学習動機づけのなかでもとくに両親のため，家族のために勉強に励むといった「他者志向的動機づけ」が学業や学歴面での達成を重視する信念の形成に与える影響が大きいことが示唆された．この結果は一見理解の難しいものではある．しかし，Price（1982）のモデルでもタイプAの規定要因としての信念が形成されるにあたって社会の価値観が媒介手段を仮定されているが，その媒介手段の1つとして家庭があげられていることを考えると，信念の形成にあたって両親の影響が大きいことは十分に理解できる．

　そこで，次に本研究ではこの他者志向的動機づけを含んだ学習動機づけの規定要因として，両親が保持する学業や学歴面での達成を重視する信念が背後にあると考えその可能性を検討してみたい．すなわち，両親の学業や学歴面での達成を重視する信念をメッセージとして日頃から伝達されている子どもが，先ほど研究7-1でみたような他者志向的動機づけを中心とした動機づけによって勉学に励み，それが子ども自身の信念を形成させタイプAの発達につながっていると考えるのである．

2．本研究の目的

　両親の学業や学歴面での達成を重視する信念を測定し，それが子どもの学習動機づけに影響することを確認する．そして，さらにそれが子どもの学業や学歴面での達成を重視する信念に影響しタイプAの発達に至るモデルを検

---

[3] 以下，本章では大学生の被験者に対し「子ども」という表現を用いるが，これは両親に対する子どもという意味であり，幼児や児童を示すものではない．

討する.

3．方法
（1）対象者
　関東地方の国立大学および私立大学に在学する1年生352名（男子222名，女子130名），および，その両親704名（父親352名，母親352名）の合計1056名．なお，この対象者のうち大学生については研究7-1に対象者と同一である．

（2）調査に用いた質問紙
両親の学業や学歴面での達成を重視する信念を測定する質問紙：表7-16に示したものを今回新たに構成した．まず，研究6，研究7-1で用いた学生を対象として作成した学業や学歴面での達成を重視する信念を測定する項目を参考に，父母に評定してもらうことを想定しながら50項目を作成した．その後，有名私立大学に通う大学生5名（男子2名，女子3名），および，子どもを有名大学に通わせている母親2名に検討を依頼し，その意見に基づき項目の削除，表現および内容の変更を行い，最終的に表7-16に記した42項目とした．実施にあたっては，調査対象の子どもが中学，高校から浪人時代のことを回想し評定してもらうこととし，4件法（「あてはまる」「ややあてはまる」「あまりあてはまらない」「あてはまらない」）で行った．

学習動機づけに関する質問紙：研究7-1で用いたものと同じ26項目のものを使用した（表7-14参照）．分析にあたっては研究7-1で示したような4つの因子に対応する下位尺度得点を算出した．

子どもの学業や学歴面での達成を重視する信念を測定する質問紙：研究7-1で用いたもの．表7-13に示すような14項目からなる．本研究では研究7-1の分析を踏まえこのうち12項目の粗点を合計し1次元の尺度得点として用いることにする．

タイプAを測定するための質問紙：研究7-1と同様に岡崎ら（1995）によっ

表 7-16 両親の学業や学歴面での達成を重視する信念を測定する質問紙

	項　　目
1.	進学競争が激しいのは，現代の社会の流れでありやむを得ないことだと思った
2.	受験勉強は，人間性を鍛えるという点では決してマイナスではないと思っていた
3.	世の中に出て他人から笑われないだけの大学に進学して欲しかった
4.	親の側から見ても，進学競争の激しさには賛成しかねることが多かった
5.	入学する大学は，できるだけ偏差値が高い大学が望ましいと考えていた
6.	知名度のある大学に進学すると将来の道も開けるから，受験勉強はやむを得ないことだと思っていた
7.	子どもの進学や受験のことには，はじめから関心はなかった
8.	学歴は，親が子どもに授けることができる最大の資本だと思っていた
9.	大人の世界で成功するために重要なのは，学歴よりも人間関係（いわゆるコネ）であると思っていた
10.	知名度のある大学に進学するよりも，資格や技術の身に付く大学に進学して欲しかった
11.	受験，進学のことを考えると，子どもの学校や予備校での成績がひどく気になった
12.	できれば何か資格がとれる学部に進学して欲しいと思っていた
13.	わが家は進学競争や受験戦争とは無関係であり，関心をもったことはなかった
14.	子どもには，蛮カラな校風の大学にはあまり進学して欲しくないと思っていた
15.	受験勉強は，努力することや忍耐力をつけるよい機会だと思っていた
16.	学歴は，有利な人生設計のための手段となりうるものだと思っていた
17.	高い学歴を身につけることは，すぐれた人格や人間性を養うことにつながると思っていた
18.	日本のような国では，最後は，学歴よりも家柄できまると思っていた
19.	世間に出て納得されるだけの学歴を身につけてやることは，親のつとめだと思っていたし，子どもにもできるだけそうしてやった
20.	自分の子どもが，有名大学に入れなかったら，近所や知人や親類の手前，はずかしかっただろう
21.	受験ということは，世間一般に普通に行われていることで，特に反対することも，賛成することもなく世の中の流れにしたがわせた
22.	受験する大学や，学部の選択は，将来の就職や結婚などに有利になるように選ばれるべきだと思っていた
23.	中学，高校は，もっと資格や技術を身につける教育をするべきであると思っていた
24.	受験勉強のために人間性が損なわれるという意見には，それほど根拠があることとは思っていなかった

（次のページにつづく）

	項　　　目
25.	学歴は，現在の日本で生きてゆくためには必要であると思っていた
26.	子どもがもし大学まで進学できなかったとしても，親として後悔しなかっただろう
27.	大学は，技術や資格を身につけるためには，あまり役に立たないと思っていた
28.	中学，高校時代は育ち盛りだから本当は好きな趣味やスポーツに打ち込んで欲しかったというのが本音である
29.	進学競争は，必要悪（良くないことだけれど，必要だからやむ得ないこと）だと思っていた
30.	有名校に進学することだけが人生の目的ではないと思っていたし，子どもにもそのように話していた
31.	勉強よりも，何か好きなことを身につけて欲しかった
32.	有名大学に進学することは，将来の経済的安定をもたらすための近道と考えていた
33.	無理に有名大学に進学するよりも，自分の趣味にあった生き方をして欲しいと思っていた
34.	大学受験に有利な中学，高校に進めるようにできるだけ努力したつもりである
35.	子どもが偏差値の高い高校，大学よりセンスやイメージのよい高校，大学に入ることを望んでいた
36.	こんな進学競争の激しい時代に生まれた子どもを可哀そうだと思った
37.	子どもの将来にとって大切なのは，学歴よりも家柄や財産の方であると思っていた
38.	学歴は，社会的成功のための一番の近道と考えていた
39.	子どもが進学競争に巻き込まれないように極力努力したつもりである
40.	現在の日本の受験制度は，それほどひどいものだとは思わなかった
41.	附属校に進学したり，推薦制度を利用することで受験戦争に巻き込まれないで済むことは，大変よいことだと思っていた
42.	仮に，近所の子どもや友達が受験の準備をしているのに自分の子どもがそうしたことをしていなかったとしても，不安にはならなかったと思う

（注）教示は以下のように行った．

次の質問では，お子さん（調査対象のお子さん1人についてで，他の兄弟姉妹はのぞきます）が中学生，高校生，浪人生だったころ，お父さん，お母さんが高校受験，大学受験についてどのように思っておられたかについて，質問するものです．次の各文を読んであてはまる数字を回答用紙の該当する箇所に記入してください．

「あてはまる」と思ったときは…4　「ややあてはまる」と思ったときは…3　「どちらかといえばあてはまらない」と思ったときは…2　「あてはまらない」と思ったときは…1

て作成された改訂版タイプＡ行動パターン評価尺度が実施された．

（３）手続き

　上記の４つの質問紙と関連する他の研究目的のための質問紙を含め１つの冊子に綴じたものを，対象者に授業時に配布し各自自宅に持ち帰り無記名で記入してもらった．その際，両親の記入箇所についても両親自身が記入するように指示された．そして，次回以降の授業時に回収された．子ども，父母の回答の順序についてはとくに指定しなかった．

　実施にあたって本調査は研究のために行われるもので，成績評価とは関係ないこと，プライバシーの保護には十分配慮すること，本人，父母いずれの対象者についても回答できない事情がある場合，回答したくない場合などは回答を拒否できることが伝えられた．

４．結果
（１）両親の学業や学歴面での達成を重視する信念を測定する項目の因子分析

　両親の学業や学歴面での達成を重視する信念を測定する項目については，まず，因子分析を行い尺度として用いるための検討を行った．分析は父親，母親の別に行った．因子分析は主因子法とし，バリマックス回転を施した．抽出する因子数については２〜６因子を設定しそれぞれ計算を試み，もっとも解釈が可能な解を採用することとした．その結果，父親については３因子解，母親については５因子解が適切と思われた．さらにその結果を検討し，いずれの因子に対しても低い因子負荷量で負荷する項目や複数の因子に比較的高い因子負荷量で負荷する項目を削除することとし，父親については12項目，母親については11項目が除かれた．それらの項目の削除後，再度，因子分析を試みた結果が表7-17-1および，表7-17-2に示したものである．これらの解を検討し，因子負荷量が.3以上の項目をそれらの因子に属するものと

表 7-17-1　両親の学業や学歴面での達成を重視する信念を測定する
　　　　　質問紙の因子分析の結果（父親）

番号	項　目	第1因子	第2因子	第3因子
5	入学する大学は，できるだけ偏差値が高い大学が望ましいと考えていた	.699	.179	-.136
16	学歴は，有利な人生設計のための手段となりうるものだと思っていた	.696	.052	-.035
6	知名度のある大学に進学すると将来の道も開けるから，受験勉強はやむを得ないことだと思っていた	.682	.226	-.157
3	世の中に出て他人から笑われないだけの大学に進学して欲しかった	.679	.131	-.174
32	有名大学に進学することは，将来の経済的安定をもたらすための近道と考えていた	.661	-.012	.062
38	学歴は，社会的成功のための一番の近道と考えていた	.640	.061	-.008
25	学歴は，現在の日本で生きてゆくためには必要であると思っていた	.610	.020	-.171
11	受験，進学のことを考えると，子どもの学校や予備校での成績がひどく気になった	.600	-.011	-.096
22	受験する大学や，学部の選択は，将来の就職や結婚などに有利になるように選ばれるべきだと思っていた	.588	-.065	.080
20	自分の子どもが，有名大学に入れなかったら，近所や知人や親類の手前，はずかしかっただろう	.572	.117	-.030
8	学歴は，親が子どもに授けることができる最大の資本だと思っていた	.571	.087	.088
34	大学受験に有利な中学，高校に進めるようにできるだけ努力したつもりである	.566	.083	-.022
19	世間に出て納得されるだけの学歴を身につけてやることは，親のつとめだと思っていたし，子どもにもできるだけそうしてやった	.519	-.043	.035
26	子どもがもし大学まで進学できなかったとしても，親として後悔しなかっただろう	-.442	-.125	.229
42	仮に，近所の子どもや友達が受験の準備をしているのに自分の子どもがそうしたことをしていなかったとしても，不安にはならなかったと思う	-.442	-.022	.269
17	高い学歴を身につけることは，すぐれた人格や人間性を養うことにつながると思っていた	.399	.096	.016
1	進学競争が激しいのは，現代の社会の流れでありやむを得ないことだと思った	.345	.270	-.033
30	有名校に進学することだけが人生の目的ではないと思っていたし，子どもにもそのように話していた	-.299	-.232	.068
40	現在の日本の受験制度は，それほどひどいものだとは思わなかった	.072	.626	.164
4	親の側から見ても，進学競争の激しさには賛成しかねることが多かった	-.047	-.573	.043
24	受験勉強のために人間性が損なわれるという意見には，それほど根拠があることとは思っていなかった	.189	.519	.063
36	こんな進学競争の激しい時代に生まれた子どもを可哀そうだと思った	.163	-.463	.086
2	受験勉強は，人間性を鍛えるという点では決してマイナスではないと思っていた	.274	.412	-.152

（次のページにつづく）

番号	項　目	第1因子	第2因子	第3因子
28	中学，高校時代は育ち盛りだから本当は好きな趣味やスポーツに打ち込んで欲しかったというのが本音である	－.001	－.388	.255
39	子どもが進学競争に巻き込まれないように極力努力したつもりである	－.022	－.335	.271
21	受験ということは，世間一般に普通に行われていることで，特に反対することも，賛成することもなく世の中の流れにしたがわせた	.164	.226	.123
7	子どもの進学や受験のことには，はじめから関心はなかった	－.170	.104	.585
13	わが家は進学競争や受験戦争とは無関係であり，関心をもったことはなかった	－.300	－.007	.556
10	知名度のある大学に進学するよりも，資格や技術の身に付く大学に進学して欲しかった	－.037	－.015	.389
41	附属校に進学したり，推薦制度を利用することで受験戦争に巻き込まれないで済むことは，大変よいことだと思っていた	.069	－.185	.302
12	できれば何か資格がとれる学部に進学して欲しいと思っていた	.260	－.048	.260
	寄与率（％）	19.968	6.544	4.654
	累積寄与率（％）	19.968	26.512	31.166

表7-17-2　両親の学業や学歴面での達成を重視する信念を測定する質問紙の因子分析の結果（母親）

番号	項目	第1因子	第2因子	第3因子	第4因子	第5因子
5	入学する大学は，できるだけ偏差値が高い大学が望ましいと考えていた	.703	.068	－.076	.064	－.207
6	知名度のある大学に進学すると将来の道も開けるから，受験勉強はやむを得ないことだと思っていた	.668	.094	－.087	.186	－.173
32	有名大学に進学することは，将来の経済的安定をもたらすための近道と考えていた	.651	－.041	－.022	－.078	.047
38	学歴は，社会的成功のための一番の近道と考えていた	.648	.018	.083	－.071	.043
16	学歴は，有利な人生設計のための手段となりうるものだと思っていた	.616	.022	－.180	－.017	.067
3	世の中に出て他人から笑われないだけの大学に進学して欲しかった	.595	.129	－.092	.029	－.022
20	自分の子どもが，有名大学に入れなかったら，近所や知人や親類の手前，はずかしかっただろう	.567	.025	－.005	－.047	.009
25	学歴は，現在の日本で生きてゆくためには必要であると思っていた	.562	.049	－.094	.006	.073
11	受験，進学のことを考えると，子どもの学校や予備校での成績がひどく気になった	.518	－.097	－.151	.189	－.046

（次のページにつづく）

番号	項目	第1因子	第2因子	第3因子	第4因子	第5因子
19	世間に出て納得されるだけの学歴を身につけてやることは，親のつとめだと思っていたし，子どもにもできるだけそうしてやった	.499	.008	－.363	.186	.256
22	受験する大学や，学部の選択は，将来の就職や結婚などに有利になるように選ばれるべきだと思っていた	.490	.074	.058	.126	.058
8	学歴は，親が子どもに授けることができる最大の資本だと思っていた	.459	.194	－.284	.203	.214
26	子どもがもし大学まで進学できなかったとしても，親として後悔しなかっただろう	－.447	－.017	.230	.071	－.023
34	大学受験に有利な中学，高校に進めるようにできるだけ努力したつもりである	.437	－.056	－.195	.135	.296
30	有名校に進学することだけが人生の目的ではないと思っていたし，子どもにもそのように話していた	－.433	－.213	.023	.226	.135
17	高い学歴を身につけることは，すぐれた人格や人間性を養うことにつながると思っていた	.394	.077	－.244	.021	.081
1	進学競争が激しいのは，現代の社会の流れでありやむを得ないことだと思った	.351	.293	－.143	.099	－.176
42	仮に，近所の子どもや友達が受験の準備をしているのに自分の子どもがそうしたことをしていなかったとしても，不安にはならなかったと思う	－.336	－.054	.283	－.052	.178
21	受験ということは，世間一般に普通に行われていることで，特に反対することも，賛成することもなく世の中の流れにしたがわせた	.306	.286	.079	.035	.016
4	親の側から見ても，進学競争の激しさには賛成しかねることが多かった	.106	－.687	.043	.102	－.031
36	こんな進学競争の激しい時代に生まれた子どもを可哀そうだと思った	.183	－.514	.089	.156	.080
40	現在の日本の受験制度は，それほどひどいものだとは思わなかった	.115	.497	.158	.034	.000
24	受験勉強のために人間性が損なわれるという意見には，それほど根拠があることとは思っていなかった	.179	.484	.070	.101	－.126
2	受験勉強は，人間性を鍛えるという点では決してマイナスではないと思っていた	.220	.427	－.145	.291	－.055
28	中学，高校時代は育ち盛りだから本当は好きな趣味やスポーツに打ち込んで欲しかったというのが本音である	－.030	－.349	.226	.193	.136
13	わが家は進学競争や受験戦争とは無関係であり，関心をもったことはなかった	－.127	－.045	.655	.052	.171
7	子どもの進学や受験のことには，はじめから関心はなかった	－.123	.078	.595	.051	.144
10	知名度のある大学に進学するよりも，資格や技術の身に付く大学に進学して欲しかった	－.137	.003	.170	.634	.052

（次のページにつづく）

番号	項目	第1因子	第2因子	第3因子	第4因子	第5因子
12	できれば何か資格がとれる学部に進学して欲しいと思っていた	.155	－.055	－.072	.595	－.059
41	附属校に進学したり，推薦制度を利用することで受験戦争に巻き込まれないで済むことは，大変よいことだと思っていた	.151	－.039	.253	－.077	.487
39	子どもが進学競争に巻き込まれないように極力努力したつもりである	－.065	－.195	.133	.036	.392
	寄与率（％）	17.499	6.084	5.086	3.890	2.815
	累積寄与率（％）	17.499	23.583	28.669	32.559	35.374

し，項目の粗点の合計を算出しその因子に対応する下位尺度得点とした．

　さて，各因子についてその内容から検討を行ってみる．はじめに父親についてみる．第1因子であるが5．「入学する大学は，できるだけ偏差値が高い大学が望ましいと考えていた」，16．「学歴は，有利な人生設計のための手段となりうるものだと思っていた」など，学歴の有効性を認め有名大学に進学することを積極的にすすめるもので学歴志向の因子と命名した．第2因子は40．「現在の日本の受験制度は，それほどひどいものだとは思わなかった」，4．「親の側から見ても，進学競争の激しさには賛成しかねることが多かった」などの項目を含むことから進学競争の是認の因子と命名した．第3因子は7．「子どもの進学や受験のことには，はじめから関心はなかった」という項目に代表されるような進学に対する無関心の因子である．これらの因子に対応する尺度得点の信頼性係数であるが，第1因子が.89，第2因子が.67，第3因子が.49であり，第3因子の信頼性が低い．

　次に母親についても同様の検討をしてみるが，第1因子，および，第2因子は父親の第1因子，第2因子とほぼ対応するもので，それぞれ学歴志向，進学競争の是認の因子と命名した．第3因子は28．「中学，高校時代は育ち盛りだから本当は好きな趣味やスポーツに打ち込んで欲しかったというのが本音である」，13．「わが家は進学競争や受験戦争とは無関係であり，関心をもったことはなかった」といった項目から構成されており進学に対する無関心の因子，第4因子は7．「子どもの進学や受験のことには，はじめから関

心はなかった」，10.「知名度のある大学に進学するよりも，資格や技術の身に付く大学に進学して欲しかった」という項目が該当し資格取得志向の因子，第 5 因子は 41.「附属校に進学したり，推薦制度を利用することで受験戦争に巻き込まれないで済むことは，大変よいことだと思っていた」，39.「子どもが進学競争に巻き込まれないように極力努力したつもりである」という項目から進学競争回避の因子と命名した．各因子に対応する尺度得点の信頼性であるが，第 1 因子 .85，第 2 因子 .65，第 3 因子 .66，第 4 因子 .56，第 5 因子 .39 となっており，第 3 因子以下は 2 項目のみで構成された尺度のため信頼性は高くなく，とくに，第 5 因子は実質的に尺度として使用することは難しいと思われる．

（2）両親の学業や学歴面での達成を重視する信念が子どもの他者志向的動機にあたえる影響

まず，研究 7-1 において学習動機づけの中でも子どもの学業や学歴面での達成を重視する信念にとくに影響を与えていた「他者志向的動機づけ」についてみてみる．この動機づけは両親や家族のために学習に動機づけられるというもので，両親の信念からの影響をもっとも受けやすいと思われたからである．

そこで，両親の学業や学歴面での達成を重視する信念についての下位尺度が子どもの他者動機づけの下位尺度に対して与えているかを検討するために，両親の学業や学歴面での達成を重視する信念のうち父親の 3 つの下位尺度と母親の下位尺度のうち信頼性が極めて低い第 5 因子に対応する下位尺度を除いた 4 尺度を説明変数，他者志向的動機づけの尺度得点を従属変数とする重回帰分析を男女別に実施した．重回帰分析はステップワイズ法により β の有意水準が 5 ％に満たないことを変数投入の打ち切り基準とした．その結果，まず，男子については父親の「学歴志向」の下位尺度が他者志向的動機づけに有意な影響を与えている変数として投入された（表 7-18-1 参照）．つづい

表7-18-1　両親の学業，学歴面での達成を重視する信念が子どもの他者志向的動機にあたえる影響についての重回帰分析（男子）

投入した変数	非標準化係数 B	標準誤差	標準化係数 ベータ	t値	R^2
段階1　学歴志向（父親）	.058	.020	.194	2.938**	.038

（注）**p<.01

表7-18-2　両親の学業，学歴面での達成を重視する信念が子どもの他者志向的動機にあたえる影響についての重回帰分析（女子）

投入した変数	非標準化係数 B	標準誤差	標準化係数 ベータ	t値	R^2
段階1　学歴志向（母親）	.123	.026	.386	4.735***	.149
段階2　学歴志向（母親）	.105	.026	.329	4.019***	.201
学歴志向（父親）	.074	.026	.235	2.879**	

（注）***p<.001，**p<.01

て，女子の場合は，父親と母親の「学歴志向」の2つの下位尺度が有意な変数として投入された（表7-18-2参照）．以上の結果から，両親の学業や学歴面での達成を重視する信念が子どもの学習動機づけのうち他者志向の動機に影響を与えていることが見いだされた．

（3）両親の学業や学歴面での達成を重視する信念が子どもの学習動機づけ，信念を経由しタイプAの形成に与える影響の検討

つぎに，両親の学業や学歴面での達成を重視する信念が子どもの学習動機づけに影響を与え，それが，研究7-1でモデル化した子どもの学業や学歴面での達成を重視する信念を経てタイプAの発達に至るプロセスを1つのモデルとして検討してみることとする．

モデルの検討にあたってはこれまでと同様に共分散構造分析によるパス解析を用い，因果関係のモデルを構成し検討することとした．計算に使用したプログラムは同じくAmos（version 5.0.1）である．分析は子どもの男子，女

子の別に行った.

　モデルは，4つの逐次的な水準からなっている．まず，両親の学業や学歴面での達成を重視する信念の水準，つぎに，子どもの学習動機づけの水準，そして，子どもの学業や学歴面での達成を重視する信念の水準，そして，最後にタイプAとなる．このうち，4番目の水準となるタイプAについては改訂版タイプA行動パターン評価尺度の3つの下位尺度を観測変数とする潜在変数を仮定することとした．ただ，他の3つの水準はそれぞれの尺度得点を観測変数としそれに対応する潜在変数を仮定するにあたっては，さまざまなモデル化の可能性が考えられた．そこで，その可能性を考慮しいくつかのモデルを構成し，また，パラメーターの設定，観測変数の取捨なども様々に試みながら，適合度に関する諸指標，変数間のパス係数の値などを参考にもっとも適切と考えられるモデルを男女のそれぞれについて採用した．標準化されたパス係数を図示したパスダイアグラムを図7-4-1，図7-4-2に示した.

　さて，両親の学業や学歴面での達成を重視する信念のうち，男子については父母の別にそれぞれ下位尺度を観測変数とする潜在変数が仮定されたが，女子については，父親の下位尺度得点を観測変数とする潜在変数を仮定した場合のモデルは不適解となった．そこで下位尺度から直接子どもの学習動機づけに至るパスを仮定することとなった.

<u>モデルの全体的評価</u>：全体的なモデルの評価であるが，男子についていえば $\chi^2 = 73.11$（df = 50, p = .02），GFI = .94，AGFI = .91，RMR = 1.84，RMSEA = .05．女子では $\chi^2 = 54$（df = 42, p = .10），GFI = .92，AGFI = .88，RMR = 4.59，RMSEA = .05となっており一定の適合度を示している.

<u>モデルの部分的評価</u>：つぎに個々のパス係数を参照しながら変数間の因果関係について検討する．4つの水準のうち子どもの学習動機づけから子どもの学業や学歴面での達成を重視する信念を経由しタイプAに至る部分は研究7-1で検討したモデルとほぼ同じものとなっている．父母の学業や学歴面での達成を重視する信念から学習動機づけに至る流れについてみてみる．男子

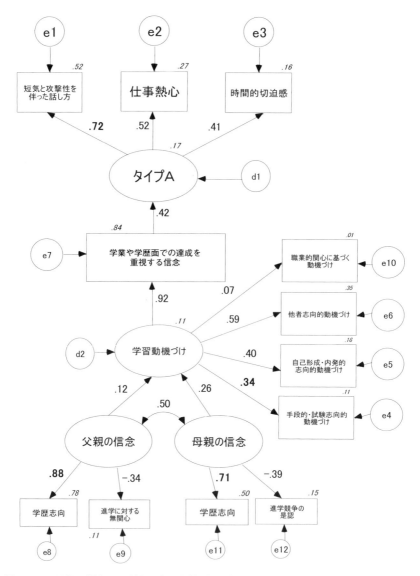

図 7-4-1 両親の信念が子どもの学習動機づけ，信念を経てタイプAに与える影響（男子）
（注）パス係数のうち太字のものはモデルによって1に固定されたことを，また，斜体の数字は説明率を示す．

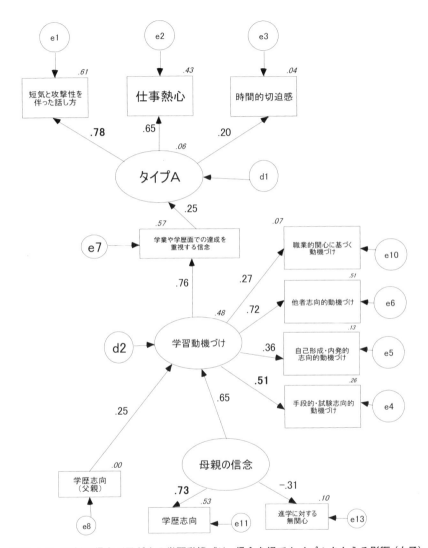

図 7-4-2　両親の信念が子どもの学習動機づけ，信念を経てタイプAあたえる影響（女子）
(注) パス係数のうち太字のものはモデルによって固定されたことを，また，斜体の数字は説明率を示す．

については，父母それぞれに2つの潜在変数が仮定されているが，父親の場合は「学歴志向」および「進学に対する無関心」，母親の場合は「学歴志向」および「進学競争の是認」のそれぞれ2つの尺度得点のみが観測変数として採用されている．また，2つの潜在変数から子どもの学習動機づけの潜在変数に至るパスのパス係数はあまり高いものとはいえなかった．一方，女子についてであるが，父親の「学歴志向」の尺度得点のみが子どもの学習動機づけに相当する潜在変数に影響しているが，この関係も必ずしも強いとはいえない．しかし，母親の「学歴志向」，「進学に対する無関心」の2つの尺度得点を観測変数とした潜在変数から子どもの学習動機づけに至るパスのパス係数の値は比較的高くなっており，母親の学業や学歴面での達成を重視する信念が女子の学習動機づけに与える影響が一定以上のものであることがわかる．

5．考察

本研究では，両親の学業や学歴面での達成を重視する信念が子どもの学習動機づけ，信念を経由しタイプAの形成に与える影響についてモデル化を行い，その妥当性を検討した．その結果，とくに本研究でとくに着目した両親の学業や学歴面での達成を重視する信念については，母親のそれが女子の学習動機づけに与える影響が比較的強いものが確認されたが，他については関係は認められたものの必ずしも強いものではなかった．

Price（1982）のモデルでも規定要因としての信念は媒介手段を通して社会的，文化的な価値観から影響を受けるものとされているが，その媒介手段の1つとして家庭があげられていることは第4章，第5章でも紹介した．したがって，そうした家庭の役割を考慮すれば，信念の形成にあたって両親の信念が影響していると仮定したことは根拠のないことではない．しかし，本研究で扱ったような両親の信念が子どもにある種の動機づけを生起させそれが信念に影響するというモデルは，媒介手段そのものを同定しモデルの中に組み込んで実証した訳ではない．むしろ，ある種の認知的な成分の関連から間

接的に媒介手段の存在を仮定しているだけである．すると，やはり，社会的，文化的な価値観の反映であるところの両親の信念が子どもの信念に影響するプロセスを検討するにあたっては，媒介手段そのものを取り上げるべきであろう．そのような場合，その有力な候補として考えられるのが，すでに第5章などでも述べた養育態度である．両親の養育態度がタイプAの形成に影響を与えていることはすでに数多く報告されている（たとえば，Castro, et al., 1999; Forgays, 1996; Matthews, et al., 1986; Raeikkoenen & Keltikangas-Jaervinen, 1992a など，詳細は第2章参照）．さらに，本書でもしばしば言及している山崎(1995)のモデルでは養育態度はタイプAの発達に影響する直接的要因として位置づけられている．したがって，両親の信念が子どものタイプAの発達に与える影響を検討するにあたっては，この養育態度を取り入れたモデルを検討する必要があると考えられる．

第8節　両親の学業や学歴面での達成を重視する信念と両親自身のタイプAとの関係（研究8）

1．問題の所在

研究7-2では，両親の学業や学歴面での達成を重視する信念が子どもの学習動機づけを通して子どもの学業や学歴面での達成を重視する信念の形成に至り，タイプAの形成に寄与している可能性が検討された．

次に，この両親の学業や学歴面での達成を重視する信念の性質について考えてみる．この両親の学業や学歴面での達成を重視する信念は，Price (1982)のモデルで仮定されたタイプAの遠因として社会文化的信念と随伴システム（socioculural beliefs and contingency system），つまり，社会文化的な価値観に相当し，それが両親において子どもの養育に関連して形成された信念と考えられる．ところが，この両親における学業や学歴面での達成を重視する信念は，単なる社会文化的な価値観の反映として片づけ切れない．つま

り，両親におけるこの信念と同じものが子どもにおいてはタイプA形成の主たる要因の一つになっているのである．したがって，両親が子どもに対し学業や学歴面での達成を重視する信念をもつことが，父母自身のタイプAとも無関係であるとはいえないであろう．そこで本研究では，両親の学業や学歴面での達成を重視する信念と両親自身のタイプAとの関係を検討してみることとする．

2．目的

大学生の子どもをもつ父母を対象とし両親の学業や学歴面での達成を重視する信念と自身のタイプAとの関係を探索的に検討する．

3．方法

（1）対象者

大学生の子どもをもつ父母704名（父親352名，母親352名）．この対象者は研究7-2の父母と同一のものである．

（2）調査に用いた質問紙

<u>両親の学業や学歴面での達成を重視する信念を測定する質問紙</u>：研究7-2で用いたものと同一のものである（表7-16参照）．
<u>タイプAを測定するための質問紙</u>：研究7-2と同様に岡崎ら（1995）によって作成された改訂版タイプA行動パターン評価尺度が実施されている．

（3）手続き

上記の2つの質問紙と関連する他の研究目的のための質問紙を含め1つの冊子に綴じたものを対象者の子どもの大学での授業時に配布し，それぞれ自宅に持ち帰り無記名で記入するように依頼した．その際，本研究の調査内容に該当する箇所については両親が記入するように子どもに指示した．そして，

記入してもらった質問紙を，次回以降の授業時に子どもを通して回収した．なお，実施にあたって本調査は研究のために行われるもので成績評価とは関係ないこと，プライバシーの保護には十分配慮すること，本人，父母いずれの対象者についても回答できない事情がある場合，回答したくない場合などは回答を拒否できることが伝えられた．

4．結果

まず，両親の学業や学歴面での達成を重視する信念を測定する質問紙については，研究7-2で実施した因子分析の結果（表7-17-1，および，表7-17-2参照）に従い父親については「学歴志向」「進学競争の是認」「進学に対する無関心」，母親については「学歴志向」「進学競争の是認」「進学に対する無関心」「資格取得志向」の各因子に対応する下位尺度得点を算出した．

そして，両親の学業や学歴面での達成を重視する信念とタイプAとの関連を検討するために，タイプA行動パターン評価尺度の3つの下位尺度得点，および，それら3つの下位尺度の合計得点と，父母それぞれの学業や学歴面での達成を重視する信念を測定する質問紙との間の相関係数を算出した．なお，分析にあたっては父母それぞれの子どもの男女の別に実施した（表7-19-1～表7-19-4を参照）．

全体的な傾向として子どもの男女に関わりなく父親の「学歴志向」の尺度得点はタイプAの3つの下位尺度得点，あるいは，合計得点との間に有意な相関係数が得られている．しかし，母親との関係についてみれば，子どもが男子の場合は「学歴志向」の下位尺度得点とタイプAの「短気と攻撃性を伴った話し方」「合計得点」との間で，子どもが女子の場合は「資格取得志向」の下位尺度得点とタイプAの「短気と攻撃性を伴った話し方」「合計得点」との間で弱い有意な相関が見られた程度にとどまった．

なお，これらの相関係数による検討結果に基づき，両親の学業や学歴面での達成を重視する信念と両親自身のタイプAの関係をモデル化することを目

表7-19-1 タイプA行動パターン評定尺度と父親の学業や学歴面での達成を重視する信念を測定する質問紙との間の相関係数

(男子　N=220)

タイプA	学歴志向	進学競争の是認	進学に対する無関心
短気と攻撃性を伴った話し方	.262***	.012	.037
仕事熱心	.172*	-.022	-.025
時間的切迫感	.220**	-.036	.000
合計得点	.301***	-.006	.019

(注) ***p<.001, **p<.01, *p<.05

表7-19-2 タイプA行動パターン評定尺度と母親の学業や学歴面での達成を重視する信念を測定する質問紙との間の相関係数

(男子　N=220)

タイプA	学歴志向	進学競争の是認	進学に対する無関心	資格取得志向
短気と攻撃性を伴った話し方	.162*	.022	.087	-.004
仕事熱心	.087	.037	-.033	.008
時間的切迫感	-.011	.072	-.001	-.052
合計得点	.145*	.047	.047	-.011

(注) *p<.05

表7-19-3 タイプA行動パターン評定尺度と父親の学業や学歴面での達成を重視する信念を測定する質問紙との間の相関係数

(女子　N=130)

	学歴志向	進学競争の是認	進学に対する無関心
短気と攻撃性を伴った話し方	.244**	.240**	-.116
仕事熱心	.173*	.130	-.062
時間的切迫感	.211*	-.131	.009
合計得点	.281**	.191*	-.103

(注) **p<.01, *p<.05

表7-19-4 タイプA行動パターン評定尺度と母親の学業や学歴面での達成を重視する信念を測定する質問紙との間の相関係数

(女子　N=130)

	学歴志向	進学競争の是認	進学に対する無関心	資格取得志向
短気と攻撃性を伴った話し方	.112	.150+	.062	.202*
仕事熱心	.154+	-.086	-.110	.112
時間的切迫感	-.073	.140	.039	.125
合計得点	.126	.091	-.001	.211*

(注) *p<.05, +p<.10

的とし，これまでと同様に共分散構造分析による検討を行ってみた．分析にあたっては，同じくタイプA行動パターン評価尺度の3つの下位尺度を観測変数とするタイプAについての潜在変数を，一方，学業や学歴面での達成を重視する信念についてそれぞれの下位尺度を観測変数とする潜在変数を仮定し，これら2つの潜在変数の関係をみるモデル化を行った．計算にあたっては，観測変数の取捨，パラメーターの設定，潜在変数と観測変数の関係などについてさまざまな検討を行ったが，父親，母親のいずれの場合についても不適解が得られるに留まった．

5．考察

　本研究の結果から大学生の両親における学業や学歴面での達成を重視する信念とタイプAとの関係は，父親のほうが母親よりややはっきりと見られることが分かった．信念とタイプAとの関係については，大学生を対象にした研究4，研究6などでも女子よりも男子のほうが比較的はっきりとみられたこととも通じるものがある．

　ところで，大学生やそれ以下の年齢層を対象とした場合，学業や学歴面での達成を重視する信念をタイプAの規定要因として仮定することについては理論的な問題は比較的少ないと思われるが，父母を対象とした場合は同じ因果関係は仮定できるとは限らない．もちろん，父母も自らの成育過程で本研究で扱ったような学業や学歴面での達成を重視する信念と類似のものを形成し，それが規定要因としてタイプAを形成している可能性は考えられる．しかし，本研究で測定した学業や学歴面での達成を重視する信念は子どもの進学，学業について評定するように求められたものであり，自分自身についてのものではない．したがって，タイプAとの因果関係で言えば，本研究の場合，おそらくタイプAが時間的に先行し信念がそれに続くと考えたほうが自然であろう．そのように考えると，父親が母親よりややはっきりとタイプAと学業や学歴面での達成を重視する信念との関係が見られたことについても，

研究4，研究6などの男女差とは異なる点から考察してみる必要があるかもしれない．

本研究では父母の職業などについての具体的な調査を行わなかったため推測にすぎないが，母親については一定程度専業主婦が含まれている可能性が考えられる．一般にタイプA者は職業上の地位などに関連し競争的な特性などを顕在化させやすいが，そうした職業上の地位と学歴が密接に関係していることは容易に想像される．それに対し専業主婦は有職者と比べ学歴によって職業上の地位などが左右されることも少ないと思われる．そのように考えると本研究において専業主婦がある程度含まれていると思われる母親のタイプAと学業や学歴面での達成を重視する信念が，父親に比べ，明確でなかったことも説明できるであろう．

このようなことがもしいえるのであれば，研究5-1などで述べた信念とタイプAとの関係が双方向的であるという仮説を間接的に裏付けることにもなる．すなわち，タイプAの規定要因となる信念がタイプAを形成し，そうして形成されたタイプA的行動をすることがより達成的，競争的な場面に直面する機会を増し，それが再び信念に影響し信念内容が少しずつ変容してゆくという仮説のことである．

もちろん，以上の考察はかなりの憶測を含んだものであるが，タイプAと信念との関係を考える上で示唆するところがあるように思われる．

第9節　本章の要約

本章では，タイプAの規定要因として信念にかかわる諸問題を検討した．まず，研究4では，Price（1982）やThruman（1984）などの記述に基づきタイプA者に特徴的な競争的，達成的な信念がタイプAの規定要因として位置づけられることを確認した．ついで，成人以前のタイプAの発達における信念の役割を検討した．研究5-1では小学生を対象とし，研究5-2では中学生

を対象とし学業や学歴面での達成を重視するような信念がタイプAと関連していることを明らかにした．さらに，研究6では大学生に過去のことも含め学業達成や進学を重視するような信念を評定してもらいそれが現在のタイプAに影響していることを検討したが，この研究では男子ではその影響が比較的明確に認められていたが，女子では必ずしもはっきりとした結果は得られなかった．つづく，研究7-1では，大学生の学業や学歴面での達成を重視するような信念が過去の学習動機づけの影響を受けていることを明らかにした．また，この学習動機づけのなかでも父母や家族のために学習するといった他者志向的な動機づけの影響が大きかったことから，つぎの研究7-2では父母の学業や学歴面での達成を重視するような信念が子どもの学習動機づけや信念の形成に与えている可能性を検討した．最後に，研究8では，父母の学業や学歴面での達成を重視するような信念が父母自身のタイプAと関連を有しているかを検討し，父親についてはそのような信念とタイプAの相関が弱いながら確認された．

第8章　タイプAの発達に寄与する養育態度および
それらに関連する要因についての検討

第1節　養育態度の要因の再検討の必要性

　前章では Price（1982）の認知社会的モデルなどにおいて仮定されながら十分な実証が行われてこなかったタイプAの規定要因として認知過程，すなわち，信念が存在し，それがいわゆるタイプAとされる行動を発現させている可能性を明らかにした．また，その信念の形成に両親の信念が影響している可能性も検討した．ただ，研究8のモデルでは，両親の信念が子どものタイプAの発達のプロセスに与える影響については，必ずしも，十分な結論は得られなかった．その理由として，信念が子どもに影響する際の媒介手段（vehicles）が具体的に測定されていなかったということが推測された．

　この章では，そうした第7章の議論も踏まえつつ，第5章第2節で3つめの検討すべき点として取り上げた，養育態度をめぐる仮説について検討してみたい．

　タイプAの発達に養育態度が大きく関わっていることは第2章で紹介した諸研究などからもすでにわかっている．したがって，本書ではそれらに屋上屋を架すようなことをあえて行うつもりもない．本章でとりあげる仮説とは，その養育態度が，社会的価値観，とくに，その産物であり成人期以前の対象者にとって切実な問題でもある学業や学歴面での達成を重視する信念を伝達する媒介手段としての機能を果たしているというものである．

　第5章第2節でも述べたように，これまで20近く行われたタイプAの発達に関する養育態度研究はこの視点が欠けており，細部の不一致だけが目立っていた．しかし，タイプAが発達を社会文化的な価値観を背景に有すること

と，また，タイプAが認知過程，すなわち，信念を規定要因としそれによって行動が発現するという視点にたって考えるとき，養育態度が社会的な価値観を伝達する媒介手段として位置づけられる可能性は大きく，それはPrice (1982) のモデルでもそのように扱われてきた．ただ，すでに指摘したようにその実証がなかったのである．

　以下，この章では，まず，研究9-1で小学生を対象として，タイプAの発達に関連する養育態度が学業や学歴面での達成を重視する信念を媒介手段として果たしている役割について検討する．続く，研究9-2では同じ役割について中学生を対象として検討する．さらに研究10以降ではそれらの結果や前章の研究7-2などの結果をもとにタイプAの発達における養育態度の影響の因果モデルの吟味を行ってゆく．以上の研究につづいて，タイプAの発達に影響する要因として養育態度を補うものとして位置づけられるモデリングの効果について検討する（研究11）．

第2節　小学生におけるタイプAとそれに関連する養育態度の検討（研究9-1）

1．本研究の目的

　小学生のタイプAと関連している養育態度を特定する．そして，その養育態度が学業や学歴面での達成の重視を伝達する信念を伝達する媒介手段としての役割を果たしタイプAの発達に寄与している可能性について検討する．

2．方法

（1）対象者[1]

　関東地方の政令指定都市の小学校に在籍する5年生および6年生児童．対

---

[1] この対象者は研究5-1の対象者と重複している．

象者数は 5 年生119名（男子53名，女子66名），6 年生104名（男子51名，女子53名）の合計223名である．この対象者は調査当日欠席した者，および，調査の記入に大幅な不備があり対象者に含めなかった若干の者を除き，この小学校の 5，6 年児童の全員にあたる．なお，一部の調査項目に欠損値がありすべての分析において上記の人数が確保されているわけではないが，それについては分析の際必要に応じて数字を示す．

（2）調査に用いた質問紙

<u>タイプAを測定する質問紙</u>：Hunter-Wolf A-B 評定尺度（Wolf, Hunter & Webber, 1979）の日本版（大芦，2003）を用いた．これまでと同様に 4 件法で実施した．

<u>両親の養育態度を問う質問</u>：両親の養育態度を問う質問は両親に直接評定させた研究もあるが（たとえば，Matthews, et al., 1986; Yamasaki, 1990），対象者である子どもからみた両親の養育態度を評定させているものもかなり報告されている（たとえば，Castro, et. al. 1999; Forgays, 1996）．本研究も子どもからみた両親の養育態度を評定させることになるが，本研究のデータが直接，両親から得られたものでないとしても上記のような先行研究との比較検討は可能と思われる．用いた質問項目は表 8-1 に示されたように母親，父親に関する項目がそれぞれ 9 項目，合計18項目からなる．この18項目の選定にあたっては以下のような予備調査を行った．まず，大学生268名（男子164名，女子104名）とその両親を対象として，大学生にはタイプ行動パターンA評価尺度（山崎・大芦・塚田，1994；項目については表 8-7 を参照）を，両親には田研式親子関係診断検査（品川・品川，1958）の表現を一部改めたものを実施した．そして，その大学生のタイプA行動パターン評価尺度の合計得点と田研式親子関係診断検査のすべての項目との相関関係を算出し，有意な相関が得られた項目を列挙してみた．そして，それらの項目を参考に，学業や学歴面での達成を重視する信念の内容を反映した養育態度に関する項目，10項目を作成した．そ

して，小学校教諭（女性，経験年数約25年）に研究の趣旨を理解してもらったうえでそれらの項目の検討を依頼し意見を得て，さらに，一部の項目の改変，削除，あるいは，漢字の表記，ふりがな，語句などを必要に応じ小学生に適したように調整し，9項目を確定した．そして，それらの9項目を父親用，母親用としてそれぞれ構成した．その結果，両親の養育態度を問う質問として最終的に合計18項目からなる質問紙が作成された（表8-1）．なお，この質問紙も4件法（「とてもよくあてはまる」「よくあてはまる」「あまりあてはまらない」「まったくあてはまらない」）で実施された．

（3）手続き

上記の2つの質問紙を他の研究のために用意した質問紙と一緒に1つの冊子にして準備した．実施に当たっては担任が課外活動の時間などを利用しクラスごと無記名で実施し，回収した．実施にあたって本調査は大学での研究のために行われるもので成績評価とは関係ないこと，どうしても回答したくない場合は回答しなくてもよいことが伝えられた．

3．結果

両親の養育態度によって子どものタイプA傾向に差が見られるかどうかを確認するための検討は以下のようにして行った．まず，両親の養育態度を問う質問のそれぞれについて「とてもよくあてはまる」「よくあてはまる」のどちらかを選んだ場合は，その養育態度についての該当者とし，逆に「あまりあてはまらない」「まったくあてはまらない」のいずれかを選んだ場合は非該当者とした．そして，すべての項目について該当者と非該当者の間でタイプA得点に差が見られるかどうかを検討した．なお，本研究では養育態度を問う質問の個々の項目とタイプAとの関連をみるという方法をとるが，それは主に以下のような理由による．すなわち，①今回用いた養育態度を問う質問は合計18項目であるが，実際には父親9項目，母親9項目である．通常

表8-1 小学生を対象に実施した両親の養育態度を問う質問

項　目
1. 「将来はできるだけよい学校にはいるように」と母からいわれます
2. 母からできるだけよい成績をとるようにといわれます
3. 母はいつも「勉強をしなさい」といいます
4. 母はわたしが何かをするとすぐに「それをしてはいけない」と注意をします
5. 母はわたしの食事や着ている服などのことで いつも注意をします
6. 母はわたしが何を勉強しているか どのような宿題をやっているかなどといったことをいろいろと聞きたがります
7. 母はわたしが学校や外でどのような友達と遊んでいるかいろいろと知りたがります
8. 母はわたしの将来に期待しています
9. 母はわたしがお小遣いをどのように使うのかいろいろと聞こうとします
10. 「将来はできるだけよい学校にはいるように」と父からいわれます
11. 父からできるだけよい成績をとるようにといわれます
12. 父はいつも「勉強をしなさい」といいます
13. 父はわたしが何かをするとすぐに「それをしてはいけない」と注意をします
14. 父はわたしの食事や着ている服などのことで いつも注意をします
15. 父はわたしが何を勉強しているか どのような宿題をやっているかなどといったことをいろいろと聞きたがります
16. 父はわたしが学校や外でどのような友だちと遊んでいるかいろいろと知りたがります
17. 父はわたしの将来に期待しています
18. 父はわたしがお小遣いをどのように使うのかいろいろと聞こうとします

（注）教示は以下のように行った．
　このページにはしつもんが18あります．それぞれのしつもんについて「とてもよくあてはまる」「よくあてはまる」「あまりあてはまらない」「まったくあてはまらない」のどれかに○をつけてこたえてください．もしお父さんかお母さんのどちらかのことが答えられない場合はその部分は○をつけなくてもかまいません．

のような多変量解析を用い尺度化を行う場合，父母それぞれ別に分析することになるが，比較的少数の項目を因子分析し複数因子を抽出するとなると信頼性の高い尺度が得られにくいおそれがある．②また，本研究では，タイプAを促進する養育態度がとくに学業や学歴面での達成を重視する両親の信念を反映しているかどうかを確認することを1つの目的としている．母親，父

親に関するそれぞれの9項目はそうした信念を反映すること意図し作成されたが，実際は，その色彩の強い項目もある一方，旧来から指摘されていた過干渉，高い達成欲求などといった側面が比較的強く表現されている項目もある．したがって，それらそれぞれに項目表現の異なる項目を尺度化し合計得点を求め検討するより個々の項目をタイプAと関連づけてみることで，タイプAを促進する養育態度が学業や学歴面での達成を重視する両親の信念をどのように反映されているかをより明確に確認できると考えた．という2つがそれである．ところで，Yamasaki（1990）やRaeikkoenen（1993）などの研究では養育態度が与える影響が子どもの性別によって差があることも指摘されているので，本研究では性別の要因も考慮した．したがって，該当者－非該当者の群分けの要因（以下，群分けの要因と略する）と性別の要因を独立変数としタイプAを従属変数とした2×2の分散分析を実施した．

　該当者－非該当者，および，男女に分割した平均値，標準偏差および検定結果を表8-2に示した．まず，1．2．8．17．で群分けの要因の主効果が見られ，該当者は非該当者よりもタイプA得点が高くなっていることが確認された（それぞれ，$F(1.219)=6.63$, $p<.05$; $F(1.219)=7.37$, $p<.001$; $F(1.219)=7.80$, $p<.001$; $F(1.213)=13.02$, $p<.001$）．これらの項目をみてみると1．「「将来はできるだけよい学校にはいるように」と母からいわれます」，2．「母からできるだけよい成績をとるようにといわれます」，8．「母はわたしの将来に期待しています」，17．「父はわたしの将来に期待しています」であった．また，10．「「将来はできるだけよい学校にはいるように」と父からいわれます」でも有意な傾向がみられるなど（$F(1.213)=3.03$, $p<.10$），いずれも親が子どもの学業や学歴面での成功を期待しているような態度と子どものタイプAの高得点が関係していることが分かる．また，父親に関する項目にあたる12．17．18．では有意な交互作用が確認された．このうち17．「父はわたしの将来に期待しています」では，女子における該当者と非該当者とのタイプA得点の差が男子のそれよりも大きかった．つまり，女子の場合の

表 8-2　両親の養育態度と性別とで分けた場合の各群の統計値，検定結果

問題番号　項目 (項目はスペースの都合で一部表現を簡略化した)	非該当者群		該当者群		検定結果 (F値，有意確率)		
	男子	女子	男子	女子	性差	群間差	交互作用
1. 母:「将来はできるだけよい学校にはいるように」という	41.45(6.51) 58	41.11(7.06) 79	43.33(6.53) 46	43.95(5.89) 40	.25	6.63*	.60
2. 母:できるだけよい成績をとるようにといわれる	39.74(7.04) 38	41.67(6.95) 66	43.74(5.83) 66	42.57(6.64) 53	.17	7.37**	2.96+
3. 母:いつも「勉強をしなさい」という	41.86(6.47) 36	42.16(6.48) 62	42.50(6.64) 68	42.00(7.19) 57	.02	.06	.20
4. 母:何かをするとすぐに「それをしてはいけない」と注意をする	41.35(6.94) 54	42.37(6.84) 83	43.28(6.02) 50	41.36(6.76) 36	.23	.24	2.48
5. 母:食事や着ている服などのことでいつも注意をします	42.40(6.29) 77	42.08(6.67) 100	41.93(7.38) 27	42.00(7.63) 19	.01	.06	.03
6. 母:何を勉強しているかどのような宿題をやっているかなどといったことを聞く	41.15(6.73) 54	42.15(6.76) 69	43.50(6.20) 50	41.96(6.92) 50	.09	1.45	1.98
7. 母:学校や外でどのような友達と遊んでいるか知りたがる	41.79(6.33) 56	42.03(6.30) 58	42.85(6.83) 48	42.10(7.29) 61	.08	.39	.31
8. 母:わたしの将来に期待している	41.67(6.45) 52	40.41(6.30) 66	42.89(6.66) 52	44.13(6.89) 53	.00	7.80**	2.02
9. 母:小遣いをどのように使うのか聞こうとする	41.58(5.59) 74	42.25(6.90) 83	44.00(8.34) 30	41.64(6.63) 36	.74	.84	2.39
10. 父:「将来はできるだけよい学校にはいるように」といわれる	41.67(6.77) 64	41.58(7.07) 83	43.13(6.18) 39	43.55(6.37) 31	.03	3.03+	.07
11. 父:できるだけよい成績をとるようにといわれる	41.72(7.20) 57	42.03(6.12) 73	42.85(5.69) 46	42.27(7.79) 41	.02	.53	.22
12. 父:いつも「勉強をしなさい」という	43.03(6.80) 66	41.41(6.31) 84	40.78(5.93) 37	44.10(8.16) 30	.73	.05	6.26*

(次のページにつづく)

問題番号　項目 (項目はスペースの都合で一部表現を簡略化した)	非該当者群		該当者群		検定結果 (F値，有意確率)		
	男子	女子	男子	女子	性差	群間差	交互作用
13. 父：何かをするとすぐに「それをしてはいけない」と注意をする	42.40(6.73) 72	42.09(6.89) 80	41.81(6.24) 31	42.18(7.06) 34	.00	.06	.12
14. 父：食事や着ている服などのことでいつも注意をします	42.78(6.46) 83	42.17(6.95) 104	39.90(6.65) 20	41.50(6.87) 10	.13	1.62	.63
15. 父：何を勉強しているかどのような宿題をやっているかなどといったことを聞く	42.56(6.81) 75	42.16(6.66) 87	41.32(5.87) 28	41.96(7.81) 27	.01	.46	.24
16. 父：学校や外でどのような友達と遊んでいるか知りたがる	42.17(6.60) 78	42.02(6.90) 89	42.40(6.58) 25	42.44(7.11) 25	.00	.09	.01
17. 父：わたしの将来に期待している	41.61(6.40) 51	40.33(6.71) 76	42.83(6.73) 52	45.68(5.93) 38	.75	13.02***	5.16*
18. 父：小遣いをどのように使うのか聞こうとする	42.92(6.44) 85	41.92(6.89) 98	38.89(6.23) 18	43.31(7.15) 16	1.86	1.12	4.72*

(注1) セル内は上段は平均値（標準偏差），下段は人数
(注2) 両親の養育態度を問う質問のそれぞれで「とてもよくあてはまる」「よくあてはまる」のどちらかを選んだ場合はその養育態度についての該当者とし，逆に「あまりあてはまらない」「まったくあてはまらない」のいずれかを選んだ場合は非該当者とした．
(注3) ***$p<.001$, **$p<.01$, *$p<.05$, +$p<.10$

ほうが男子よりも父から期待されているとタイプA傾向がより強くなるということであった．ところが，12.「父はいつも「勉強しなさい」といいます」，および，18.「父はわたしがお小遣いをどのように使うのかいろいろと聞こうとします」では男子と女子では該当者と非該当者の得点の方向が逆転していた．つまり，女子では12.「父はいつも「勉強しなさい」といいます」，あるいは，18.「父はわたしがお小遣いをどのように使うのかいろいろと聞こうとします」の該当する者のタイプA傾向が高くなるのに対し，男子ではこの傾向は逆になるのである．

4．考察

　本研究はこれまでのタイプAの発達と養育態度との関係を扱った研究が，養育態度の背後にある社会的な価値観が父母の信念となったものに考慮を払っていなかったことに目を向けた．そして主に，学業や学歴面での達成を重視する信念の内容を含む項目を中心に養育態度項目を用意し，それを児童のタイプAとの関係から検討してゆくという方法をとった．その結果一部ではあるが，用いた養育態度の項目に該当すると答えた児童のタイプAが高くなっていることが確認された．しかし，確認された項目数は少なく，また，父親では交互作用がみられた．ただし，それらの項目の内容をみるといずれも父母が学業や学歴面での達成を重視する信念を反映する養育態度であったことから，タイプAの発達に影響している養育態度がその父母の信念の影響を受けていることが示唆された．該当者と非該当者のタイプA得点に有意な差が見られた項目が少なかった理由としては，おそらく，児童期の段階ではタイプA自体が発達途上であることなども考えられるであろう．もう少し上の発達段階に属する者を対象として再検討してみる必要があると思われる．また，主に父親の養育態度で一部に交互作用がみられたことについては，父親の学業や学歴を重視する信念を反映する養育態度が男女では異なる影響を与えている可能性が読みとれるが，これについてはさらなる検討が必要と思われる．

第3節　中学生におけるタイプAとそれに関連する養育態度の検討（研究 9-2）

1．本研究の目的

　前節につづき，本研究では中学生のタイプAと関連している養育態度を検討する．そして，その養育態度が学業や学歴面での達成を重視する信念を伝達する媒介手段としての役割を果たしタイプAの発達に寄与している可能性

について考察する．

2．方法
（1）対象者[2]

　関東地方の政令指定都市の公立中学校の生徒299名．1年生153名（男子76名，女子77名），2年生146名（男子69名，女子77名）である．対象者は調査当日欠席したもの，および，調査の記入に大幅な不備があり対象者に含めなかったものを除き，この中学校の1，2年生の全員にあたる．なお，一部の調査項目に欠損値があり実際に分析された人数は上記と一致しないが，個々の結果の分析の際，その数を示す．

（2）調査に用いた質問紙

<u>タイプAを測定する質問紙</u>：Hunter-Wolf A-B 評定尺度の日本版（大芦，2003）を用いた．これまでと同様に4件法で実施した．

<u>両親の養育態度を問う質問</u>：研究9-1で用いたものとほぼ同じ母親についての項目，9項目，父親についての項目，9項目の合計18項目からなるもの（表8-3参照）．なお，今回は中学生を対象としていることを考慮し質問項目の表現などについて調査対象校とは別の中学校教諭（国語担当，経験年数約25年）に依頼しその意見にもとづき一部に修正を加えた．研究9-1と同様にこの質問紙も4件法（「とてもよくあてはまる」「よくあてはまる」「あまりあてはまらない」「まったくあてはまらない」）で実施された．

（3）手続き

　上記の2つの質問紙を中学校のクラス担任がホームルームの時間などを利用しクラスごとに無記名で実施し，回収した．なお，実施にあたって本調査

---

[2] この対象者は研究5-2の対象者と重複している．

表 8-3 中学生を対象に実施した両親の養育態度を問う質問

	項　　目
1.	「将来はできるだけよい高校や大学にはいるように」と母からいわれます
2.	母からできるだけよい成績をとるようにといわれます
3.	母はいつも「勉強をしなさい」といいます
4.	母はわたしが何かをするとすぐに「それをしてはいけない」と注意をします
5.	母はわたしの食事や着ている服などについていつも注意をします
6.	母はわたしが何を勉強しているか，どのような宿題をやっているかなどといったことをいろいろと聞きたがります
7.	母はわたしが学校や外でどのような友人と遊んでいるかいろいろと知りたがります
8.	母はわたしの将来を期待しています
9.	母はわたしが小遣いをどのように使うのかいろいろと聞こうとします
10.	「将来はできるだけよい高校や大学にはいるように」と父からいわれます
11.	父からできるだけよい成績をとるようにといわれます
12.	父はいつも「勉強をしなさい」といいます
13.	父はわたしが何かをするとすぐに「それをしてはいけない」と注意をします
14.	父はわたしの食事や着ている服などについていつも注意をします
15.	父はわたしが何を勉強しているか，どのような宿題をやっているかなどといったことをいろいろと聞きたがります
16.	父はわたしが学校や外でどのような友人と遊んでいるかいろいろと知りたがります
17.	父はわたしの将来を期待しています
18.	父はわたしが小遣いをどのように使うのかいろいろと聞こうとします

(注) 教示は以下のように行った.
　このページには質問が18問あります．それぞれの質問について「とてもよくあてはまる」「よくあてはまる」「あまりあてはまらない」「まったくあてはまらない」のどれかに○をつけてこたえてください．もし父母のどちらかのことが答えられない場合はその部分は○をつけなくてもかまいません．

は大学での研究のために行われるもので成績評価とは関係ないこと，どうしても回答したくない場合は回答しなくてもよいことが伝えられた．

3．結果

　両親の養育態度によって子どものタイプA傾向に差が見られかどうかを確

認するための検討は研究9-1に準じて以下のようにして行った．まず，両親の養育態度を問う質問のそれぞれについて「とてもよくあてはまる」「よくあてはまる」のどちらかを選んだ場合は，その養育態度についての該当者とし，逆に「あまりあてはまらない」「まったくあてはまらない」のいずれかを選んだ場合は非該当者とした．そして，すべての項目について該当者と非該当者の間でタイプA得点に差が見られるかどうかを検討した．また，研究9-1においても性別の要因も考慮したので，該当者―非該当者の群分けの要因（以下，群分けの要因と略する）と性別の要因を独立変数としタイプAを従属変数とした2×2の分散分析を実施した．各群別の平均値，標準偏差と検定結果を表8-4に示す．

　群分けの要因の主効果が見られた項目が18項目中8項目あった．その項目をみてゆくと，母親に関する項目では項目番号1．6．7．8．，父親に関する項目では項目番号10．11．16．17．の該当者と非該当者との間で差が見られた（以上順に，$F(1,294)=5.51$, $p<.05$; $F(1,294)=7.48$, $p<.01$; $F(1,294)=6.69$, $p<.05$; $F(1,294)=11.28$, $p<.01$; $F(1,285)=6.67$, $p<.05$; $F(1,285)=15.99$, $p<.001$; $F(1,285)=7.27$, $p<.001$; $F(1,285)=12.37$, $p<.01$)．質問内容を見ると1．「「将来はできるだけよい高校や大学にはいるように」と母からいわれます」，6．「母はわたしが何を勉強しているか，どのような宿題をやっているかなどといったことをいろいろと聞きたがります」，7．「母はわたしが学校や外でどのような友人と遊んでいるかいろいろと知りたがります」，8．「母はわたしの将来を期待しています」，10．「「将来はできるだけよい高校や大学にはいるように」と父からいわれます」，11．「父からできるだけよい成績をとるようにいわれます」，16．「父はわたしが学校や外でどのような友人と遊んでいるかいろいろと知りたがります」，17．「父はわたしの将来を期待しています」となっていた．また，性別の要因の主効果はいずれの項目についても見られなかったので，本研究の対象者のタイプA得点の性差はなかったといえる．また，性別の要因，群分けの要因の交互作用についてもい

表8-4 両親の養育態度と性別とで分けた場合の
タイプA得点の各群の統計値，検定結果

両親の養育態度を問う質問 (問題番号　項目)	非該当者群		該当者群		検定結果 (F値, 有意確率)		
	男子	女子	男子	女子	性差	群間差	交互作用
1．「将来はできるだけよい高校や大学にはいるように」と母からいわれます	41.70(4.86) 64	42.08(5.79) 77	43.52(6.34) 88	43.48(6.21) 69	.06	5.51*	.09
2．母からできるだけよい成績をとるようにといわれます	41.45(5.20) 51	42.30(5.84) 63	43.42(6.02) 101	43.07(6.16) 83	.13	3.36+	.72
3．母はいつも「勉強をしなさい」といいます	42.16(4.56) 51	42.94(5.83) 79	46.06(6.36) 101	42.51(6.26) 67	.03	.11	.89
4．母はわたしが何かをするとすぐに「それをしてはいけない」と注意をします	42.33(5.23) 96	42.43(5.86) 113	43.48(6.70) 56	43.79(6.48) 33	.07	2.66	.02
5．母はわたしの食事や着ている服などについていつも注意をします	42.45(5.38) 112	42.94(5.71) 114	43.63(6.90) 40	42.03(7.05) 32	.47	.03	1.68
6．母はわたしが何を勉強しているか, どのような宿題をやっているかなどといったことをいろいろと聞きたがります	42.10(5.37) 98	42.18(5.93) 110	43.94(6.43) 54	44.44(6.02) 36	.15	7.48*	.08
7．母はわたしが学校や外でどのような友人と遊んでいるかいろいろと知りたがります	41.79(5.51) 90	42.25(6.26) 87	44.16(6.00) 62	43.46(5.61) 59	.03	6.69*	.71
8．母はわたしの将来を期待しています	41.54(5.22) 82	42.01(5.97) 92	44.19(6.18) 70	43.98(5.93) 54	.39	11.28**	.24
9．母はわたしが小遣いをどのように使うのかいろいろと聞こうとします	42.31(5.90) 110	42.47(6.17) 121	43.93(5.47) 42	44.04(5.09) 25	.03	3.60+	.01

(次のページにつづく)

両親の養育態度を問う質問 （問題番号　項目）	非該当者群		該当者群		検定結果 （F値，有意確率）		
	男子	女子	男子	女子	性差	群間差	交互作用
10.「将来はできるだけよい高校や大学にはいるように」と父からいわれます	41.82(5.59) 77	42.20(6.05) 97	43.77(5.74) 71	43.91(5.68) 44	.13	6.67*	.03
11. 父からできるだけよい成績をとるようにといわれます	41.07(5.77) 73	41.96(5.81) 90	44.40(5.20) 75	44.10(6.07) 51	.18	15.99***	.75
12. 父はいつも「勉強をしなさい」といいます	42.22(5.92) 101	42.73(5.82) 109	43.91(5.14) 47	42.75(6.57) 32	.18	1.22	1.15
13. 父はわたしが何かをするとすぐに「それをしてはいけない」と注意をします	42.57(5.86) 101	42.60(5.83) 111	43.15(5.46) 47	43.20(6.55) 30	.01	.54	.00
14. 父はわたしの食事や着ている服などについていつも注意をします	42.73(5.68) 126	42.72(6.10) 128	42.91(6.09) 22	42.85(4.78) 13	.01	.02	.01
15. 父はわたしが何を勉強しているか，どのような宿題をやっているかなどといったことをいろいろと聞きたがります	42.72(5.98) 121	42.96(6.07) 112	42.89(4.47) 27	41.86(5.62) 29	.21	.29	.52
16. 父はわたしが学校や外でどのような友人と遊んでいるかいろいろと知りたがります	42.39(5.37) 120	42.67(5.96) 119	44.32(6.93) 28	45.23(5.55) 22	.19	7.27**	.32
17. 父はわたしの将来を期待しています	41.80(5.67) 80	41.79(5.62) 94	43.88(5.63) 68	44.61(6.26) 47	.27	12.37**	.29
18. 父はわたしが小遣いをどのように使うのかいろいろと聞こうとします	42.69(5.74) 130	42.70(5.99) 133	43.22(5.73) 18	43.25(6.11) 8	.01	.17	.00

（注1）セル内は上段は平均値（標準偏差），下段は人数
（注2）両親の養育態度を問う質問のそれぞれで「とてもよくあてはまる」「よくあてはまる」のどちらかを選んだ場合はその養育態度についての該当者とし，逆に「あまりあてはまらない」「まったくあてはまらない」のいずれかを選んだ場合は非該当者とした．
（注3）***p<.001，**p<.01，*p<.05，⁺p<.10

ずれの項目で分けた場合も確認されなかった．

4．考察

　本研究では，研究9-1と同様の方法で中学生を対象として養育態度とタイプAとの関連を検討した．小学生を対象とした研究9-1に比べ養育態度に関する項目の該当者のタイプA得点が有意に高くなる傾向が見られた項目数はかなり増加していた．おそらく，中学生の場合，小学生よりも，両親の受験，進学などに対しての意識が高まっており，両親の達成や競争を強調する態度が子どもの競争的，達成的なタイプA的行動の発現となって現れやすいのではないかと考えられる．

　なお，これら該当者，非該当者でタイプA得点に有意差が見られた項目のうち1．と10．，7．と16．，さらに，8．と17．については父について問うか母について問うかが違うのみの同じ内容の質問であった．父母についてのどちらかの質問項目のみで有意差が見られた項目としては，6．「母はわたしが何を勉強しているか，どのような宿題をやっているかなどといったことをいろいろと聞きたがります」と11．「父からできるだけよい成績をとるようにといわれます」の2項目でそれぞれ該当者のタイプA得点が高くなっていることが確認されたが，ここからうかがえるのは子どもと比較的接する時間が長いと思われる母親は子どもの学習の具体的内容に立ち入りがちだが，父親はむしろ結果としての成績のみについて言及することが多いということであろう．また，これらの項目で主効果が見られたことも含めて考えると，父母の学業や学歴面での達成を重視する信念を反映する養育態度を受けていると答えた者のタイプA得点が高くなっていることがわかる．この結果はタイプAの発達に影響している養育態度がその親の信念の影響を受けていることを示唆している．

第4節　両親の信念が媒介手段としての養育態度によって子ども[3]のタイプAの発達に与える影響についての検討（研究10-1）

1．問題の所在

　先の研究9-1，および，研究9-2では，養育態度の中でも学業や学歴面での達成を重視する信念を反映している項目が子どものタイプAと関連していることがわかった．しかし，この結果をもって両親の信念が媒介手段としての養育態度によって子どものタイプAの発達に影響を与えていることが確認されたというのは早急であろう．その理由としておおよそ3つのものが考えられる．まず，1つめとして，養育態度と信念とが独立して定義されていないということが挙げられる．すなわち，研究9-1，研究9-2で用いられた養育態度項目は確かに養育態度の中でも学業や学歴面での達成を重視する価値観を含むものでそれが両親の信念を反映しているものと考えられる．ただ，Priceのモデルなどから敷衍して想定される因果関係は，両親の信念が養育態度に反映されそれが子どものタイプAの発達に影響するという流れである．したがって，両親の信念と養育態度の部分とを独立させて測定してみる必要があると考える．つぎに2つめであるが，研究9-1，研究9-2では，児童や生徒を対象とし彼らの認知した両親の養育態度を測定した．第2章でも見たように養育態度を子どもの側から認知したものとして測定している研究は他にも知られているが（たとえば，Castro, et al., 1999; Forgays, 1996; McCranie & Simpson, 1986など），しかし，養育態度によって少なからず影響を受けた側の子どもが行う他者評定が完全なものといえるかといえば問題も残るであろう．第三者による中立的な他者評定を行うことが実質的に難しい今回のような研究においては，やはり，両親自身が養育態度や信念を評定する必要があろう．さらに3つめの問題であるが，研究9-1，研究9-2のように両親の養育態度

---

[3] 以下，本章では大学生の被験者に対し子どもと表現するが，これは両親に対する子どもという意味であり，児童や幼児を示すものではない．

をその時点での児童，生徒のタイプAと関連づけるという方法はここで問題にしている因果関係を検討していないということがある．つまり，検証しようとしている因果関係は信念や養育態度がタイプAの発達に影響を与えるというものであり，そのためには，信念や養育態度は時間的に先行するものとして測定されなくてはならないからである．しかし，研究9-1，研究9-2ではそのような方法はとっていないのである．したがって，これらの問題を解決した方法によって両親の信念が媒介手段としての養育態度によって子どものタイプAの発達に与える影響を再度検討してみる必要があると思われる．そこで，本研究では，両親の信念と媒介手段としての養育態度を回想的に過去のこととして測定することで，子どものタイプAに先立つ要因として位置づけられるようにしてみたい．

2．本研究の目的

両親の子どもに対し学業や学歴面での達成を重視する信念が，養育態度を媒介手段として，子どもの側の学業や学歴面での達成を重視する信念を形成し，それがタイプAの発現に影響するという一連の流れを確認する．

3．方法
（1）対象者

関東地方の医療系国立大学1校，私立総合大学1校，私立女子大学1校，計3つの大学の1年生（一部2年生も含む）344名（男子195名，女子149名，以下，大学生については両親に対する意味で子どもと表記する），および，その両親（父親304名，母親337名）．ただし，このうち両親のいずれか片方の調査協力が得られなかった場合，回収された質問紙に大幅な不備が見られた場合などは対象者からはずし，分析の対象にされた被験者は，子ども，父母の3名すべてが揃った276組の親子となった．すなわち，最終的な被験者数は，子ども276名（男子147名，女子129名），および，その両親552名（父親276名，母親276名），

合計828名となった．

（2）調査に用いた質問紙

<u>両親の学業や学歴面での達成を重視する信念を測定する質問紙</u>：両親の学業や学歴面での達成を重視する信念を測定する質問紙についてはすでに研究8で作成している．しかし，それらの項目にもとづく下位尺度得点を組み込んだ研究8のモデルの検討において必ずしもそれらの下位尺度得点がタイプAの形成に寄与するところが大きくなかったこと，項目数が42項目と多く対象者の負担が大きいことなども考慮し，今回は類似した内容の項目はできるだけ少なくするという原則のもと項目の削除，表現の変更などを行い24項目とした（表8-5参照）．なお，実際の評定にあたって両親は，子どもが小学校高学年から中学，高校時代のことを回想して評定してもらう方法をとった．

<u>両親の養育態度を測定する質問紙</u>：両親の養育態度を測定する質問紙は，主として，子どもが小学校高学年から中学，高校時代に学業に関して，過干渉，過保護な養育態度を行ったかどうかを回想的に問う質問で構成されたが，これらの項目は研究9-1において実施した予備調査の結果を再度利用し収集されたものである．すなわち，まず，大学生268名（男子164名，女子104名）とその両親を対象として，大学生にはタイプ行動パターンの評価尺度（山崎ら，1994）を，両親には田研式親子関係診断検査（品川・品川，1958）の表現を一部改めたものを実施した．そして，その大学生のタイプA行動パターン評価尺度の合計得点と田研式親子関係診断検査のすべての項目との相関関係を算出し，有意な相関が得られた項目を列挙してみた．そして，それらの項目に検討を加え，項目の字句，表現の変更などを行いながら21項目を作成した．次に，先に選んだ21項目中に含まれないが学業に関する過干渉，過保護の項目として適切な項目を20項目ほど新たに作成した．そして，それら合計41項目を再検討し文意の近似する項目などは合併，削除するなどの修正を加えた．さらに，必ずしも学業面に言及してはいないが過保護，過干渉を示す内容と

表8-5 研究10-1で用いた両親の学業や学歴面での達成を重視する信念を測定する質問紙

項　目
1. 進学競争が激しいのは，現代の社会の流れでありやむを得ないことだと思った
2. 子どもが，学校や予備校などでどのくらいの成績をとっているか，ひどく気になることがあった
3. 無理に有名大学に進学するよりも，どちらかといえば，自分の趣味にあった生き方をして欲しいと思っていた
4. 世の中に出て他人から笑われないだけの大学に進学して欲しかった
5. 親の側から見ても，進学競争の激しさには賛成しかねることが多かった
6. 大学受験に有利な中学，高校に進めるようにできるだけ努力したつもりである
7. 進学競争が激しいといっても，知名度のある大学にすすめば，将来の道も開けるわけであり，受験勉強はやむを得ないことだと思っていた
8. 有名校に進学することだけが人生の目的ではないと思っていたし，子どもにもそのように話していた
9. 学校の勉強だけでは親の望んでいる学校にとても入れそうにないと思ったことがある
10. 世間に出て納得されるだけの学歴を身につけてやることは，やはり，親のつとめだと思っていたし，子どもにもできるだけそうしてやった
11. 子どもの心身の健康のためにはよくないと思いながらも，ついつい，無理な学習塾通いをさせてしまうことがあった
12. 自分の子どもが，有名大学に入れなかったら，近所や知人や親類の手前，やっぱり恥ずかしかっただろう
13. 仮に，近所の子どもや友達が進学塾に通うなど受験の準備をしているのに自分の子どもがそうしたことを何もしていなかったとしても，あまり不安にはならなかったと思う
14. 子どもの進学や受験のことには，はじめから関心はなかった
15. 中学，高校時代は育ち盛りだから本当は好きな趣味やスポーツに打ち込んで欲しかったというのが本音である
16. 中学生，高校生が勉強するのは，受験や進学のためという以前に当たり前のことだと思っていた
17. 子どもが進学競争に巻き込まれないように極力努力したつもりである
18. とにかく，最低限，知名度のある大学には進んで欲しかった
19. 中学や，高校の進学指導では，親の望んでいる学校にはとても入学するのは難しいと思ったことがある
20. 勉強よりも，何か好きなことを身につけて欲しかった

(次のページにつづく)

項　目
21. 受験ということについては，世間一般に普通に行われていることであり，特に反対することも，賛成することもなく世の中の流れにしたがった
22. 子どもがもし大学まで進学できなかったとしても，親として後悔しなかっただろう
23. 進学競争は，必要悪だと思っていた
24. こんな進学競争の激しい時代に生まれた子どもを可哀そうだとしばしば思った

(注) 教示は以下のように行った.
　次の質問では，お子さん（調査対象のお子さん1人についてで，他の兄弟姉妹はのぞきます）が中学生，高校生だったころ，お父さん，お母さんが高校受験，大学受験についてどのように思っておられたかについて，質問するものです．次の各文を読んであてはまる数字を回答用紙の該当する箇所に記入してください．
　「あてはまる」と思ったときは…4　　「ややあてはまる」と思ったときは…3　　「どちらかといえばあてはまらない」と思ったときは…2　　「あてはまらない」と思ったときは…1

して必要と思われる項目なども含め，最終的に39項目を選択した（表8-6参照）.

　以上の，学業や学歴面での達成を重視する信念を測定する質問紙と養育態度を測定する質問紙は両親に対して実施するものである．

タイプAの測定のための質問紙：子どもには，タイプAを測定するために2種類の質問紙が実施された．

　まず，山崎ら（1994）によって作成されたタイプA行動パターン評価尺度が用いられた．この尺度は，（1）「攻撃性を伴った話し方」（以下，「話し方」と略す.），（2）「敵意を伴った仕事熱心」（以下，「仕事熱心」と略す.），（3）「情動性」の3つの下位尺度から構成されている．各尺度の項目数は，「話し方」が9項目，「仕事熱心」が4項目，「情動性」が2項目で合計15項目である（表8-7参照）．

　また，大学生用 Jenkins Activity Survey（以下，JASと略す）(form-T) の日本語版（橋本，1981）のうちA-Bスケール21項目も同時に実施した．

（3）手続き

　上で紹介した父母を対象とした2種類の質問紙と，子どもを対象とした2

表 8-6　両親の養育態度を測定する質問紙

	項　　目
1.	子供の成績や作品などをけなしたり，ひやかしたりしたことがありましたか
2.	「あれはだめだ」「これはいけない」などと子供のすることを禁止したことがありましたか
3.	子供の勉強の仕方について，ついつい干渉してしまうことがありましたか
4.	子供の行動や成績をよく批判していましたか
5.	親の思い通りにならないときは，厳しく叱っていましたか
6.	子供の健康には絶えず気を使っていましたか
7.	子供の勉強や成績を気にしたり，催促したりしていましたか
8.	子供の生活の中で力を入れていたのは学業に関することでしたか
9.	子供の成績を他家の子供と比較して気にしていましたか
10.	子供のテストや成績に対して不満を感じていましたか
11.	子供の成績を上げるために機嫌をとったり，ほめたり，物やお金を与えたりしていましたか
12.	子供が悪いことをしても，叱れなかったことが多くありましたか
13.	子供の進学や進路について親としての考えをもち，少々無理をしてもそれを到達させようとしていましたか
14.	子供の学業について努力をしないと叱ったことがありましたか
15.	子供が遊びに熱中しているのに無理矢理途中でやめさせて勉強に向けたことがありましたか
16.	子供の身の回りのことを黙ってみていられないで干渉することがありましたか
17.	子供の将来のためを思って自分や妻（夫）のことを犠牲にしたことがありましたか
18.	交友関係について，やかましく干渉していましたか
19.	宿題や製作物などに目を通したり手を加えたりしていましたか
20.	小遣いの使い方などを細かく詮索していましたか
21.	礼儀，勉強，試験などについてやかましくいうことがありましたか
22.	子供の進路についてあれこれと指図を加えたことがありましたか
23.	子供の食事のことや，栄養についてやかましくいっていましたか
24.	家族でなにかをするときは，子供の進学や将来のことを念頭にいれるようにしていましたか
25.	子供の勉強時間について，細かく指示することがありましたか
26.	子供の生活のリズムが崩れないようにと気を使うことがありましたか
27.	学校の成績が下がるのではないかと気をもむことがありましたか
28.	子供のしていることを監督することがありましたか

（次のページにつづく）

項　　目
29. 子供が外で良くないことや，危険なことをしているのではないかと，気になることがありましたか
30. 子供が遊ぶ暇もないほど勉強をさせたり，進学塾に通わせたりしていましたか
31. 子供の将来のためを思って，ついつい甘やかしてしまうことがありましたか
32. 学業の差し支えにならないように，無駄な時間は使わせないよう気を配っていましたか
33. お使いや家事の手伝いは，あまりさせないようにしていましたか
34. 決めてあることでも子供が嫌がれば許してやっていましたか
35. 何事も子供本位にだけ考えていましたか
36. 子供は信用できないと思ったことがありましたか
37. 子供が嫌がるのに無理矢理，進学塾に行かせたり，模擬試験を受けさせたことがありましたか
38. 服装や身だしなみについて，細かく干渉することがありましたか
39. 学校や進学塾のことを子供に細かく聞くことがありましたか

（注）教示は以下のように行った．
　次の質問では，お子さん（調査対象のお子さん1人についてで，他の兄弟姉妹はのぞきます）が中学生，高校生だったころ，お父さん，お母さんがどのようにお子さんに接しておられたかについて質問するものです．次の各文を読んであてはまる数字を回答用紙の該当する箇所に記入してください．
　「あてはまる」と思ったときは…4　　「ややあてはまる」と思ったときは…3　　「どちらかといえばあてはまらない」と思ったときは…2　　「あてはまらない」と思ったときは…1

　種類の質問紙を他の研究のための調査も含め1つの小冊子に綴じたものを子どもに配布した．子どもが，これを自宅に持ち帰り子ども自身，及び，父母はそれぞれの該当する箇所を無記名で記入した．

　子ども側の2つの質問紙は現在のことについて記入してもらった．一方，父母側の2つの質問紙は，調査対象になっている子どもが小学校高学年から中学，高校時代ごろのことを回想して記入してもらった．

　なお，実施にあたって本調査は研究のために行われるもので成績評価とは関係ないこと，プライバシーの保護には十分配慮すること，本人，父母いずれの対象者についても回答できない事情がある場合，回答したくない場合などは回答を拒否できることが伝えられた．

表8-7 タイプA行動パターン評価尺度

項　　　目
1．人の話を途中でさえぎることが多い（1）
2．仕事，勉強などで人と競争して負けまいという気持ちをもちやすい（2）
3．会話の主導権はいつも自分で握ろうとする（1）
4．やる以上はかなり徹底的にやらないと気がすまない（2）
5．つい声をあらげてしまうことがある（1）
6．きちょうめんである（2）
7．自分は気性が激しいと思う（1）
8．自分は勝気なほうである（2）
9．会話をしていてついつい喧嘩をしているような口調で話してしまうことがある（1）
10．人の話をせかしたくなることが多い（1）
11．人から声が大きいと言われている（1）
12．緊張しやすいたちである（3）
13．ゆっくりと話をする人と会話をしているとイライラしてくる（1）
14．劣等感が強い方である（3）
15．早口である（1）

(注1) 項目の末のカッコ（　）内の数字は所属する因子に対応する．（1）…第1因子：攻撃性を伴った話し方，（2）…第2因子：敵意を伴った仕事熱心，（3）…第3因子：情動性
(注2) 教示は以下のように行った．
　以下の各文を読んで，「あてはまる」と思ったときは…4　「ややあてはまる」と思ったときは…3　「どちらかといえばあてはまらない」と思ったときは…2　「あてはまらない」と思ったときは…1　を記入してください．

4．結果

（1）父母の学業や学歴面での達成を重視する信念を測定する質問紙の項目の因子分析

　学業や学歴面での達成を重視する信念を測定する質問紙24項目は，父母の別に因子分析を実施した．因子分析は，主因子法，プロマックス回転を行った．できるだけ解釈が可能な解が得られるよう因子数を2〜6程度に設定し計算を試みた．

そのうち父親では5因子解が単純構造を示した．これについて，因子負荷量が比較的高い（.4以上）の項目を手がかりに検討したところ，実質的には第2因子まで取り出すことが適当と思われた．そこで第1因子と第2因子に対し，.4以上の因子負荷量で負荷する項目を取り出し，それたについて再度因子分析を試みた結果が表8-8-1である．これらの項目のうち因子負荷量が.4以上の項目を取り出し，粗点の合計点を各因子の得点とした．

　第1因子は，高学歴，有名大学進学などを積極的に志向する内容の項目が高い因子負荷量を示し，学歴志向の因子とした．父親の第2因子は，子どもの受験や進学に対して積極的に関わろうとしない態度を示す内容の項目が含まれており，子どもの進学，受験に対する無関心の因子と命名した．また，各因子の信頼性係数は，第1因子が.83，第2因子が.65であった．

　一方，母親の方であるが，父親と同様の手続きで因子分析を実施したところ4因子が得られたが，因子負荷量が比較的高い（.4以上）の項目を手がかりに検討する限り実質的に抽出することの意味があるのは2因子までであった．したがって，因子負荷量.4以上の項目のうち複数の因子に負荷しない項目を取り出し再度計算を行った結果が表8-8-2である．これについても父親と同様に因子負荷量が.4以上の項目の粗点（1から4点）の合計点を各因子の得点とした．なお，負の因子負荷量をもつ項目は粗点を反転してから合計に加えた．第1因子は，父親の第1因子と若干項目内容は異なるものの，高学歴，有名大学進学などを積極的に志向する内容であり，父親と同様，学歴志向の因子とした．次に，第2因子は，やはり父親と同様子どもの受験や進学に対して積極的に関わろうとしない態度を示す内容の項目が含まれており，子どもの進学，受験に対する無関心の因子とした．各因子に対応する下位尺度の信頼性係数は，第1因子が.77，第2因子が.59であった．

（2）養育態度を測定する質問紙について

　養育態度を測定する質問紙は，ほぼ全項目がタイプAの発達と関連がある

表 8-8-1　両親の学業，学歴面での達成を重視する信念を測定する
質問紙の因子分析の結果（父親）

番号	項　目	第1因子	第2因子
12	自分の子どもが，有名大学に入れなかったら，近所や知人や親類の手前やっぱり恥ずかしかっただろう	.705	−.539
4	世の中に出て他人から笑われないだけの大学に進学して欲しかった	.654	−.388
18	とにかく，最低限，知名度のある大学には進んで欲しかった	.646	−.440
7	進学競争が激しいといっても，知名度のある大学にすすめば，将来の道も開けるわけであり，受験勉強はやむを得ないことだと思っていた	.606	−.448
6	大学受験に有利な中学，高校に進めるようにできるだけ努力したつもりである	.578	−.446
2	子どもが，学校や予備校などでどのくらいの成績をとっているか，ひどく気になることがあった	.577	−.475
10	世間に出て納得されるだけの学歴を身につけてやることは，やはり，親のつとめだと思っていたし，子どもにもできるだけそうしてやった	.538	.342
9	学校の勉強だけでは親の望んでいる学校にとても入れそうにないと思ったことがある	.528	−.339
11	子どもの心身の健康のためにはよくないと思いながらも，ついつい，無理な学習塾通いをさせてしまうことがあった	.495	−.304
3	無理に有名大学に進学するよりも，どちらかといえば，自分の趣味にあった生き方をして欲しいと思っていた	−.394	.761
8	有名校に進学することだけが人生の目的ではないと思っていたし，子どもにもそのように話していた	−.341	.587
22	子どもがもし大学まで進学できなかっとしても，親として後悔しなかっただろう	−.391	.561
13	仮に，近所の子どもや友達が進学塾に通うなど受験の準備をしているのに自分の子どもがそうしたことを何もしていなかったとしても，あまり不安にはならなかったと思う	−.432	.446
	抽出後の負荷量平方和	31.231	05.568
	抽出後の負荷量平方和（累積）	31.231	36.799
	回転後の負荷量平方和	3.802	2.937
	第1因子と第2因子の相関係数	−.621	

とされた内容を表す項目で構成されており内容的には全項目が1次元の尺度上にあるとみなすことも可能ではあったが，これを合成得点として利用するにあたって，主成分分析を実施しその妥当性を確認する手続きをとった．主成分分析は，父母の別に，全39項目に対して実施した．固有値1以上の主成分を取り出したところ，父は，10個の主成分が，母は9個の主成分が取り出された．これらを項目内容などを考慮しながら検討したところ，実質的に合

表 8-8-2 両親の学業，学歴面での達成を重視する信念を測定する質問紙の因子分析の結果（母親）

番号	項目	第1因子	第2因子
18	とにかく，最低限，知名度のある大学には進んで欲しかった	.769	.098
4	世の中に出て他人から笑われないだけの大学に進学して欲しかった	.754	.029
12	自分の子どもが，有名大学に入れなかったら，近所や知人や親類の手前，やっぱり恥ずかしかっただろう	.574	−.026
7	進学競争が激しいといっても，知名度のある大学にすすめば，将来の道も開けるわけであり，受験勉強はやむを得ないことだと思っていた	.545	−.111
6	大学受験に有利な中学，高校に進めるようにできるだけ努力したつもりである	.499	.310
22	子どもがもし大学まで進学できなかったとしても，親として後悔しなかっただろう	−.496	.032
3	無理に有名大学に進学するよりも，どちらかといえば，自分の趣味にあった生き方をして欲しいと思っていた	−.414	.178
8	有名校に進学することだけが人生の目的ではないと思っていたし，子どもにもそのように話していた	−.343	.193
1	進学競争が激しいのは，現代の社会の流れでありやむを得ないことだと思った	.276	−.179
21	受験ということについては，世間一般に普通に行われていることであり，特に反対することも，賛成することもなく世の中の流れにしたがった	.160	−.147
5	親の側から見ても，進学競争の激しさには賛成しかねることが多かった	−.003	.514
24	こんな進学競争の激しい時代に生まれた子どもを可哀そうだとしばしば思った	.095	.496
15	中学，高校時代は育ち盛りだから本当は好きな趣味やスポーツに打ち込んで欲しかったというのが本音である	−.049	.469
17	子どもが進学競争に巻き込まれないように極力努力したつもりである	−.027	.465
20	勉強よりも，何か好きなことを身につけて欲しかった	−.194	.416
	抽出後の負荷量平方和	19.651	7.942
	抽出後の負荷量平方和（累積）	19.651	27.593
	回転後の負荷量平方和	2.844	1.551
	第1因子と第2因子の相関係数	−.222	

成得点として利用できるのは，父親は第1主成分のみであり，母親の場合も第1主成分，第2主成分の2つのみであった．項目および主成分分析の結果を 8-9 に示す．

父親の第1主成分は第2主成分以下に最も高い負荷量をもった項目 6，12，34を除いた36項目から構成されており，過保護・過干渉の主成分といえる．母親の第1主成分は第2主成分以下に最も高い負荷量をもった項目 6，12，

表 8-9 養育態度を測定する質問紙の主成分分析の結果

項目	父親 第1主成分	母親 第1主成分	母親 第2主成分
1. 子供の成績や作品などをけなしたり、ひやかしたりしたことがありましたか	.422	.515	-.226
2. 「あれはだめだ」「これはいけない」などと子供のすることを禁止したことがありましたか	.586	.616	-.212
3. 子供の勉強の仕方について、ついつい干渉してしまうことがありましたか	.620	.714	-.314
4. 子供の行動や成績をよく批判していましたか	.691	.744	-.289
5. 親の思い通りにならないときは、厳しく叱っていましたか	.587	.648	-.282
6. 子供の健康には絶えず気を使っていましたか	.136	.046	.080
7. 子供の勉強や成績を気にしたり、催促したりしていましたか	.686	.747	-.147
8. 子供の生活の中で力を入れていたのは学業に関することでしたか	.515	.577	.114
9. 子供の成績を他家の子供と比較して気にしていましたか	.577	.643	-.007
10. 子供のテストや成績に対して不満を感じていましたか	.531	.587	.013
11. 子供の成績を上げるために機嫌をとったり、ほめたり、物やお金を与えたりしていましたか	.398	.459	.301
12. 子供が悪いことをしても、叱れなかったことが多くありましたか	.196	.179	.446
13. 子供の進学や進路について親としての考えをもち、少々無理をしてもそれを到達させようとしていましたか	.524	.539	.052
14. 子供の学業について努力をしないと叱ったことがありましたか	.599	.625	-.275
15. 子供が遊びに熱中しているのに無理矢理途中でやめさせて勉強に向けたことがありましたか	.675	.568	-.018
16. 子供の身の回りのことを黙ってみていられないで干渉することがありましたか	.607	.590	-.206
17. 子供の将来のためを思って自分や妻（夫）のことを犠牲にしたことがありましたか	.365	.357	.332
18. 交友関係について、やかましく干渉していましたか	.586	.549	.037
19. 宿題や製作物などに目を通したり手を加えたりしていましたか	.334	.440	-.110
20. 小遣いの使い方などを細かく詮索していましたか	.417	.418	-.012
21. 礼儀、勉強、試験などについてやかましくいうことがありましたか	.664	.720	-.207
22. 子供の進路についてあれこれと指図を加えたことがありましたか	.624	.626	-.110
23. 子供の食事のことや、栄養についてやかましくいっていましたか	.343	.306	-.007
24. 家族でなにかをするときは、子供の進学や将来のことを念頭にいれるようにしていましたか	.339	.426	.229
25. 子供の勉強時間について、細かく指示することがありましたか	.709	.648	-.094
26. 子供の生活のリズムが崩れないようにと気を使うことがありましたか	.309	.353	.047
27. 学校の成績が下がるのではないかと気をもむことがありましたか	.543	.614	.148
28. 子供のしていることを監督することがありましたか	.597	.685	.014
29. 子供が外で良くないことや、危険なことをしているのではないかと、気になることがありましたか	.414	.455	.239
30. 子供が遊ぶ暇もないほど勉強をさせたり、進学塾に通わせたりしていましたか	.431	.403	.100

（次のページにつづく）

232　第2部

項　　　　　目	父　親 第1主成分	母　親 第1主成分	母　親 第2主成分
31. 子供の将来のためを思って，ついつい甘やかしてしまうことがありましたか	.346	.310	.580
32. 学業の差し支えにならないように，無駄な時間は使わさせないよう気を配っていましたか	.557	.436	.365
33. お使いや家事の手伝いは，あまりさせないようにしていましたか	.325	.289	.632
34. 決めてあることでも子供が嫌がれば許してやっていましたか	.285	.155	.648
35. 何事も子供本位にだけ考えていましたか	.342	.278	.592
36. 子供は信用できないと思ったことがありましたか	.423	.442	.048
37. 子供が嫌がるのに無理矢理，進学塾に行かせたり，模擬試験を受けさせたことがありましたか	.443	.364	.008
38. 服装や身だしなみについて，細かく干渉することがありましたか	.527	.528	-.081
39. 学校や進学塾のことを子供に細かく聞くことがありましたか	.588	.466	.052
寄　　　　与　　　　率　　　（％）	25.4	26.7	7.2

（注）点線で囲まれた主成分負荷量は，その項目がそこの主成分に属するものとして加算されたことを示す．

31，33，34，35の6項目を除いた33項目でこれも過保護・過干渉の主成分といえる．母親の第2主成分は，項目番号12，31，33，34，35の5項目で内容的には甘やかしの主成分といえる．

　なお，各主成分の得点は，各主成分に該当する項目の粗点（1から4点）の合計点を用いた．

　この質問紙の信頼性であるが，父親の第1主成分は.92，母親の第1主成分は.93，第2主成分は.71であった．

（3）パス解析によるモデルの検討

本研究で検討するモデル：両親の信念が媒介手段としての養育態度によって子どものタイプAの発達に与える影響について検討を行うに際しては，これまでと同様に Amos（Version 5.0.1）を用いた共分散構造分析によるパス解析を実施することとした．

　ここで行うパス解析モデルは，両親の学業や学歴面での達成を重視する信

念が媒介手段としての養育態度を通して子どものタイプAの発達に影響するというものである．モデルと実際に本研究で用いられた変数の対応について述べると，まず，信念には学業や学歴面での達成を重視する信念を測定する質問紙の父親，母親のそれぞれの2つの因子に対応する尺度得点をあて，養育態度には養育態度を測定する質問紙の父親の1つの主成分，母親の2つの主成分を充当した．

一方，子どものタイプAについては，タイプA行動パターン評価尺度のうち「攻撃性を伴った話し方」，「敵意を伴った仕事熱心」の2つの下位尺度，および，JASのABスケールの合計3つを観測変数とする潜在変数として捉えた．なお，この際，タイプA行動パターン評価尺度の「情動性」の下位尺度を観測変数から削除している，これは①タイプAを測定する4つの観測変数の相関行列を算出してみたところ，「情動性」を除いた3つの観測変数間では相互におよそ.3〜.5の有意な相関係数が得られたのに対し，「情動性」の下位尺度は他の3つの観測変数との相関係数が.1を満たさず，タイプAの構成概念を測定していないように思われたこと．②「情動性」の尺度は項目がわずか2項目であり，標準化データ（山崎ら，1994）においても信頼性に問題があるとされている，などの理由による．

分析は男女別に行った．適合度に関する諸指標の指標を考慮しながら，観測変数の取捨選択，パラメーターの設定などをさまざま試みながら，再計算をおこなった．このなかで父母の学業や学歴面での達成を重視する信念についてはそれぞれの2つの尺度得点，また，母親の養育態度については2つの主成分に対応する尺度得点を観測変数とした潜在変数を仮定する可能性も考慮したが，これらの潜在変数を仮定した場合，いずれも正常解が得られなかったためモデルとして採用しなかった．そして，男女とももっとも適合の程度が高くなり解釈が比較的可能なモデルを採用した．図8-1-1，図8-1-2にパスダイアグラムを示す．

<u>モデルの全体的評価</u>：モデル評価の諸指標は，男子のモデルでは$\chi^2=38.14$

(df=13, p=.00), GFI=.93, AGFI=.85, RMR=18.16, RMSEA=.12であり，女子のモデルではχ^2=29.96 (df=13, p=.00), GFI=.94, AGFI=.86, RMR=14.40, RMSEA=.11であった．GFI，AGFIなどは一定の適合度を示しているが，RMSEAなどを見る限り必ずしもモデルが適切とはいえない面もある．

<u>モデルの部分的評価</u>：次に，モデルの部分的評価を行いながら，諸変数間の関係をみてゆく．

　まず，男子の場合も，女子の場合も，養育態度を測定する質問紙の母親の第2主成分である甘やかしの観測変数は，モデルから削除された．また，女子の場合，学歴志向質問紙については，父親，母親ともに第1因子の得点のみがモデルに組み込まれ，他の因子は削除された．子どものタイプAに該当する潜在変数から2つのタイプA尺度の合計3つの観測変数に至るパス係数はいずれも.50を越えており，潜在変数と観測変数の対応は適切であった．よって，本研究で3つの観測変数の上位概念としてタイプAを仮定したことの妥当性が確認された．

　つづいて，父母の養育態度とタイプAとの関係を検討してみる．なお，母親の養育態度を測定する質問紙のうちモデルに組み込まれたのは男女のいずれのモデルについても第1主成分である過保護・過干渉のみであった．ただし，養育態度から子どものタイプAに至るパス係数はあまり大きいものではなかった．とくに男子の場合，父親からの係数はほぼ0に近い．

　養育態度に与える学歴志向についてであるが父母のいずれの場合も，モデルに組み入れられたのは第1因子（学歴志向）の尺度得点のみであったが，これらはいずれも養育態度に一定の強さで影響を与えている．

5．考察

　本研究では，両親の信念が養育態度を媒介手段として子どものタイプAの発達に与える影響について検討したが，結果は仮説を支持する方向にはあっ

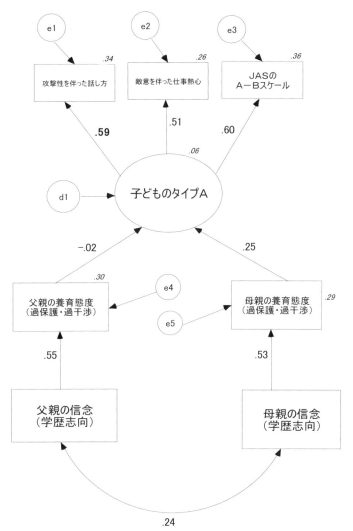

図 8-1-1 両親の信念が養育態度を経て子どものタイプAに与える影響(男子)
(注) パス係数のうち太字のものはモデルによって1に固定されたことを,また,斜体の数字は説明率を示す.

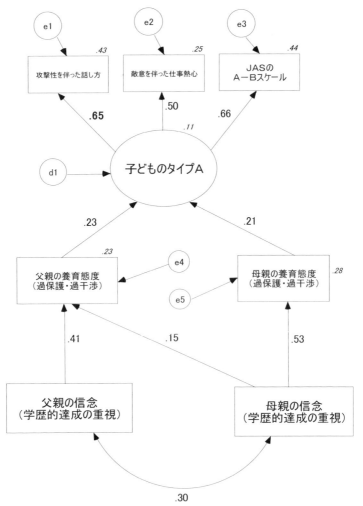

図 8-1-2　両親の信念が養育態度を経て子どものタイプAに与える影響（女子）
(注) パス係数のうち太字のものはモデルによって1に固定されたことを，また，斜体の数字は説明率を示す．

た．しかし，養育態度から子どものタイプAに至るパス係数の値は小さく，子どものタイプAの発達に影響を与えているとういうことについて十分な実証が行われたとは断定し切れない余地が残された．モデルの適合度についても RMSEA などからみる限り，必ずしも，十分とは言い難い面もあった．

　Price (1982) のモデルなどでは，タイプAは先行要因としての認知，すなわち，信念とそれによって発言される行動から構成されている．また，本書の研究7-1などでは，実際に，学業や学歴面での達成を重視する信念がタイプAを規定する要因となっていることが示唆された．にもかかわらず，この研究のモデルでは子どもの側の信念についてモデルに組み込まれていなかったのである．

　なお，女子の場合であるが係数が小さい点では男子の場合と同じだが，女子について強いて言えば母親よりも父親からのパス係数がわずかであるが大きい値を示し，子どもの性と異なる親の養育態度の影響が大きい可能性が示唆された．このことは，研究9-1において，父親の一部の養育態度項目で該当する場合，女子についてはタイプAの得点が高くなるのに対し，男子についてはむしろ逆にタイプAが低くなる傾向が見られたこととも通じるものがある．つまり，ある種の養育態度とタイプAの発達の関係は父一女子の間に特徴的にみられる可能性が考えられるのである．しかしながら，これについては何らかの結論を導くのは早急と思われるので，ここではこれ以上の議論は行わないこととする．

第5節　両親からの影響が子どもの信念を形成しそれが行動としての　　　　タイプAを発現する過程の研究（研究10-2）

1．問題の所在

　前節では両親の信念が養育態度を経由し子どものタイプAを促進するという因果関係の流れをパス解析によって検討した．しかしながら，本書ではタ

イプAは規定要因としての認知過程，すなわち，信念があり，その信念がいわゆるタイプA的とされる行動を発現させるという立場をとっている．となると，研究10-1のような養育態度がそのままタイプAに影響を与えると考えるよりも，むしろ，養育態度は子どもの側の学業や学歴面での達成を重視する信念の形成という部分を介してタイプAの発達に寄与していると考えることがより本書で検討しようとしているモデルに忠実と言える．

2．本研究の目的

前述の論拠にもとづき，両親の学業や学歴面での達成を重視する信念がその媒介手段としての養育態度を介し子どもの側の学業や学歴面での達成を重視する信念に影響し，それがタイプAの形成に寄与しているというモデルを検討する．

3．方法

（1）対象者

研究10-1と同一の大学生276名（男子147名，女子129名），および，その両親552名（父親276名，母親276名），合計828名である．

（2）調査に用いた質問紙

両親の学業や学歴面での達成を重視する信念を測定する質問紙：研究10-1で用いたものと同一のもので，表8-5に示すよう24項目からなる．分析にあたっては研究10-1で示したように父母のどちらについてもそれぞれ2つの因子に対応する下位尺度得点を算出した．

両親の養育態度を測定する質問紙：研究10-1で用いたものと同一のもので，表8-6に示すような39項目からなる．分析にあたっては研究10-1で示した尺度得点を用いた．

子どもの学業や学歴面での達成を重視する信念を測定する質問紙：これにつ

表 8-10　子どもの学業や学歴面での達成を重視する信念を測定する質問紙

項　　目
1．進学競争が激しいのは，現代の社会の流れでありやむを得ないことだと思う
2．結局，進学競争がなくなることなどないと思う
3．無理をして偏差値の高い学校に進学することよりも，自分の趣味にあった生き方をするほうが人生にとってよいことだと断言できる
4．世の中に出て他人から笑われないだけの大学に進学することは，ある程度は，必要なことだと思う
5．受験がなければ，中学生や，高校生はきっとあまり勉強しなくなるのではないかと思う
6．大学受験に有利になるために，有名な小学校，中学，高校に進学するという最近の風潮は，絶対に，許せないと思う
7．進学競争が激しいといっても，知名度のある大学に進めば将来の道も開けるわけであり，受験勉強をすることはやむを得ないことだと思う
8．有名校に進学することが人生の目的ではないと思っていたし，自分でもそうしてきたと自信をもっていえる
9．有名大学を卒業してる人といない人では，やはり，卒業している人の方が社会的に有能な人が多いと思う
10．もし，自分が親になったとしたら，子どもに世間に出て納得されるだけの学歴を身につけてやることは，やはり，親のつとめだと思う
11．予備校や，模擬試験といったいわゆる受験産業は完全にはなくならないと思う
12．自分が，有名大学に入れなかったら，近所や知人や友人の手前，やはり恥ずかしかっただろう
13．仮に，友達が進学塾に通うなど受験の準備をしているのに自分がそうしたことを何もしていなかったとしても，自分はあまり不安にはならなかったと思う
14．進学や受験のことには，はじめから関心はなかった
15．学歴が高いことが将来にわたって有利であるということは，やはり，確実である
16．学生が勉強するのは，受験や進学のためという以前に当たり前のことだと思う
17．他人の学歴（高卒か，大学か，どこの大学の出身か．）などが気になることがある
18．とにかく，最低限，知名度のある大学には進みたかったというのが本音である
19．学校の偏差値は，必要悪だと思う
20．学校の勉強だけでは，ふつうは，志望校に入れそうにないと思う
21．受験ということについては，世間一般に普通に行われていることであり，特に反対する気持ちも，賛成する気持ちもない
22．学歴の低い人を見下げたことは絶対にないと，言い切ることができる

（次のページにつづく）

項　目
23. 中学や，高校の進学指導では，志望校に入学するのは難しいと思う
24. 子供のころから世の中には学歴の高い低いというものがあるのだとなんとなく意識していた

(注) 教示は以下のように行った.
　次の質問では，あなたが現在のわが国における進学競争についてどのように思っているかについて質問するものです．次の各文を読んであてはまる数字を回答用紙の該当する箇所に記入してください．
　「あてはまる」と思ったときは…4　　「ややあてはまる」と思ったときは…3　　「どちらかといえばあてはまらない」と思ったときは…2　　「あてはまらない」と思ったときは…1

いてもすでに研究6，研究7-1で作成したものがあるが，このうち研究6で用いたものについてはタイプAとの関連が比較的明確に確認されたが項目数が33項目と多く，他の質問紙を複数実施する本研究では対象者に負担となることが想定された．また，研究7-1では研究6で用いた者を改良し短縮した14項目版が作成されたが，これは男女ともタイプAとの関係がある程度認められたが必ずしも強いものとならなかった．以上のようにすでに用いられた2つの質問紙のいずれもが問題点を残していたため，今回は研究6で用いた33項目の内容を検討し，一部の項目の改訂，削除などを行った24項目を作成することとした（表8-10参照）．なお，評定は4件法で行い，研究6のようにとくに過去のことを回想しながら評定することは求めなかった．

（3）手続き

　基本的には，研究10-1の手続きと同一である．
　上で紹介した父母を対象とした2種類の質問紙と，子どもを対象とした3種類の質問紙を他の調査のための質問紙も含め1つの小冊子に綴じたものを子どもに配布した．子どもがこれを自宅に持ち帰り，子ども自身，及び，父母はそれぞれの該当する箇所を無記名で記入した．その際，子ども側の2つの質問紙は現在のことについて記入してもらった．一方，父母側の2つの質問紙は，調査対象になっている子どもが小学校高学年から中学，高校時代ご

ろのことを回想して記入してもらった．

　なお，実施にあたって本調査は研究のために行われるもので成績評価とは関係ないこと，プライバシーの保護には十分配慮すること，本人，父母いずれの対象者についても回答できない事情がある場合，回答したくない場合などは回答を拒否できることが伝えられた．

4．結果
（1）子どもの学業や学歴面での達成を重視する信念を測定する質問紙の項目の因子分析

　大学生用学歴志向質問紙の24項目については，父母の場合と同様に因子分析を実施した．因子分析は主因子法によりプロマックス回転を行った．できるだけ解釈が可能な解が得られるよう因子数を2～6程度に設定し計算を試みたところ，3因子解が単純構造を示した．これについて，因子負荷量が比較的高い（.4以上）の項目を手がかりに検討し，それらの項目について再度因子分析を試みた結果が表8-11である．.4以上の因子負荷量で負荷した因子に各項目が属することとしこれらの項目の粗点（1から4点）の合計点を各因子に対応する下位尺度の得点とした．

　まず，第1因子であるが4．「世の中に出て他人から笑われないだけの大学に進学することは，ある程度は必要なことだと思う」，7．「進学競争が激しいといっても，知名度のある大学に進めば将来の道も開けるわけであり，受験勉強をすることはやむを得ないことだと思う」など受験競争を積極的に容認する内容を含み研究6で用いた質問紙と同じように学歴志向の因子と命名した．ついで，第2因子であるが13．「仮に，友達が進学塾に通うなど受験の準備をしているのに自分がそうしたことを何もしていなかったとしても，自分はあまり不安にはならなかったと思う」，14．「進学や受験のことには，はじめから関心はなかった」などの内容を含み研究6の質問紙の第3因子とほぼ対応するもので進学に対する無関心の因子とした．さらに，第3因子は

表 8-11 子どもの学業, 学歴面での達成を重視する信念を測定する質問紙の因子分析の結果

番号	項目	第1因子	第2因子	第3因子
4	世の中に出て他人から笑われないだけの大学に進学することは, ある程度は, 必要なことだと思う	0.731	-0.082	0.067
9	有名大学を卒業している人といない人では, やはり, 卒業している人の方が社会的に有能な人が多いと思う	0.706	-0.120	-0.150
5	受験がなければ, 中学生や, 高校生はきっとあまり勉強しなくなるのではないかと思う	0.640	0.279	-0.010
7	進学競争が激しいといっても, 知名度のある大学に進めば将来の道も開けるわけであり, 受験勉強をすることはやむを得ないことだと思う	0.533	-0.111	0.311
13	仮に, 友達が進学塾に通うなど受験の準備をしているのに自分がそうしたことを何もしていなかったとしても, 自分はあまり不安にはならなかったと思う	0.016	0.769	0.166
14	進学や受験のことには, はじめから関心はなかった	0.159	0.762	0.004
8	有名校に進学することが人生の目的ではないと思っていたし, 自分でもそうしてきたと自信をもっていえる	-0.255	0.639	0.091
12	自分が, 有名大学に入れなかったら, 近所や知人や友人の手前, やはり恥ずかしかっただろう	0.331	-0.464	0.082
11	予備校や, 模擬試験といったいわゆる受験産業は完全にはなくならないと思う	-0.125	0.119	0.782
2	結局, 進学競争がなくなることなどないと思う	0.150	0.167	0.681
1	進学競争が激しいのは, 現代の社会の流れでありやむを得ないことだと思う	0.249	0.011	0.546
6	大学受験に有利になるために, 有名な小学校, 中学, 高校に進学するという最近の風潮は, 絶対に, 許せないと思う	0.306	0.417	-0.533
	抽出後の負荷量平方和	26.359	13.678	10.780
	抽出後の負荷量平方和 (累積)	26.359	40.037	50.817
	回転後の負荷量平方和	2.493	2.359	2.141
因子間相関	第1因子	1.000	-.258	.298
	第2因子	-.258	1.000	-.240
	第3因子	.298	-.240	1.000

1．「進学競争が激しいのは，現代の社会の流れでありやむを得ないことだと思う」，11「予備校や，模擬試験といったいわゆる受験産業は完全にはなくならないと思う」などの内容から受験戦争の容認の因子とした．

各因子に対応する下位尺度の信頼性係数は，第1因子が.64，第2因子が.66，第3因子が.54であった．

（2）パス解析によるモデルの検討

本研究で検討するモデル：本研究で検討するモデルは，研究10-1の修正モデルといえるものである．すなわち，親の信念についてはさきほどと同様に学業や学歴面での達成を重視する信念を測定する質問紙の各因子を，養育態度についても養育態度質問紙を同様に当てる．ただし，研究10-1とは異なり，これにつづき子どもの側の信念，つまり，学業や学歴面での達成を重視する信念に関する部分を仮定することとした．これについては，いくつかの予備的な検討を行った結果，大学生用の学歴志向質問紙の3つの下位尺度得点を観測変数とした潜在変数を置くことが適切と考えられた．潜在変数としての子どもの学歴志向がタイプAに連なると考えた．なお，子どものタイプAについては，先ほどと同様，タイプA行動パターン評価尺度のうち攻撃性を伴った話し方，敵意を伴った仕事熱心の2つの下位尺度，および，JASのABスケールの合計3つを観測変数とする潜在変数として捉えた．適合度に関する諸指標を考慮しながら，観測変数の取捨選択を行い再計算を繰り返した．そして，男女とももっとも適合の程度が高くなり解釈が比較的可能なモデルを採用した．図8-2-1，図8-2-2にパスダイアグラムを示す．

モデルの全体的評価：モデル評価の諸指標は，男子のモデルでは$\chi^2 = 45.14$（df = 30, p = .04），GFI = .94，AGFI = .89，RMR = 10.32，RMSEA = .06ではであり，女子のモデルでは$\chi^2 = 28.70$（df = 31, p = .59），GFI = .96，AGFI = .92，RMR = 11.36，RMSEA = .00であった．これらの値は，研究10-1に比べ改善がみられ，また，データとモデルの適合が相当程度に妥当とみなせ

る範囲にある．

<u>モデルの部分的評価</u>：男女いずれの場合も，養育態度質問紙の母親の第2主成分である「甘やかし」の観測変数は，モデルから削除された．また，学歴志向質問紙についても，父親，母親ともに第1因子の得点のみがモデルに組み込まれ，他の因子は削除されている点は研究10-1と同様である．

さて，まず男子についてみてみる（図8-2-1）．父母の信念についていえば，それぞれの養育態度におおむね高めの係数をもったパスを与えている．つぎに養育態度が子ども与える影響についてだが，母の養育態度から子どもの信念へのパスは.41と比較的高めだが，父親はそれに比べるとやや低くなっている．なお，子どもの信念は潜在変数として仮定されたが，観測変数である学業や学歴面での達成を重視する信念を測定する質問紙の3つの下位尺度と潜在変数とのパス係数が必ずしも高くなっていない．また，子どもの信念から潜在変数としてのタイプAに至るパスは.33となっている．したがって，少なくとも母親についていえば，十分強いものではないが，母親の信念が養育態度，さらには子どもの信念を経て子どものタイプAの発達に寄与するという仮定された関係が確認できた．父親については養育態度から直接タイプAに至るパスが設けられたがこの値は負の値をとっている．

つぎに，女子についてみてみよう（図8-2-2）．父母の信念がそれぞれの養育態度に与える影響は男子の場合に比べるとやや弱いが一定の強さを維持していることがわかる．そして，次の養育態度から子どもの信念に至るパスであるが，男子の場合とやや異なっている．すなわち，母親の養育態度から子どもの信念にいたるパスは十分強いとはいえないが確認できる．ただ，父親の養育態度から子どもの信念にいたるパス係数は，−.12と弱い負の値となっている．一方，父親の養育態度から信念を介さずに直接タイプAに影響を与える弱いパスが確認できるが，これは男子の場合と異なり正の値をとっている．なお，このパスのことを考慮すると上記の父親の養育態度から子どもの信念にいたるパス係数が負の値をとるのは，もしかすると，多重共線性の

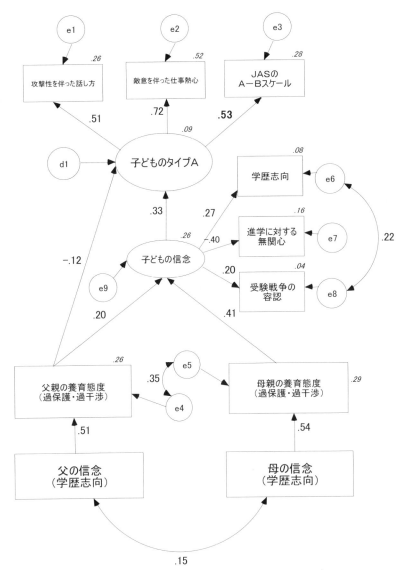

図 8-2-1　両親の信念が養育態度，子どもの信念を経て子どものタイプAに与える影響（男子）
(注) パス係数のうち太字のものはモデルによって1に固定されたことを，また，斜体の数字は説明率を示す．

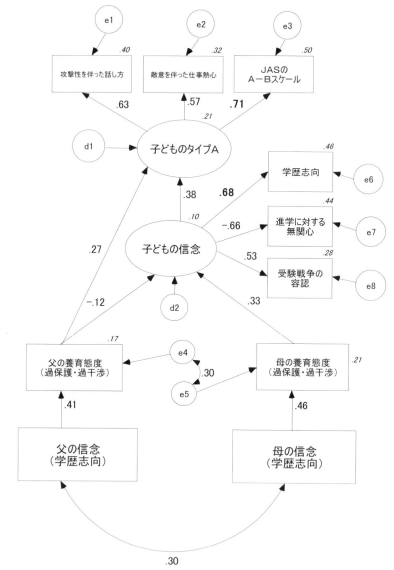

図 8-2-2 両親の信念が養育態度，子どもの信念を経て子どものタイプAに与える影響（女子）
（注）パス係数のうち太字のものはモデルによって1に固定されたことを，また，斜体の数字は説明率を示す．

影響も排除できないかもしれない．潜在変数として仮定された子どもの信念であるが，子どもの信念の観測変数である学歴志向質問紙の3つの下位尺度との関係は男子の場合と異なりおおむねよいようである．そして，この子どもの信念とタイプAとの関係であるが，.38の係数値をもったパスが至っていることが確認できる．

　以上の結果からみると女子の場合も男子の場合と同様に母親についていえば信念が養育態度，子どもの信念を経て子どものタイプAに影響するという関係が確認できることがわかる．ところが父親に関しては養育態度が子どもの信念を介してタイプAに影響を与えているというよりタイプAに直接影響を与えている可能性のほうが高く，むしろ，本研究のモデルよりも，研究10-1のモデルを支持すると思われる結果となった．

5．考察

　父母の学業や学歴面での達成を重視する信念が養育態度を経て子どもの学業や学歴面での達成を重視する信念に影響しさらにそれが子どものタイプAを引き起こすという流れについて検討した本研究であるが，結果は仮説をある程度裏付けることにはなった．本書ではこれまでその理論的背景の多くをPrice (1982) のモデルに負ってきた．その中でも本研究で扱ったモデルは社会文化的な先行要因が家庭環境（すなわち養育態度）という媒介手段を経由し信念と行動からなるタイプAに至る過程を明らかにしたもので，社会的学習理論にベースをおくPriceの理論の中心的な，なおかつ，これまでほとんど実証に手が着けられてこなかった部分を検討したものといってよいであろう．そういう意味でPriceのモデルはようやくその中核部分の実証が行われたのである．

　しかし，詳細に検討すると問題も残されている．なかでも以下の2点は注意すべきことと思われる．すなわち，男子の場合，子どもの学業や学歴面での達成を重視する信念を測定する質問紙の3つの下位尺度とモデルで仮定さ

れた信念の対応が必ずしも適切でないという点と，女子について見れば，父親の養育態度から信念を介さずに子どものタイプAに至る正のパスが低い値ながら確認できた点は，むしろ，研究10-1で検討したモデルの妥当性を示唆している点である．

　このうち前者についていえば，本研究とは異なる質問紙によって学業や学歴面での達成を重視する信念を測定しその下位尺度を観測変数として潜在変数を仮定した研究6では，逆に女子において潜在変数と観測変数との対応が悪くなっている．本書で用いた信念を測定する質問項目は一定の因子的妥当性と信頼性は確認しているがいずれも十分な標準化手続きを踏んでおらず，そうした点で，まだ，改善の余地が残されていると思われる．後者についていえば，男子についてもこのパスが設けられたがここでは負の値をとっており女子は男子とは異なる父親からの影響があることが考えられるが，その理由は明らかでない．

　以上のように，本研究で取り上げたモデルは，必ずしも，納得がゆかない面も散見されており，十分に実証されたとはいいがたい．ただ，全体的な適合度に関する指標は，同じサンプルを対象とした研究10-1で取り上げたモデルと比べると相当改善が見られており，そうした点を考えると，やはり，本研究で取り上げたモデルに軍配があがると判断してもよいのかもしれない．

　ところで，研究10-1，本研究を通していえることであるが，男女差が存するとはいえ，概して母親からの影響のほうが父親からの影響より大きい．これは，我が国の場合，一般に女性に対する性役割期待などから，少なくともこの調査が行われた時点では，子育てが母親中心になりがちであった（たとえば，総務庁青少年対策本部，1996）ということとも無関係ではないであろう．

第6節　タイプAの親子間での類似性の検討（研究11）

1．問題の所在

　タイプAの発達に寄与する親子関係に関連した要因として養育態度の占める割合が大きいことはいうまでもない．しかし，一方で，親子間でのタイプAの類似性を指摘する研究（たとえば，Matthews, et al., 1986; Yamasaki, 1994）も以前より知られている．第2章でも紹介したがこの類似性については両親自身のタイプAをモデルに子どもが観察学習を行いタイプAが形成されたためとする見方もある．もちろん，親子間でタイプAの類似が見られることのみを以ってそこに観察学習が生起していることすることを即断するのは性急だが，いずれにしろタイプAが親子間で類似性を有する可能性は，タイプAの発達を考える上で何らかの手がかりになるといってもよいであろう．
　ところで，我が国においてはタイプAの親子間での類似性を検討した研究は，Yamasaki（1994）の研究が報告されているのみである．この研究は幼児とその両親を対象としたものである．一方，本書では主に児童期から青年期におけるタイプAの発達モデルの検討を行ってきた．また，第2章で紹介したように海外での先行研究がタイプAの親子間の類似性を養育態度と併置させ検討していることを考えると，本書でもタイプAの親子間での類似性について考慮してみる必要はあるだろう．しかし，そのためのデータが我が国では幼児を対象としたもののみしか報告されていないのである．そこで，今回は，大学生とその両親を対象としてタイプAの親子間での類似性を検討してみることとした．

2．目的

　大学生（子ども）とその両親を対象としタイプAを測定しその類似性を検討する．

3．方法

（1）対象者

本研究では下記の2つの異なるサンプルが対象者となった．

サンプル1については研究10-1，研究10-2と同じ対象者である．ただし，これらのサンプルについては後述のようにタイプAの測定法に必ずしも十分といえない面があると考えられた．そこで，これとは異なるサンプル2によって再調査を行うこととなった．そのため，結果的に2つのサンプルからなる調査結果を得ることになり，それらを併置し検討することとなった．

<u>サンプル1</u>：前述のように研究10-1，研究10-2と同じ大学生276名（男子147名，女子129名），および，その両親552名（父親276名，母親276名）の，合計828名である．

<u>サンプル2</u>：関東地方の私立大学と医療系国立大学各1校の大学生395名（男子228名，女子167名），および，その両親790名（父親395名，母親395名）の合計1185名．

（2）調査に用いた質問紙

<u>サンプル1</u>：タイプAを測定するための尺度としては研究10-1で用いられたタイプA行動パターン評価尺度（山崎ら，1994）が大学生および両親の双方に実施された．

また，研究10-1でも記したように子どもに対しては大学生用 Jenkins Activity Survey（以下，JASと略す）（form-T）の日本語版（橋本，1981）のうちA-Bスケール21項目も同時に実施した．

<u>サンプル2</u>：子ども両親の双方に改訂版タイプA行動パターン評価尺度（岡崎ら，1995）が実施された．

（3）手続き

サンプル1については研究10-1の手続きの項に示した通りである．父母を

対象とした質問紙と，子どもを対象とした2種類の質問紙を他の調査のための質問紙も含め1つの小冊子に綴じたものを子どもに配布した．サンプル2についても，これらの上で紹介した父母および子どもを対象とした3種類の質問紙を他の研究のための調査も含め1つの小冊子に綴じたものを子どもに配布した．いずれのサンプルについても子どもが，冊子を自宅に持ち帰り，子ども自身，及び，父母はそれぞれの該当する箇所を無記名で記入してもらい回収する方法をとった．

なお，実施にあたって本調査は研究のために行われるもので成績評価とは関係ないこと，プライバシーの保護には十分配慮すること，本人，父母いずれの対象者についても回答できない事情がある場合，回答したくない場合などは回答を拒否できることが伝えられた．

4．結果

結果の分析はこれまで同様，男子，女子の別に行った．

（1）サンプル1について

まず，サンプル1について，父母，子どもを対象に行ったタイプA行動パターン評価尺度の3つの下位尺度の得点を算出した．

そして，それらの得点をもとに父母のタイプAと子どものタイプAの類似をこれまで同様，共分散構造分析を用いたパス解析を実施した．共分散構造分析の実施にあたっては父母，子どものいずれについてもそれら3つの尺度得点を観測変数とした潜在変数としてのタイプAを仮定し，父および母のタイプAから子どものタイプAに向かってパスが至るモデルを仮定し計算を行った．しかしながら，タイプAを3つの下位尺度得点を観測変数として潜在変数を仮定した場合，第3因子の「情動性」と潜在変数の関係が弱く，この変数をタイプAの観測変数とすることは適切でないように思われた．この下位尺度については研究10-1でも述べたように妥当性に問題があることも考慮

して削除し，残りの2つの下位尺度を観測変数とした観測変数を仮定して，再度計算を行った．得られた結果のうちパスダイアグラムの女子のパスダイアグラムを図8-3-1に示す．女子については母親のタイプAの潜在変数から子どものタイプAの潜在変数に高い係数をもったパスが至っており母親と女子のタイプAの類似性が確認できる．父親からのそれはパス係数は小さい．なお，このモデルの適合度の指標であるが，$\chi^2 = 4.54$（df=6, p=.60），GFI = .99，AGFI = .96，RMR = .47，RMSEA = .00であり十分な値となっている．

一方，男子についてであるが，拘束されるパラメーターの数や誤差項の相関の仮定などにさまざまな検討を加えたが，いずれも不適解が得られるに止まった．

ところで，先に見たように研究10-1では，子どものタイプAについては，タイプA行動パターン評価尺度のうち「話し方」，「仕事熱心」の2つの下位尺度，および，JASのABスケールの合計3つを観測変数とする潜在変数として捉えている．しかし，本研究のサンプルは研究10-1と同一であるが，JASのABスケールについては子どものみを対象として行われ父母については実施されていない．ただ，子どものタイプA行動パターン評価尺度のうち「話し方」，「仕事熱心」の合計得点とJASのABスケールの相関係数が.45（p<.001）と比較的高かったことも考慮し，子どものタイプAの潜在変数のみはタイプA行動パターン評価尺度のうち「話し方」，「仕事熱心」の2つの下位尺度，および，JASのABスケールの合計3つの観測変数から仮定することとし，他はほぼ同じ手続きでパス解析を実施してみた．その結果，男女のいずれについても拘束するパラメーターや誤差項間の相関の仮定を様々に設定してみたが，父親のタイプAについての潜在変数から子どものタイプAの潜在変数に至るパスを仮定した場合不適解となった．図8-3-2（男子），および，図8-3-3（女子）は父親のタイプAから子どものタイプAに至るパスを除いたものである．母親のタイプAから子どものタイプAに至るパス係数は，男子の場合は高いとはいえないがある程度の値が得られている．

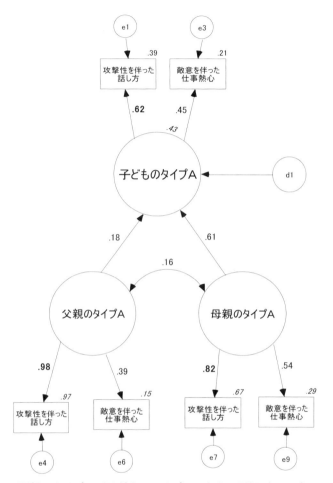

図 8-3-1　両親のタイプAが子どものタイプAに与える影響（サンプル1，女子）
（注）パス係数のうち太字のものはモデルによって1に固定されたことを，また，斜体の数字は説明率を示す．

適合度指標は，男子は $\chi^2 = 27.14$（df = 12, p = .01），GFI = .95, AGFI = .89, RMR = .95, RMSEA = .09，女子は $\chi^2 = 22.18$（df = 12, p = .04），GFI = .96, AGFI = .90, RMR = 1.18, RMSEA = .08となっている．

（2）サンプル2について

サンプル2については，改訂版タイプA行動パターン評価尺度（岡崎・大芦・山崎, 1995）の3つの下位尺度を観測変数として潜在変数としてのタイプAを設定した．他についてはサンプル1の分析とほぼ同じ手順によってパス解析を実施した．男子については拘束するパラメーターや誤差項間の相関の仮定を様々に設定し適合度が高く適切と考えられる解が得られるまで再計算を行った．図8-4-1, 図8-4-2に男女別の結果を示す．適合度に関する指標は，男子は $\chi^2 = 50.05$（df = 24, p = .00），GFI = .96, AGFI = .92, RMR = 2.65, RMSEA = .07，女子は $\chi^2 = 37.03$（df = 24, p = .04），GFI = .96, AGFI = .92, RMR = 1.53, RMSEA = .06と比較的高かったが，父母と子どものタイプAの関係については男子についてはかなり弱いものであった．女子についても全体にサンプル1より弱くかったが，母親と子どもとの関係が父親との関係よりやや強かった点もさきほどと同じであった．

5．考察

本研究では大学生とその両親のタイプAを測定し親子間でのタイプAの類似性を比較したが，結果は2つのサンプル間である程度共通したものであった．つまり，どちらのサンプルも女子の場合比較的親との類似性が認められるが男子ではあまり認められなかった．また，男子に比して関係の認められた女子についてみると，どちらのサンプルでも母親と子どもとの関係が父親との関係よりやや強かった．

この類似性をいかに解釈するかであるが，まず，率直に述べて，遺伝性の要因を考えることは難しいと思われる．なぜなら，少なくとも心理的な変数

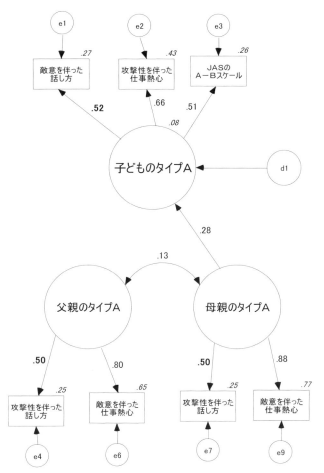

図 8-3-2　両親のタイプAが子どものタイプAに与える影響
（サンプル1，JASを加えた場合，男子）

(注）パス係数のうち太字のものはモデルによって1に固定されたことを，また，斜体の数字は説明率を示す．

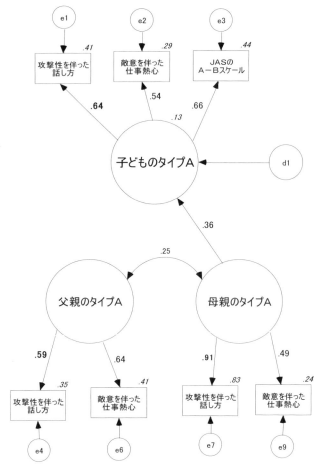

図 8-3-2 両親のタイプAが子どものタイプAに与える影響
（サンプル1，JAS を加えた場合，女子）

（注）パス係数のうち太字のものはモデルによって1に固定されたことを，また，斜体の数字は説明率を示す．

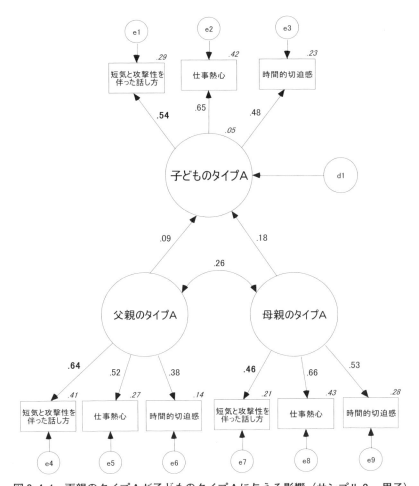

図 8-4-1 両親のタイプAが子どものタイプAに与える影響(サンプル2,男子)
(注) パス係数のうち太字のものはモデルによって1に固定されたことを,また,斜体の数字は説明率を示す.

258 第2部

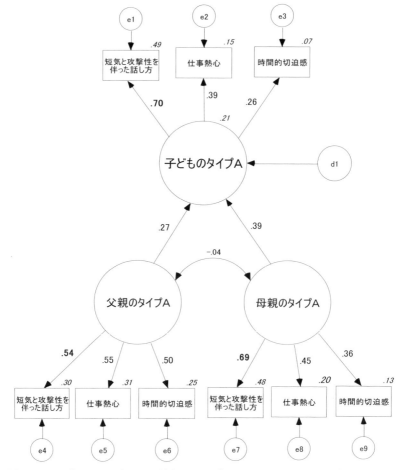

図 8-4-2　両親のタイプ A が子どものタイプ A に与える影響（サンプル 2, 女子）
(注) パス係数のうち太字のものはモデルによって 1 に固定されたことを，また，斜体の数字は説明率を示す．

に関していえば，遺伝が性によって選択的に行われるとは考えにくいからである．むしろ，研究8でも述べたように本研究の対象となった母親に一定以上の専業主婦が含まれていることを考えると，母親は父親よりも子どもに接する時間が長く，そうした意味で母親の影響が父親に比べ強く，また，同性である女子に影響したと解釈することが現実的と思われる．

では，この母親の影響というものが具体的にどのようなものであったかであるが，可能性としては以下の2つが考えられる．まず，1つめ，タイプA傾向の強い親は子どもに対して学業などの達成を重視することを是とする信念を保持している可能性があることは研究8で明らかになったが，そのことから考えると親のタイプAが信念や養育態度を経由して子どものタイプAの形成を促進しているという仮説が導かれる．ただ，研究8において子どもに対する信念とタイプAとの関係が明らかに見られたのは主として父親であったことは，母親の影響がより顕著であった本研究の結果と矛盾する．

そこで2つめの仮説として考えられるのが，第2章でも紹介したタイプAの親子間での類似性の背後にあるモデリングの可能性である．これは，両親のタイプAを子どもが観察学習によって身につけるというものである．確かにこの説に従えば，本研究の結果は，専業主婦で子どもと接する時間が長い母親のタイプAが同性で模倣しやすい女子のタイプA形成に影響していたとみなすことができ，そこに符合するものがある．また，タイプAの発達に与える両親の影響について同性の親からの影響は観察学習によるものが大きく，異性の親からの影響は養育態度の影響が大きいとしているBracke（1986）の見解とも一脈通じる．

しかし，前述のように親子間での類似性だけを根拠に観察学習の存在を主張することはやはり無理があろう．ただ，現段階で観察学習の存在を明らかにするために他に有効な方法がある訳でもなく，これについては実質的にはこれ以上深入りすることできない．山崎（1995）も，そもそも親子間のタイプAの類似性を検討する方法では観察学習以外の要因を排除することは難し

く，また，タイプAの形成自体が比較的長期に渡って行われることを考えると，短時間の実験によって観察学習が生起することを確認することも難しいと述べている．

　以上のように親子間でのタイプAの類似性は，養育態度によるタイプAの形成以外の何らかのプロセスの存在を推測させるものではあるが，現段階ではそれを明らかにするまでには至っていないのである．

第7節　本章の要約

　本章では，タイプAの発達における環境からの影響を説明する主要な要因と考えられている養育態度とそれに関わる若干の問題を扱った．まず，研究9-1では小学生，研究9-2では中学生を対象とし，タイプAと関連している養育態度について確認した．その結果，両親の学業や学歴面での達成を重視する信念が反映された養育態度がタイプAの発達と関連していることを明らかにした．つづいて，研究10-1では，小中学生を対象にした研究結果を受けて，両親の信念が養育態度を媒介して子どものタイプAに至るモデルが提起され検討された．さらに，研究10-2では，その改良モデルとして，両親の養育態度が子どもの側の信念の形成を経てタイプAの形成につながっている可能性が検討された．以上，研究10-1，研究10-2では主として母親と男子の間で仮定されたような発達のプロセスが確認された．一方，研究11では，両親と子どもとのタイプAの類似性を検討し，母親—娘間で比較的安定した類似性がみられることを明らかにした．これについては，観察学習など養育態度によらない両親の影響の可能性も推測されたが，それを十分に裏付けるには至らなかった．

第9章　タイプAの個人的先行要因としての自己愛性パーソナリティの検討

第1節　タイプAの個人的先行要因としての自己愛の概念

　第4章で述べたように，Price（1982）のモデルでは個人的先行要因（personal antecedents）として認知的要因，生理的要因というものを仮定しているが，これらが具体的に何を指すかについての言及はない．また，山崎（1995）のモデルではタイプAの発達の要因として，環境要因に比べると大きくはないものの，一定程度の遺伝的要因の存在を考えているが，これについても具体的な内容に関してはとくに触れられていなかった．第5章では，このような先行要因や遺伝的要因について取り上げ，それらが実質的に抽出が難しいものであると述べた．しかし，タイプAの規定要因としては，第7章で主に取り上げた信念を補うものとして広義の意味での力動的なパーソナリティ要因が考えられた．したがって，そのような意味でPriceや山崎のモデルが何らかの潜在的な要因を仮定していたことは無意味でないと思われた．さらに，そのようなものとして，先行研究を踏まえながら自己愛性パーソナリティが考え得ることを指摘した．

　この章では，このようなタイプAの規定要因としての自己愛性パーソナリティについて検討を加えてゆく．

　すでに第1章，第5章でも述べたように，Fukunishi, et al.（1996）らはアメリカ，日本，中国の大学生を対象とし質問紙で測定したタイプAと自己愛性パーソナリティの間に中程度の相関係数が得られることを確認している．しかし，この研究ではタイプAはJASのA-Bスケール，自己愛性パーソナリティは自己愛人格目録（Narcissistic Personality Inventory; Raskin & Hall, 1979）

を用いて測定し，これら両者のいずれも1つの合計得点として算出され，その相関係数を求めるという方法をとっている．したがってタイプAと自己愛性パーソナリティとの類似は明らかになってはいるものの，それがPriceなどのいうような意味での個人的先行要因，すなわち，規定要因となっているかについては明確ではない．

自己愛性パーソナリティをタイプAの発達を包括的に考える上での1つの規定要因と考えるのであるならば，その類似性を指摘するばかりではなく，少なくとも理論的，実証的な方法のいずれかで，それが規定要因となりうることを明らかにしなくてはならないだろう．

本章ではそうした問題について明らかにしてみたい．

さて，自己愛性パーソナリティがタイプAの先行要因として位置づけられるかについて検討するにあたって，自己愛性パーソナリティの概念についてもう一度考えてみる．

通常，自己愛性パーソナリティの概念については2つの側面から考えられることが多いと思われる．まず，1つは力動心理学的，精神分析的な立場からの理論化であり，第1章で紹介したH. Kohutの自己心理学（self-psychology, Kohut, 1971; Kohut & Wolf, 1978）による説明がその代表としてあげられるであろう．これらの理論はS. Freud以来，リビドー，すなわち，エネルギー概念とそれに対応する人格構造から自己愛性パーソナリティを説明する．

一方，DSM-Ⅳ（American Psychiatric Association, 1994），やDSM-5（American Psychiatric Association, 2013）における自己愛性パーソナリティ障害（narcissistic personality disorder）などに代表される立場があり，それらは自己愛性パーソナリティの臨床像や行動特徴を記述し列挙してゆくという方法をとる．この種の研究のなかには自己愛性パーソナリティにいくつかのサブタイプを仮定するものがある．たとえば，Millon（1998）は，自己愛性パーソナリティの亜型として，（1）正常なタイプ，（2）無節操なタイプ，（3）多情なタイプ，（4）代償的なタイプ，（5）エリート主義的なタイプ，（6）狂信的な

タイプの6種をあげているが，そのなかの（5）エリート主義的なタイプについていえば，自分を優位におき，そのために競争的な達成に没頭するその特徴はタイプA者との類似がみられる．

このように自己愛性パーソナリティについてはこれら2つのアプローチによる様々な理論が錯綜するなか，統一的な見解は未だに得られてない．こうした状況について，Kernberg（1998）は自己愛の概念化が，精神分析，深層心理学的な水準と臨床的な水準の2つの方向から行われてきたため複雑になってしまっていると指摘している．

タイプAとの関連でいえば，Millon（1998）のように臨床像や行動特徴にもとづく分類のなかで比較的，適応上の問題の少ないケースがタイプAと類似してくることもあるのかもしれない．Fukunishi, et al.（1996）のような健常者を対象とした調査研究で，自己愛性パーソナリティとタイプAとの間にある程度の強さの相関が得られるのもこうしたことによると思われる．

しかし，本章で検討するのは，自己愛性パーソナリティがタイプAの先行要因となりうる可能性についてである．したがって，両者の類似性にばかり眼を向けるよりも，自己愛性パーソナリティがタイプAにとって潜在的，あるいは，基底的な特徴をもっており，それが後にタイプAの発現を予測させる可能性をさぐるべきであろう．そういう意味では，自己愛性パーソナリティの説明理論としてKohutなどによって精神分析的，深層心理学的な理論が構築されてきたことは意味あることであろう．これら精神分析的，深層心理学理論は自己愛性パーソナリティが形成される時期を幼児期など発達の初期に求めることが多いからである．そのようにして発達の初期の段階で形成された自己愛性パーソナリティが個人的な先行要因となり，本研究の第6章から第7章までに紹介したように児童期から，思春期，青年期を通して社会的な価値観などを取り入れながらタイプAを発達させて行くことが比較的容易に考えうるからである．

ただ，そうした精神分析的，深層心理学的な説明にもとづく自己愛性パー

ソナリティを実証的に捉え，発達的研究の規定要因として検討することは，現実には困難が伴う．そこで，そうした精神分析的，深層心理学的なアプローチによることなく，理論的な背景を踏まえた上での実証のなかで自己愛性パーソナリティがタイプAの個人的先行要因として位置づけられ得るかについて検討してみる必要があろう．そのためには，自己愛性パーソナリティがタイプAと類似性を示しながらも，一方で，同一概念ではなく相違点も示すこと，そして，それがタイプAの先行要因としてモデルに組み込みうることなどを示すことができればよいと考えられる．また，さらに，本書の第7章，第8章でタイプAを規定する要因として一貫して検討して来たタイプAに関連した信念（以下，本章では信念とのみ表記する）との関係もそのモデルのなかに位置づけることができれば，より，タイプAの発達研究における自己愛性パーソナリティの意味を示す可能性が高まるであろう．

以下，本章ではこの問題について検討する．

第2節　タイプAと自己愛性パーソナリティとの関連性について
　　　　（研究12-1）

1．目的

自己愛性パーソナリティとタイプAとの相違点，および，類似点を確認する．また，さらに自己愛性パーソナリティがタイプAの個人的な先行要因となりうる可能性も確認する．

2．方法

(1) 対象者

関東地方の国立大学の1年生223名（男子84名，女子139名）

(2) 調査で用いた質問紙

自己愛性パーソナリティを測定する質問紙：自己愛性パーソナリティを測定

する質問紙については小塩（1998）による自己愛人格目録短縮版（NPI-S）を用いた．この質問紙は欧米でよく用いられているRaskin & Hall（1979）のNarcissistic Personality Inventoryを参考に構成されたもので優越感・有能感（10項目），注目・称賛欲求（10項目）自己主張性（10項目）からなる．今回はこれを5件法（「とてもよくあてはまる」「どちらかというとあてはまる」「どちらともいえない」「どちらかというとあてはまらない」「まったくあてはまらない」）で実施した．
タイプAを測定するための質問紙：これまでと同様に岡崎ら（1995）によって作成された改訂版タイプA行動パターン評価尺度を用いた．

（3）手続き

上記の2つの質問紙のほか他の研究のための質問紙を1つの冊子に綴じたものを授業時に配布しその場で無記名で記入してもらった．なお，実施にあたって本調査は研究のために行われるもので成績評価とは関係ないこと，プライバシーの保護には十分配慮すること，どうしても回答したくない場合は回答しなくてもよいことが伝えられた．

3．結果
（1）相関係数による検討

自己愛性パーソナリティとタイプAとの類似性，相違点を多面的に検討するために自己愛人格目録短縮版（以下，NPI-Sと略す），および，改訂版タイプA行動パターン評価尺度のそれぞれの3つの下位尺度間の相関係数を算出した．相関係数の算出にあたってはこれまでと同様に男女別で行った．結果を表9-1-1，9-1-2に示す．

男子について言えば算出された9つの相関係数のうち7つまでが有意なものとなっている．まず，タイプAの1つめの下位尺度，短気と攻撃性を伴った話し方との間には，NPI-Sの注目・称賛欲求および，自己主張との間に

弱い正の相関が得られた．タイプAの2つめの下位尺度，仕事熱心は，NPI-Sの3つの下位尺度のすべてと有意な相関係数を見いだした．なかでも，自己主張との間の相関係数はかなり高いものとなっている．第3因子，時間的切迫感についてはやはりNPI-Sの注目・称賛欲求，自己主張との間で正の相関が得られている．

つぎに女子について検討する．改訂版タイプA行動パターン評価尺度とNPI-Sのそれぞれの下位尺度同士の相関関係は女子の場合男子ほど明白には見られていない．しかし，タイプAの1つめの下位尺度，短気と攻撃性を伴った話し方との間には，NPI-Sの注目・称賛欲求，および，自己主張との間に正の相関が得られている点は男子と同様であり，タイプAの2つめの下位尺度，仕事熱心とNPI-Sの，優越感・有能感，および，自己主張性の2つの下位尺度との間の相関関係も有意となっている．ただ，タイプAの3つめの下位尺度，時間的切迫感についてはNPI-Sの3つの下位尺度のいずれとの間にも有意な相関係数が見いだせていない．

（2）共分散構造分析による検討

本書では，これまでもタイプAの規定要因とされる概念がタイプAに与える影響を検討するために共分散構造分析によるパス解析モデルを構成し，データとの適合度を検討してきた．そこで，本研究でも同様に個人的先行要因とされる自己愛性パーソナリティがタイプAの規定要因となりうる可能性を，共分散構造分析によるモデルの検討によって確認する．

モデルであるが，潜在変数としての自己愛性パーソナリティがタイプAに影響を与えるというモデルを仮定した．自己愛性パーソナリティとしての潜在変数についてはNPI-Sの3つの下位尺度が観測変数として対応づけられた．タイプAに相当する潜在変数についてはこれまでと同様に改訂版タイプA行動パターン評価尺度の3つの下位尺度が観測変数として位置づけられた．

共分散構造分析の実施にあたっては，これまで同様に男女別に行った．パ

表 9-1-1　NPI-S と改訂版タイプ A 行動パターン評定尺度との相関係数（男子）

タイプA	NPI-S		
	優越感・有能感	注目・称賛欲求	自己主張性
短気と攻撃性を伴った話し方	−.045	.240*	.362**
仕事熱心	.298**	.381***	.591***
時間的切迫感	−.014	.337**	.312**

(注)　***p<.001，**p<.01，*p<.05

表 9-1-2　NPI-S と改訂版タイプ A 行動パターン評定尺度との相関係数（女子）

タイプA	NPI-S		
	優越感・有能感	注目・称賛欲求	自己主張性
短気と攻撃性を伴った話し方	.115	.378***	.326***
仕事熱心	.417***	.131	.431***
時間的切迫感	.117	.076	.127

(注)　***p<.001

ラメータの設定などを検討しながらモデルの適合度の推定を行った結果を図 9-1-1，および，図 9-1-2 に示す．

全体的なモデルの評価であるが，男子についていえば，$\chi^2=21.68$（$df=8$, p=.01），GFI=.91，AGFI=.78，RMR=2.38，RMSEA=.14，女子では，$\chi^2=29.88$（$df=8$, p=.00），GFI=.94，AGFI=.84，RMR=3.03，RMSEA=.14となっており，GFIが.9を越えているもののその他の指標から見る限り十分に適合的なモデルとはいえない．ただ，潜在変数としての自己愛性パーソナリティからタイプAに至るパス係数は比較的高く，自己愛性パーソナリティがタイプAに影響を与えている流れがモデル化されている．

4．考察

タイプAと自己愛性パーソナリティの類似性および相違を2つの質問紙の下位尺度間の相関係数を算出し検討したところ，男子ではかなり多くの尺度

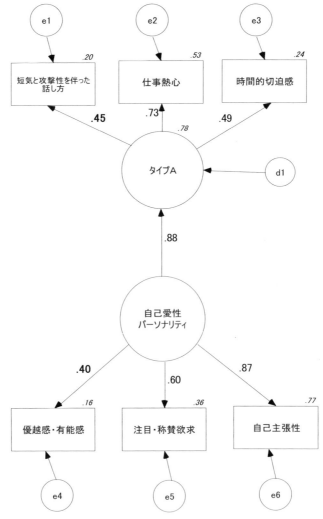

図 9-1-1 自己愛とタイプAとの関係（男子）

(注) パス係数のうち太字のものはモデルによって1に固定されたことを，また，斜体の数字は説明率を示す．

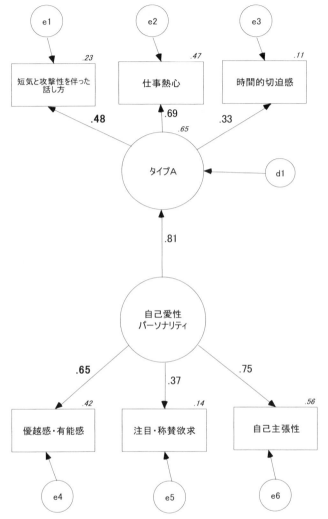

図 9-1-2　自己愛とタイプAとの関係（女子）

(注) パス係数のうち太字のものはモデルによって1に固定されたことを，また，斜体の数字は説明率を示す．

間で有意な相関が得られ，NPI-Sの注目・称賛欲求，自己主張性の2つの下位尺度はタイプAのすべての下位尺度と有意な相関が得られている．しかし，女子は男子にくらべると必ずしも多くの尺度間で相関が得られたわけではなく，自己主張性はタイプAの2つの下位尺度と，優越感・有能感，注目・称賛欲求の2尺度についてはタイプAの1つの下位尺度との間に有意な相関が得られたにとどまった．なお，男子についても，NPI-Sの下位尺度のうち優越感・有能感についてはややタイプAと関連が弱いように思われた．おそらく，第1章でみたようにタイプA者は絶えず他者を自身と比較し自己を優位に保つために達成的，競争的な傾向を強めてゆくことが指摘されているが (Strube, et al., 1987)，このような指摘からも分かるようにタイプA者は自己愛性パーソナリティの強い者が示すような無条件の優越感のようなものは比較的感じにくいのではないかと思われる．また，女子について言えば，タイプA者が必ずしも強い注目・称賛欲求を示していない様子もうかがえるが，このあたりもタイプAと自己愛性パーソナリティの違いを示す点と思われる．

　以上のようにタイプAと自己愛性パーソナリティは，ある程度の類似点も認められるが，とくに女子についていえば相違点も目立つのである．したがって，Fukunishi, et al. (1996) の研究のように類似点を強調するのではなく，むしろ，類似点と相違点の両者が存在することを明言すべきであろう．また，そうであるほうが自己愛性パーソナリティをタイプAの先行要因として位置づける意義もより確かなものとなるように思われる．

　しかし，共分散構造分析で潜在変数としての自己愛性パーソナリティがタイプAに与える影響を検討した場合についていえば，男女のかかわりなく，その影響を示すパス係数は比較的高い値が得られていた．つまり，自己愛性パーソナリティをタイプAの先行要因として位置づけることは，共分散構造分析によるモデル上でも確認されたことになる．とはいえ，モデルの適合度を示す指標の値は，本書で実施した他の共分散構造分析によるモデル化に際して得られた値より低く，データがモデルに十分適合していないおそれがあ

った．これについては，サンプル数があまり多くないことを原因に帰することもできる．しかし，たとえば，同様に必ずしもサンプル数の多くない研究6などでも適合度指標については本研究よりやや高い値が得られていたことを考えると，別の原因も考えてみるべきであろう．そのように考えると，やはり，自己愛性パーソナリティはタイプAの規定要因として，必ずしも，大きな比重を占めるものではなく，これまでも検討してきた信念がタイプAの規定要因としてかなりの影響を持っているのではないかと思われる．そこで，つぎに，本研究で測定した自己愛性パーソナリティと研究4で測定した信念の双方を同時に測定し，この2つの要因がタイプAの形成に影響を与えるモデルを構成し検討してみる必要があると思われる．つぎに，それについて検討してみる．

第3節　タイプAと自己愛性パーソナリティおよび信念との関係
　　（研究12-2）

1．問題の所在

　前節ではタイプAと自己愛性パーソナリティが一定の類似性を持ちながらも，それぞれ異なる側面を維持していることを明らかにした．また，共分散構造分析を用いたモデルのなかで，それがタイプAの規定要因として位置づけうる可能性についても示した．

　そこで，次に本節では，この自己愛性パーソナリティが，第7章，第8章で一貫してタイプAの規定要因として取り上げられてきた信念を組み込んだ発達モデルのなかでいかなる位置づけが可能かについて検討してみたい．

　第7章，第8章でも検討したように，タイプAが形成され行動が発現する規定要因として直接的な位置を占めるのはいうまでもなく信念であろう．実際に，本書が大きく依拠している Price (1982) のモデルでもそのような位置づけがなされている．

（A）モデル1

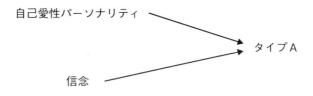

（B）モデル2

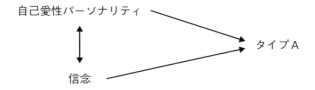

（C）モデル3

（D）モデル4

図9-2　本研究で検討する4つのモデル

一方，Priceのいうところの個人的先行要因に準ずるものとして仮定された自己愛性パーソナリティはタイプA，信念とどのような関係にあるのであろうか．まず，モデルとして考えられるのは，先行要因であるところの自己愛性パーソナリティが時間的に先に位置し，それにつづいて信念が形成され，さらに，タイプAの発達を促す，というものであろう（以下，このモデルをモデル1とする．図9-2の(A)参照）．しかし，研究12-1でみたようにタイプAと自己愛性パーソナリティとの間には一定の相関がみられることから，実際は自己愛性パーソナリティは，タイプAと信念の双方に影響していると考えられる．そこで，自己愛性パーソナリティは，タイプAおよび信念の双方に影響し，さらに信念がタイプAに影響をあたえている，というモデル（以下，モデル2．図9-2の(B)参照）の可能性も考慮するに値する．

以上のモデルは，自己愛をモデルの始発点と考えたものであったが，これとは別に，自己愛性パーソナリティと信念との双方がそれぞれ独立してタイプAに影響している，というモデル（以下，モデル3．図9-2の(C)参照）も考えられる．さらにこのモデル3の変形として，自己愛性パーソナリティと信念との間に相関関係を仮定するモデル（以下，モデル4．図9-2参照の(D)）も検討してみたい．

以下，本研究ではこの4つのモデルの比較検討を行いたい．

2．目的

自己愛性パーソナリティ，信念，タイプAの3つの概念間の関係についてとくに上に述べた4つのモデルの比較検討を中心におきながら検証する．

3．方法

（1）対象者[1]

首都圏の国立大学の大学生157名（男子56名，女子101名）．

（2）調査に用いた質問紙

<u>自己愛性パーソナリティを測定する質問紙</u>：研究12-1で述べたように小塩（1998）による自己愛人格目録短縮版（NPI-S）が用いられている．

<u>信念を測定する質問紙</u>：研究4-1で作成した項目のうち因子分析によって抽出された3つの因子に対応する項目24項目を用いた（表7-3，および，表9-2参照）．この23項目は競争による達成に価値をおく信念（10項目），他者に対する不信と猜疑の信念（7項目），仕事に対する強迫的なこだわりの信念（7項目）からなる．実施にあたっては今回も4件法（「あてはまる」「ややあてはまる」「あまりあてはまらない」「あてはまらない」）を用いた．

表9-2　信念を測定する質問紙

項　　目
1．正しいことをしていればいつかは必ず認められる（3）
2．人生の勝者になろうとするならば他人より少しでも多く努力しなければならない（3）
3．世の中には価値のある人間と価値のない人間がいるのは まぎれもない事実である（2）
4．うっかりしていると他人に先を越されて自分が損をしてしまうと思うことがある（2）
5．進学や就職，国家試験などに失敗することは多少とはいえ人生の価値を減じることになる（1）
6．誰かを復讐してやりたいと思っている（2）
7．自分が損をさせられたら相手にも同じだけ損をさせてやらないと気が済まない（2）
8．自分の価値を他人から認めてもらうためには相当に努力しなくてはない（3）
9．本当に良いことをすることより，世間から良いと思われることをするほうが大切だ（1）
10．人生の勝者になれるものはそれほど多くないのだから のんびりしているわけにはゆかない（1）
11．ひどいめにあわせられたら，相手に対して仕返しをしてやりたくなる（2）
12．価値あるものを手に入れようと思ったら他人より少しでも先にはじめなくてはならない（1）
13．人生でもっとも大切なことは成功することだ（1）
14．何かを上手にするためにはゆっくりとやることが必要だ（3）
15．物事が時間通りきちっと終えられないなんて耐えられない（2）
16．人が自分を好きになれるのはその人が絶えず何かしらの成功をしつづけているからである（1）

（次のページにつづく）

1）本研究の対象者は研究12-1の対象者と重複している．

17.	人は一生懸命頑張れば自分の人生はほとんど自分の思うとおりにできるはずだ（3）
18.	質の高い結果をだすためには完ぺき主義であることが必要だ（1）
19.	何かをして少しでも納得できる部分があれば質の高い仕事をしたといってよい（3）
20.	何かしようと思ったら，とにかく早くはじめることが重要だ（3）
21.	何かをやって勝利を得るか，敗退するかはその人の人間としての価値の反映である（1）
22.	何かを成し遂げたり完成させたりするための手段となりえないことをしても時間が無駄になるだけだ（1）
23.	ゆっくりしたり，遅れたりすることは失敗を導く大きな原因の1つになりがちだ（1）
24.	人をおとなしく従わせて仕事をうまく運ぶためには 少しは怒ったり怒鳴ったりすることが必要なときもある（2）

(注1) 教示は以下のように行った．
　以下の各文を読んで，「あてはまる」と思ったときは…4　「ややあてはまる」と思ったとき…3　「どちらかといえばあてはまらない」と思ったときは…2　「あてはまらない」と思ったときは…1　を記入してください．
(注2)　項目の後の括弧（ ）内の数字はその項目がどの下位尺度に所属するかを示す．（1）…競争による達成に価値をおく信念，（2）…他者に対する不信と猜疑の信念，（3）…仕事に対する強迫的なこだわりの信念（7項目）

タイプAを測定するための質問紙：研究12-1と同様に岡崎ら（1995）によって作成された改訂版タイプA行動パターン評価尺度が実施されている．

（3）手続き

　上記3つの質問紙を大学の授業時に配布し，その場で記入ののち回収した．なお，実施は無記名とし，さらに，本調査は研究のために行われるもので成績評価とは関係ないこと，プライバシーの保護には十分配慮すること，どうしても回答したくない場合は回答しなくてもよいことが伝えられた．

4．結果

　前述の因果関係の流れを検証するにあたってはこれまでと同様にAmos（version 5.0.1）による共分散構造分析を実施した．自己愛性パーソナリティ，信念，タイプAのいずれについてもそれぞれ用いられた質問紙の3つの下位尺度の得点を観測変数としこれに対応する潜在変数を仮定し，それら潜在変

数間の関係を検討することとした．なお，これまでと異なり今回は男女合計の分析を行った．その理由は①対象者数（とくに男子）が少なく男女別に共分散構造分析を実施することに無理があったこと，②研究4における信念とタイプAとの関係，研究12-1における自己愛性パーソナリティとタイプとの関係のそれぞれが共分散構造分析でモデル化されたが，それらの結果の両者とも顕著な男女差がなかった．したがって，そこで用いた質問紙と同じものをほぼ同じ対象者に実施する本研究でも，男女差が結果に大きな影響を与える可能性が低いと思われたからである．

まず，4つのモデルについて適合度の推定を行った結果，十分な適合度が得られなかったため，観測変数間の相関係数など参考に観測変数の誤差項に一部相関関係を仮定するパスを設定するなど基本的な仮説に大きな影響を与えない程度のモデルの修正を行った．そして，再度，計算を行った結果に標準化されたパス係数を記したものをそれぞれ図9-3-1〜図9-3-4に図示した．なお，4つのモデルのうちモデル2とモデル4とは同値モデルであるが図はそれぞれ別に示した．また，各モデルの全体的な適合度指標に関しては表9-3に示した．

表9-3をみる限り，モデル3については各指標においてその差は大きくないとはいえ他の3つのモデルに比して適合度が低いことを示している．また，各潜在変数に対する観測変数の対応もあまり適切とはいえず，このモデルは妥当性が低いのではないかと考えられる．モデル1とモデル2（および，同値モデルであるモデル4）とを比較するとGFI，AGFI，RMR，RMSEAなどの適合度指標についてはほとんど差がないが，相対的な指標とされるAIC，BICにおいてはややモデル1がすぐれている．

5．考察

本書では主に第7章で信念を，そして，研究12-1では自己愛性パーソナリティをそれぞれ規定要因として位置づけてきたが，本研究ではその両者を組

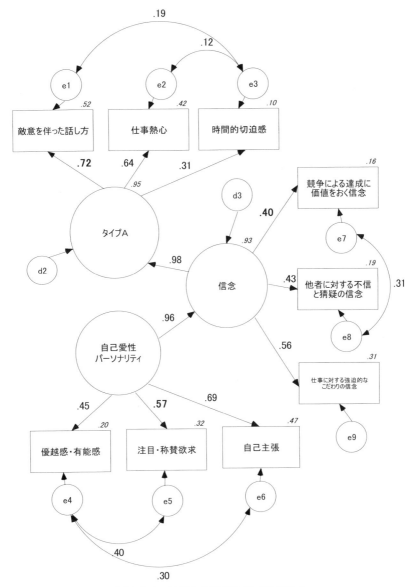

図 9-3-1　モデル 1 のパスダイアグラム

(注) パス係数のうち太字のものはモデルによって 1 に固定されたことを，また，斜体の数字は説明率を示す．

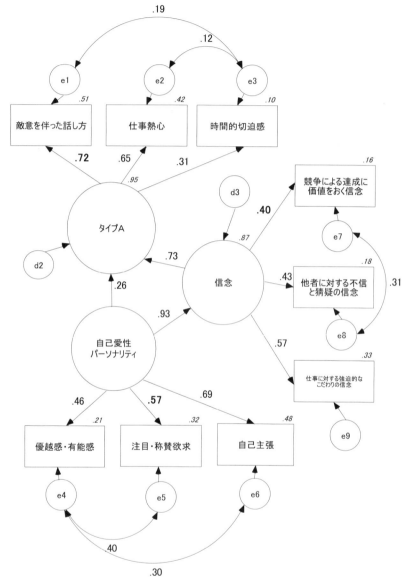

図9-3-2 モデル2のパスダイアグラム
(注) パス係数のうち太字のものはモデルによって1に固定されたことを，また，斜体の数字は説明率を示す．

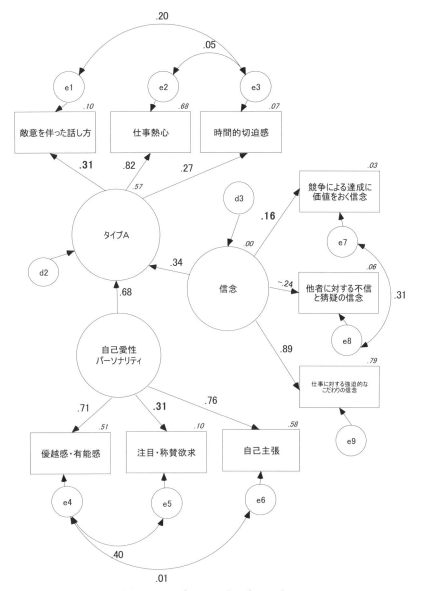

図 9-3-3　モデル 3 のパスダイアグラム

(注) パス係数のうち太字のものはモデルによって 1 に固定されたことを，また，斜体の数字は説明率を示す．

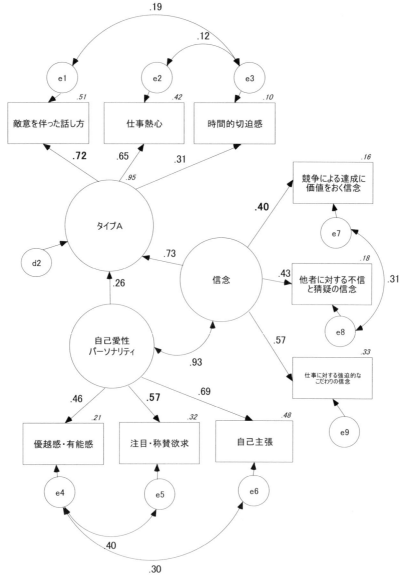

図 9-3-4　モデル4のパスダイアグラム

（注）パス係数のうち太字のものはモデルによって1に固定されたことを，また，斜体の数字は説明率示す．

表9-3　4つのモデルの適合度指標

	χ^2	（自由度 有意確率）	GFI	AGFI	RMR	RMSEA	AIC	BIC
モデル1	47.281	(df=21, p=.001)	.933	.856	3.034	.090	95.281	168.631
モデル2および4(注)	47.162	(df=20, p=.001)	.933	.849	2.992	.093	97.162	173.568
モデル3	53.226	(df=21, p=.000)	.924	.838	6.008	.099	101.216	174.566

(注) モデル2および4は同値モデル

み込んだモデルを検討してみた．その結果，少なくとも，今回とりあげた4つのモデルのうち，自己愛性パーソナリティと信念とがそれぞれ独立してタイプAの発達に影響することを仮定したモデル3については，他の3つのモデルに比較して妥当性が高いと思われなかった．おそらく，両者はそれぞれ別の要因とはいえ相互に関係しながらタイプAの発達に寄与しているものと考えられる．残りの3つのモデル（うち2つは同値モデル）については，相対的な適合度指標を見る限りはモデル1がややすぐれていると思われた．このモデルは個人的な先行要因に位置づけられる自己愛性パーソナリティが直接の規定要因である信念へ影響しタイプAの形成につながるというもので，自己愛性パーソナリティからタイプAに至る流れを仮定していない．そうした意味では，個人的先行要因，すなわち，自己愛性パーソナリティがタイプAの発達モデルのなかでは，タイプAを直接規定しないより潜在的，基底的な要因であること示している．これはPrice（1982）や山崎（1995）らが示唆しているところとも通じるところがある．

しかし，研究12-1で確認されたように自己愛性パーソナリティとタイプAとの間に何らかの相関がみられることを考えれば，やはり，その関係を仮定しているモデル2，あるいは，モデル4を採用するほうが現実的なのかもしれない．この2つのモデルは同値モデルであり，自己愛性パーソナリティと信念との関係を一方的な関係と考えるか，双方向的な相関関係に近いものと考えるかの違いとなる．前述のように自己愛性パーソナリティを時間的に前に位置する先行要因とみればモデル2の一方向的な関係を考えるべきであろ

う．ただ，第7章，第8章で見てきたように信念を規定する要因としては両親の信念や養育態度などが考えられ，Priceのモデルなどでも信念はむしろ社会的な価値観の影響のもとに形成されると想定されている．したがって，時間的に先行するからといって自己愛が先行要因，すなわち，原因となり信念が結果にあたるという因果関係は必ずしも正しいものではないのである．本書を通して得たそうした知見を含めて考えれば，信念が一定以上の時間をかけて形成される間に自己愛性パーソナリティも何らかの寄与を与えているとみなしたほうがよいであろう．そうなると，モデル2は必ずしも適切とはいえないかもしれない（この論理に従うとモデル1も同様に必ずしも適切といえないこととなる）．一方で，モデル4のように信念と自己愛が相互に影響し合うことについては，本調査のように大学生を対象として現在のことについて評定させたデータにおいては現実にあり得ることとも考えられる．ただ，本書のように発達モデルを検討することを主たる目的としている場合，そうした関係を仮定すること自体が実質的にモデルの検証にとって積極的な意味をもつかについては何とも言い難い面もある．むしろ，モデル1について述べたようにタイプAの発達に寄与する個人の潜在的，基底的要因があり，それがモデルの中に組み込めることを示せることのほうが研究の目的にかなっているからである．

　以上のように本研究の結果のみによって自己愛性パーソナリティと信念とがどのような関係を有しながらタイプAの発達に影響を与えるかについては断定的な結論は下せないが，すくなくとも，自己愛性パーソナリティを何らかの意味で，タイプAを規定する要因として信念と並置できることは確かであろう．また，その自己愛性パーソナリティという概念が前述のように主に力動心理学的な背景をもつもので，社会的学習理論を背景に持ち力動的な説明をとらないもう一方の規定要因である信念を補完するものともなるであろう．なぜなら，タイプA者は，達成性，競争性などといった一般的な意味でエネルギッシュな欲求，動機づけの高さをその特徴としながら，これまで出

されたPriceのタイプAの形成モデルではそうした面についての説明が行われることが少ないからである．

　そのような意味で，本研究の結果はタイプAの発達を説明する上で有意味な一歩となったのではないだろうか．

第4節　本章の要約

　本章では，タイプAの規定をなすと思われる先行要因として考えられる自己愛性パーソナリティとタイプAとの関連について検討を加えた．まず，研究12-1では，タイプAを測定する尺度と自己愛性パーソナリティを測定する質問紙のそれぞれの3つの下位尺度を組み合わせ相関係数を算出した．その結果，下位尺度間によっては有意な相関係数が得られる場合と得られない場合がみられた．また，自己愛性パーソナリティがタイプAの先行要因となり影響を与えているモデルが構成され検討された．

　つづく研究12-2では，タイプAの規定要因として自己愛性パーソナリティとこれまでも取り上げてきた信念の両者を組み込んだモデルを構成しその妥当性を検討した．その結果，自己愛性パーソナリティと信念のいずれもタイプAの規定要因となっていることが推定されたが，自己愛性パーソナリティと信念との関係については明確な結論は得られなかった．

第 3 部　総括ならびに結論

第10章　総括ならびに結論

第1節　本書で検討された内容の総括

　本書は，まず，第1部においてタイプAに関する諸研究のなかでも主として心理学的な色彩の強い研究を展望した．タイプAは，心理学のみならず，内科系医学，公衆衛生学，精神医学などにまたがる学際領域として研究が進められてきたため，研究の軸足も研究者人口の多い医学の分野に偏していた．したがって，心理学的な研究を中心にした研究の展望はMatthews (1982)，山崎 (1995) のものなど一部を除けばほとんど報告されていなかった．また，それらについてもMatthews (1982) の展望は発表されてから20年が経過しており1980年代後半のタイプAの研究の発展についての記述がなく，山崎 (1995) の展望は発達的な研究の一部に限られるなど，決して，十分とはいえる状況ではなかった．本書では，第1章でタイプAの心理，行動的特徴を説明する心理学的な理論を，第2章ではその発達，第3章では形成されたタイプAの変容，修正法について展望し，半世紀に及ぶタイプAに関する心理学的研究を集成する作業を行った．

　続く，第2部では，タイプAに関する心理学的な研究のなかでも，とくに，発達的な研究に焦点をあてた．まず，タイプAの発達に関して包括的，多面的にその要因を位置づけたモデルがPrice (1982) のものと山崎 (1995) のものを除けばほとんどないことを紹介した（第4章）．ただ，その2つのモデルも問題点や実証不足などさまざまな未解決な箇所が残されていることを指摘し（第5章），そして，それらについて実証的な研究を試みた（第6章〜第9章）．

　本章では，以上のような本書のなかでもとくに第2部で行われた実証的な

研究の結果を総括しながら，タイプAの発達的研究のなかで本書が果たす役割について議論を行い，結論に代えたい．

第2節　4つの課題と実証的研究についての総括

　第5章ではタイプAの発達的な研究に関連し4つの問題点を指摘した．以下，その4つの問題点が，本研究の実証的な研究のなかでどのように検討されたかについて順に振り返ってみよう．

　まず，第5章では，1つめの問題として，タイプAの発達に関する研究が養育態度など親子関係をタイプA形成の規定要因として検討することに限られており，その他，児童や青年の日常生活のなかでのさまざまな側面が関連している可能性を看過している可能性を指摘した．こうした問題を踏まえ，研究1では小学校5，6年生を対象としてタイプAと生活習慣との関連を検討した．まず，第2章で紹介したようにタイプAあるいはその萌芽と考えられる特徴はすでにこの段階で発現していると考えて良いであろう．一方，小学校高学年に至ると，都市部などでは私立中学校の受験が一般化していることなども例にあげられるが，次第に学業達成が学歴など社会的威信と結びつき，また，それが他者との競争によって相対的に評価されることも理解されてくるだろう．そのような状況において，タイプA者は学習塾などに通うことが多いことなどに代表されるような積極的な学業達成行動を行っていることが明らかになった．つづく研究2では，小学校5，6年生においてタイプAと学習に対する動機づけとの関連を検討したが，ここでは，タイプAと関連する動機づけは好奇心や挑戦心にもとづく内発的なものだけでなく，外的な評価，報酬による外発的なものであることが確認され，タイプA者が見せる学業達成行動がそうした動機づけによって支えられている可能性が示唆された．

　さらに，研究3では中学1年から3年生を対象とし，学習に対する動機づ

けや学業達成行動の指標としての勉強時間などがタイプAとの関連で検討された．このうち学習に対する動機づけについていえば，中学1年生では内発的な動機づけ傾向とタイプAとの関係もみられたが，3年に至るとタイプA者は明らかに外発的な傾向を強めていった．また，勉強時間についてもタイプA者は非タイプA者よりも全般に早くから受験を意識し長くなっている可能性が指摘された．このようにタイプA者は，その達成的，競争的な特性から，高校受験を控えた中学3年のような状況下でよりタイプA的な達成的，競争的傾向を強めてゆく可能性が考えられた．そして，そのような状況で達成的，競争的な場面に自らをおくことでさらにタイプA的とされる達成的，競争的な傾向を強めてゆくのではないかと推測された．

このように第6章の3つの研究では，タイプA者が小学生や中学生の時期を通して親子関係以外の状況が規定要因となり，よりタイプA的な傾向を強めてゆくことが示唆された．

さて，次に2つめの問題は，タイプAの規定要因としての信念の問題についてである．これについてはPriceのモデルでも信念をタイプAの核と呼び，それをタイプA的とされる行動が発現する規定要因として位置づけている（第4章参照）．しかし，第5章で見たようにこの実証についてはWatkin, et al. (1987) 等が大学生を対象として信念とタイプAとの相関関係を報告した研究があるにとどまり，タイプAの発達のプロセスのなかでこの問題が検討されたことは皆無であった．第7章では，まず，研究4で大学生を対象とし我が国ではこれまで試みられていなかった信念とタイプAとの関係を確認し，Watkin, et al. (1987) 等の研究結果を追認した．そして，研究5-1，および，研究5-2では発達のプロセスのなかで信念がタイプAの形成の規定要因となっていることを確認するために，小学生，および，中学生を対象とし，信念とタイプAとの関係を検討した．小学生，および，中学生においてタイプAと関連していた信念は，成人のそれより具体的な，学業において好成績を収めることや有名校に進学することを重視する信念（学業や学歴面での達成を重

視する信念）が中心となっていた．また，小学生の結果と中学生の結果との比較から，タイプAと関連する信念が具体的なものからより抽象的なものへ変化していき，それぞれの段階でタイプAの規定要因となっていることなどが考察された．また，そうした意味で信念からタイプAに至る関係が一方向的なものというより，形成されたタイプAによってより達成的，競争的な場面に直面する機会を増し，それが信念をさらに抽象的なものとしているのではないかと思われた．つづく研究6，研究7-1，および，研究7-2では，前述の学業や学歴面での達成を重視する信念が大学生のタイプAが形成される過程で影響をおよぼしていたこと，また，信念の形成プロセスに学習動機づけ，あるいは，両親の学業や学歴面での達成を重視する信念なども影響している可能性が検討された．なお，そうした両親の学業や学歴面での達成を重視する信念は，両親自身のタイプAとも何らかの関係を有している可能性も確認された（研究8）．

3つめの問題であるが，これは，過去にもタイプAの発達の主要因としてしばしば取り上げられてきた養育態度の問題である．旧来の研究のように養育態度のみを扱い検証を行うより，前述の2つめの問題と関連づけて両親の学業や学歴面での達成を重視する信念などタイプAと関連がある信念が両親から子どもへ伝播するにあたっての媒介手段として養育態度を捉え直すことの必要性についてである．研究9-1，研究9-2では小学生，および，中学生を対象として，タイプAの強さと関連の見られる養育態度が両親の学業や学歴面での達成を重視する信念が反映された内容であることを確認した．そして，研究10-1，研究10-2では，実際に，両親を対象として過去の子どもの教育に関連し学業や学歴面での達成を重視する信念の有無，それに関連した養育態度の有無を問い，それが子どもが大学生に達した段階での信念やタイプAに影響していることを確認した．加えて，それに関連し養育態度によらない両親のタイプAが観察学習によって子どものタイプAに影響する可能性についても検討した（研究11）．

そして，最後にタイプAに関連する個人的先行要因（Price, 1982）の問題に関連し，自己愛性パーソナリティとタイプAとの関係について検討した．一部で自己愛性パーソナリティとタイプAとの類似性を指摘する研究もあるが，タイプAと自己愛性パーソナリティとの間には類似点と同時に相違点も見られること（研究12-1），さらに，共分散構造分析を用いた研究では自己愛性パーソナリティは信念と並んでタイプAを規定する要因となりうることなどが示唆された（研究12-2）．

以上をより簡潔に述べると，本書の実証的研究から得られた結論は以下のようにまとめることができるであろう．
1）児童期から青年期にかけてのタイプAの形成プロセスのなかで，旧来から議論されてきた両親の影響以外の要因についても考慮してみる必要がある．
2）個人の認知的なプロセスとしての信念（belief）は，タイプAの形成の規定要因として影響している．
3）養育態度は，社会的，文化的な価値観などを子どもに伝播しタイプAの規定要因としての信念の形成に影響を与える媒介手段（vehicle）としての役割を果たしている．
4）自己愛性パーソナリティはタイプAの形成において上記の信念とならんでその基底をなす規定要因として影響している可能性がある．

第3節　実証的研究についての総合的考察

1．4つの課題に関連した総合的考察

本書の実証的研究は上述のような4つの結論にまとめることができる訳であるが，それらが全ての問題を明解に解決したうえで得られた結論かといえばもちろんそうではない．以下，それらの問題点について列挙し，議論してみたいと思う．

まず，1つめの課題に関連し第6章や前節では，幼児期，児童期などにその下地が形成されたタイプA者は，その達成的，競争的な特徴からとくに進学や受験を意識する状況下でより達成的な生活スタイルを身につけ，そうした場面に自らをおくことでさらにタイプA傾向を強めてゆくのではないかと指摘した．しかし，本書では，タイプA者が積極的な学業達成行動を行っていることや，受験の圧力下でそうした傾向をさらに強めてゆくことを中学1～3年生の横断的なデータで確認したにとどまっている．実際に，同じ児童が数年をかけて，そのような生活習慣を常態化させることでタイプA的になってゆくことを確認した訳ではない．また，これとは別に親子関係がタイプAの発達に寄与していることもいうまでもなく，そうした要因をコントロールする必要もあろう．したがって，それらの要因をコントロールした縦断的研究によって厳密な検証を行うことが課題として考えられる．

　これと同様のことは，2つめの課題，信念にかかわる実証についてもいえるであろう．信念がタイプAを規定する要因となることは，Price（1982）のモデルのなかでも言及されていたことであり，本研究でも，小学生，中学生，大学生のいずれにおいても，信念とタイプAとの関係を確認している．そして，そのなかで，児童期などのより具体的な信念内容によってタイプAが強まり，そのためより達成的，競争的な場面に自らをおくことになり，さらにそのなかで信念内容を強化し，それが年齢に応じてより抽象化されてゆくことについて言及した．ただ，それについては本書ではあくまで示唆するにとどまり，その具体的な実証は行わなかった．つまり，さきほどと同じくこのプロセスの検討にあたっては縦断的研究によらなければならないのである．

　3つめの検討課題であった養育態度に関しても同様に方法論上の問題は避けて通れない．まず，研究8-1，研究8-2では養育態度の評定が両親自身ではなく子ども（これらの研究では，小学生，中学生）によって行われたということがある．つまり，養育態度そのものが測定されたのではなく養育を受ける側が認知した養育態度を測定しているのである．しかし，第2章の表2-1か

らも明らかなように，研究9-1，研究9-2と同様に子どもの評定した養育態度とタイプAとの関係を検討した研究は少なくない（たとえば，Castro, et. al. 1999; Forgays, 1996）．また，こうした方法はタイプAに限らず，さまざまな心理的特性や不適応症状の要因を養育態度に求める研究において以前より広く行われている（たとえば，Harris & Curtin, 2002; Hjelle, Busch & Warre, 1996; Macdonald, 1971など）．そうした意味ではそれらを敢えて問題にする必要はないのかもしれないが，やはり，万全な方法といえないことは銘記しておくべきであろう．つづく，研究10-1，研究10-2では，実際に両親に養育態度の評定を求めており，前述の子どもが認知した養育態度が妥当か否かについての問題は，一応，解決を得ている．しかし，研究10-1，研究10-2では両親は現在大学生となっている子どもの小学校高学年から中学，高校在学時点での養育態度を回想的に評定させる方法をとっている．この方法は，タイプAの発達を促す要因としての養育態度を時間的に先行させるために取られたものである．ただ，こうした発達的研究は先ほども論じたように本来的には縦断的な方法によって行われるべきであろう．そうとはいえ，McCranie & Simpson (1986) の研究をはじめ表2-1でも紹介した旧来のタイプAの発達に関する養育態度研究の多くは本書における研究と似た回想的な方法をとっている．そして，それらの結果がRaeikkoenen & Keltikangas-Jaervinen (1992a; b) 等によって行われた少数の縦断的方法の結果と比較して本質的な差異がないことを考えると，本書における研究が旧来からの方法をあまり改善し得ていなくともその妥当性を大きく疑うことはないであろう．また，Finkel & McGue (1993) は子どもが7歳の時点で母親によって評定された養育態度と25年以上経った後に再び回想的に評定させたものとの間に下位尺度によってばらつきはあるが.2から.6程度の相関が見られることを報告している．このFinkel & McGueの研究における25年間の間隔を考慮すれば，現在より数年前までの養育態度を振り返り評定させた研究10-1，研究10-2などの結果がその時点で実際に行われた養育態度をある程度反映していると考えて問題はな

いと思われる．このように，本書における養育態度研究が本来的に必要な縦断的な方法を取らなかったとはいえ，一定の妥当性があるといってもよいのではないだろうか．

　むしろ，本書で問題視すべきは，研究11においてタイプAの発達におけるモデリングの影響を検討するに際して取られた方法かもしれない．タイプAの発達におけるモデリングの影響については，研究11でも旧来からの親子間のタイプAの類似性を検討する方法によらざるを得なかった．しかし，山崎(1995)の指摘にあるように，この方法ではモデリング以外の要因を排除することは難しく，また，タイプAの形成自体が比較的長期に渡って行われることを考えると，短時間の実験によってそこに観察学習が生起していることを確認することも難しいという難点があり，その点については研究11でも何ら克服されていない．

　ところで，本書の実証的研究では両親からの影響の検討ということで養育態度や観察学習の効果について，父母のそれぞれの効果を検討したが，Keltikangas-Jaervinen & Heinonen (2003) は，タイプAに関する特性の1つである敵意の発達に関連し子どもの家族を両親の養育態度やタイプAのみならず，生活に対する満足度，社会経済的階級などの変数などさまざまな変数を指標に家庭自体を類型化し，類型別に発達の差異を検討する方法を提唱している．そこでは，積極的なタイプA家庭（positive type A family），否定的なタイプA家庭（negative type A Family），そして，非タイプA家庭（non type A family）の3つの類型に分類され，このうち否定的なタイプA家庭と敵意の発達の関連が指摘されている．タイプAの発達に関連してもこうしたアプローチを行う余地が残されているように思われる．

　さて，タイプAの基底的な要因として自己愛性パーソナリティを考えるという4つめの課題についてであるが，本書の第9章の実証的研究では，それが規定要因として考えられることを示唆したのみで，それ以上の成果は得られていない．やはり，他の問題に関連して指摘したことと同様に発達モデル

の要因として自己愛性パーソナリティを考えるのであれば，縦断的にタイプAの形成に影響することを示す必要があろう．しかし，この自己愛性パーソナリティがタイプAの規定要因として考え得ることを示唆したことは，タイプAの発達モデルにおいて比較的看過されてきた力動的，動機づけ的な要因の意義を示したという意味で有益であったのではないかと思われる．というのは第5章でも述べたように，本書の実証的研究が大きく依拠しているPrice（1982）のモデルが立脚している社会的学習理論は「行動の説明に精神力動的な「内的原因」導入することに反対（Bower & Hilgard, 1981, 邦訳，下巻，p. 197）」しているからである．しかし，タイプAは達成や攻撃性といった力動的な背景をもつ特性を主たる構成要素としている．また，実際に過去において心臓血管系疾患の心理的リスクとしてタイプAに似た特徴が精神分析の学派内で報告されていた（Meninger & Menninger, 1935）ことからもわかるように，タイプAの発達の規定要因として何らかの力動的な概念を措くことは，実は必要なことなのである．

　一般に，S. Freudの説を持ち出すまでも間もなく，精神分析では発達の極初期の親子関係が精神力動的な構造を決定する立場をとり，そうした意味ではKohoutの理論もそれほど変わりない．一方，本書で示された実証的研究では，タイプAの発達のなかでも主として児童期や青年期におけるタイプAの形成を大きく見る立場をとっている．したがって，こうした2つの立場を組み合わせれば，乳幼児期に形成された自己愛性パーソナリティとでもいうべき精神力動的構造が基底となり，それが児童期以降に社会的，文化的な背景の影響を受けた信念を経由した発達のメカニズムにより，成人とも直接つらなるタイプAを形成してゆくと考えることは，一定の整合性がある．しかし，幼児期にすでにタイプAが成立しているという立場にたった研究も多くあり（たとえば，Corrigan & Moskowitz, 1983; Lundberg, 1983; Vega-Lahr & Field, 1986など），そう考えると幼児期段階における自己愛性パーソナリティが基盤となると断定するのはやや無理がある．むしろ，そうした知見を考え

れば，幼児期では自己愛性パーソナリティとでもいうべき精神力動的構造を基底にタイプAがその萌芽を見せていると見たほうがより自然なのかもしれない．ところが，第2章でみたように幼児期にはいわゆるタイプAはまだ形成されておらずその前段階の気質（temperment）として存在するという立場の研究者（たとえば，Steinberg, 1985）は，必ずしも明言はしていないが，むしろ，タイプAの基底となる要因として遺伝的なものを仮定しているようにもみえる．したがって必ずしも，タイプAの基底をなすものが精神力動的構造であると決めつけるわけにはいかない．ただ，幼児期，児童期のタイプAの諸特性のうち impatience が注意欠陥多動性障害（attention deficit hyperactivity disorder: ADHD）と共通の素質をもつのではないかという指摘がかつてあったが（たとえば，Rickard, Woods & De Rael, 1987），その後の研究（たとえば，Eninger, Bohlin & Hagekull, 1997; Nyberg, Bohlin, Berlin & Janols, 2003; Nyberg, et al., 2004）は否定的な結果が報告されており，こうした結果をみるとタイプAの基底をなす器質的，あるいは，遺伝的な要素は比較的弱いと考えられるようになっている．

このように考えると，Price（1982）が個人的先行要因（personal antecedents）と呼んだタイプAの基底をなす規定要因は，ようやく整理がつきはじめたというのが実情ではないだろうか．そうした意味では本書で自己愛性パーソナリティを取り上げたことは，研究のほんの一端を扱ったに過ぎないのかもしれない．

以上，ここでは第2部で提起した4つの課題を検討した実証的研究がどのような問題を残したかを考察してみた．次なる課題は，こうした問題点も踏まえつつそれらの成果がタイプAの発達的研究の枠組みの中でどのような位置づけがなされ，その発展にどのように寄与したかを検討してみることであろう．それについては次節で考えてみたい．

2．両親および子どもの性別とタイプAの発達との関連について

　本書の第7章，研究7-2，第8章の各研究は，タイプAの形成のプロセスの起点として両親の影響をおいている．これらの研究において両親が子どものタイプAに与える影響については個々の研究で取り上げ論じてきた．ただ，父母のうちいずれがより影響を与えているかについては，実はそれぞれの研究で差異がある．また，それらの研究のほとんどでは男女別の分析が行われてきたが，それらについても同様に男子と女子ではそれぞれ両親から受けた影響に差が見られる．ここではそうした両親および子どもの性別とタイプAの発達について，それらの研究を再度概観してみることにする．

　さて，ここで検討対象とする研究とは，第7章の研究7-2，第8章の研究9-1，研究9-2，研究10-1，研究10-2，および，研究11である．研究11については2つのサンプルを分析対象としているのでそれぞれサンプル1，サンプル2に分けられる．

　以上の研究について概観すると，概ね，以下の2つについていえるのではないかと思う．すなわち，①両親から受ける影響のうち，父親より母親からの影響がより大きい．②子どもの性別という観点から見た場合，とくに養育態度の影響を扱った研究では男子のほうが両親（父母の双方，あるいは，いずれか）からの影響を受けているが，その他の研究では女子のほうがより大きな影響を受けている場合もある，というものがそれである．これらについて表10-1に研究別に結果を示した．

　まず，このうち①両親から受ける影響のうち父親より母親からの影響がより大きい，ということについては表10-1を一瞥しても明らかである．研究10-1の女子の対象者の場合以外はすべてそのような結果が得られている．欧米の結果でもSweda et, al.(1986)などいくつかの研究が母親からの影響が大きいことを報告しているが，逆に父親の影響の大きさを指摘する研究(Forgays & Forgays, 1991)もある．ただ，第2章でも述べたようにこれらの研究の方法や対象者の差異を考えれば，あまりこれらにとらわれることもな

表10-1 両親および子どもの性別とタイプAの発達との関連について

研究番号	対象者	研究仮説	検討結果		
			母親からの影響が父親からの影響より大きい[注1]		女子は男子より両親（父母の双方，あるいは，いずれか）からの影響が大きい[注1]
			男子	女子	
研究7-2	大学生と両親	両親の信念⇒[注2]学習動機づけ→信念→タイプA	YES	YES	YES
研究9-1	小学生	養育態度⇒タイプA	YES	YES	NO
研究9-2	中学生	養育態度⇒タイプA	YES	YES	NO
研究10-1	大学生と両親	両親の信念→養育態度⇒タイプA	YES	NO	NO
研究10-2	大学生と両親	両親の信念→養育態度⇒信念→タイプA	YES	YES	NO
(研究10-2)	大学生と両親	(両親の信念→養育態度⇒タイプA)[注3]			(YES)
研究11（サンプル1）	大学生と両親	両親のタイプA⇒タイプA	YES	YES	YES
研究11（サンプル2）	大学生と両親	両親のタイプA⇒タイプA	YES	YES	YES

(注1) 影響の大きさは，①パス解析モデルによっている研究（研究9-1，研究9-2以外）については問題にしているパスの標準化されたパス係数や関連する変数の説明率の値を，②研究9-1，研究9-2においては群分けの主効果が見られた養育態度に関する項目の個数を参考に判断した．
(注2) 研究仮説の欄における ⇒ は，この表の中で影響の大きさを問題にしている関係をさす．
(注3) 父親から女児のタイプAに至るパスは本来は研究仮説として提起されたわけではないが，分析段階で付け加えられた（図8-2-2参照）．

いであろう．おそらく，本書の一連の研究におけるこの母親の影響の大きさは，これまでもさまざまな形で指摘されている我が国の父親の在宅時間，子育てに費やす時間の短さ（たとえば，本研究が実施された時代に近い調査結果としては総務庁青少年対策本部，1996のデータがある）に由来するものであろう．つまり，接する時間が少ないだけ影響も少ないということである．本書の各研究の対象者の父親の職業等について具体的な情報はないが，それらの対象者が大学生の場合いわゆる有名大学の学生であり，小中学生の場合関東地方で東京の通勤圏に位置する新興住宅地に居住する者が中心であることなどを考

慮すると，父親が商店等の職場と住居を兼ねたいわゆる自営業に従事する割合は比較的低いと思われる．そうした点を考えてもこの説明は割合納得しやすいのではないだろうか．

さて，②子どもの性別という観点から見た場合，とくに養育態度の影響を扱った研究では男子のほうが両親（父母の双方，あるいは，いずれか）からの影響を受けているが，その他の研究では女子のほうがより大きな影響を受けている場合もある，ということについてはどうであろうか．表10-1を参照しながら再度確認すると，研究9-1，研究9-2，研究10-1，研究10-2では"NO"，すなわち，男子のほうが両親の影響が大きいことがわかる．第2章では，両親がタイプAの発達について与える影響について展望しその性差について検討したが，全般に男子が女子に比して両親からの影響が大きい傾向がみられることを確認した．確かに本書の一連の実証的研究の結果もそれらに符合する．

ところで，表10-1に示した男子が女子に比べ両親から大きな影響を受けていた研究について詳しく見ると対象者は小学生（研究9-1），中学生（研究9-2），大学生（研究10-1，研究10-2）であるが，いずれも養育態度がタイプAに影響する関係が中心となっている．また，これらの研究では基本的にはすべて両親の学業や学歴面での達成を重視する信念が養育態度を媒介するという仮説と関連している．一方，女子のほうが影響が大きいとした研究についてみると，研究7-2では信念の伝播を問題にしてはいるが養育態度は関連していない．研究11のサンプル1，サンプル2については観察学習の可能性を問題にしたものでここでも養育態度は介在していない．このようなことから考えられるのは，男子は信念が養育態度を媒介手段としてタイプAの形成に寄与しているのに対し，女子は信念は信念として伝播し，行動レベルでのタイプAは観察学習など非言語的な側面の強い方法で親子間での伝播が成立している可能性があるということである．なお，表10-1で括弧づけされた（研究10-2）と表記された部分であるが，これは図8-2-2からもわかるように，本来は父

の信念が養育態度を介して子どもの信念に影響する流れをモデル化するなかで，女子のみは養育態度が子どもの信念を介さず直接タイプAに影響するパスを設けることがより適合的であるという計算結果から付け加えられたものである．したがって，ここでも女子については信念と養育態度を込みにしたモデルをどちらかといえば否定する方向にあることは確かである．また，研究4，研究6では女子は男子に比べ信念とタイプAとの関係がやや弱いことを見いだしていることも思い出してみるべきであろう．

　そうしたことを考えるとやはり女子の場合両親の影響が信念レベルと行動レベルの2つの次元が分化して作用しており，さらには，その信念レベルは必ずしもタイプAと密接に関係していない可能性もあるのである．いずれにしろここでの分析を見る限り養育態度があまり男子ほど積極的に機能していないのである．これをどのように解釈すべきであろうか．欧米の先行研究ではこのような次元の分化が明確に見られる結果はほとんど確認されておらず，また，そのような視点から積極的に論じた記述もないので，やはり我が国の事情に鑑み推測するしかない．おそらく我が国では両親の養育態度が子どもの性別によって異なるという指摘（たとえば，渡辺，1995）が参考になるであろう．これらの見解によれば，我が国では両親が子どもの積極的な学業達成，社会的な成功などを望みそれに応じた養育をすることが，男子により明確に見られるという．また，その傾向は一部の社会調査の結果などからも明らかにされている（たとえば，山梨県立富士女性センター，1999）．そのため，男子の親は，その信念を養育態度のなかで積極的に表現しそれが男子のタイプAの発達の要因となるが，女子の場合，子どもは両親自身の行動あるいは両親の信念を養育態度を介さずに観察学習のような直接的な強化を伴わない学習のプロセスを経ながら学習してゆくのである．また，そうして学習した行動と信念は，学習された後も（研究4や研究6の結果からもわかるように）必ずしも個人の中でタイプAを形成する認知と行動として統合されず，両者は比較的独立のものとして存在している可能性が高い．なぜ，女子では男子のよう

に信念が行動を生起させる要因として機能することがあまりないのか，であるが，おそらくは，タイプA者の特徴とする達成性，競争性などといった特性がステレオタイプに男性的とされる特徴と似ているからではないだろうか．そのため，女子の場合そうしたタイプA者に特徴的な行動が表出されるまでの過程に何らかの要因が介在しそれを明確にさせない可能性があるのではないだろうか．ちなみに研究12-1でも，女子について言えば個人的先行要因と仮定された自己愛性パーソナリティとタイプAとの関係は男子ほど明確でなかった．ここでも，おそらくタイプA的とされる行動を潜在的に表出しうる可能性を持ちながらそれが必ずしも明確に顕在化しない可能性が推測される．

以上のような考察によって，本書の両親と子どもを対象とした研究にみられた性差，さらには，本書のその他の実証的研究でも見られた性差についてはある程度の整合性のある説明がつくと思われる（もちろん，この性差に関する説明は本書の研究が行われた時点で成り立つもので，20年近くを経た現在も同じことがいえるかどうかも何ともいえない）．

第4節　タイプAの発達モデルの再検討

さて，本節では，まず，第4章で検討したこれまでに提起された Price (1982)，および，山崎（1995）のモデルの問題点が本研究においてどのように扱われ，実証されたかについて考えてみる．

Price のモデルは社会的学習理論の立場から信念を主たる規定要因としてタイプAの形成過程を考えていたが，第4章で指摘したように実証がほとんどなされていなかった．本書の第7章から第8章における研究はその多くが信念を規定要因とする立場に立っており，実証の空白域を埋めることとなった．また，実証不足によるせいか，Price は，そのモデルが実際の発達モデルであるのか，あるいは，成人における比較的短期間のタイプAの形成モデルであるのか曖昧にしていたが，本研究はそれが発達モデルとして適用可能

であることを明らかにした．また，養育態度については，山崎（1995）はそのモデルの根拠となる実証的研究として幼稚園児とその両親を対象とした実証以外は報告していなかったが，本書では，児童後期から青年期にかけて幅広い実証を行い，その不足点を補った．また，児童後期以降を対象とし養育態度について検討したため，養育態度が信念を形成するにあたっての社会的価値観を伝達する媒介手段としての役割を果たすことを確認した．これは，Price のモデルで示唆されながら明確にされていなかった部分の実証を行ったことになり，また，幼児を対象とした山崎の研究では扱うことの出来なかった要因を検討することにもなった．そして，Price および山崎のモデルのいずれもがあまり明確に言及していなかったタイプAの形成の基底をなす，素質（山崎），あるいは，個人的先行要因（Price）については自己愛性パーソナリティが充当しうる可能性を示した．精神分析的，力動的背景をもつ自己愛性パーソナリティをここに位置づけることは，社会的学習理論に立脚し信念という認知的要因を中心に発達を考えてきた Price のモデルにもう1つの柱を提供することにもなる．

　また，山崎のモデルはタイプAの規定要因を主として親子関係から検討し，それ以外の要因についてはその必要性を言及するにとどめていた．同様に実証を伴わない Price のモデルもそのあたりは曖昧なままであったが，本研究は小学生，中学生の生活習慣，学習行動の動機づけなどの検討により，児童期以降の子どもが達成的，競争的な環境（とくに学習環境）からも影響をうけつつタイプAを形成してゆく可能性を実証的に探ってみた．

　以上のような成果を Price と山崎の2つのモデルとの関連で考えてみよう．すなわち，本書の実証的研究が目指してきた方向とは，それら2つのモデルを下敷きにしながらそれらの問題点を検討しつつ実証に基盤をおいた新たな統合的なモデルの構築を目指すものであったといってよいであろう．なお，統合的なモデルの必要性はタイプA発達の第一人者 Matthwes（2005）がその必要性を論じているが，本研究はそれに対応することにもなった．

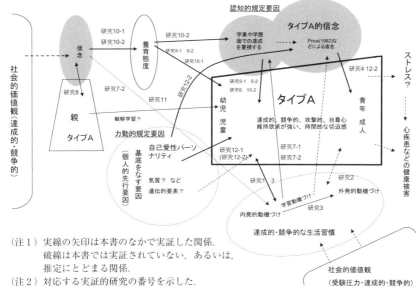

(注1) 実線の矢印は本書のなかで実証した関係.
　　　破線は本書では実証されていない, あるいは,
　　　推定にとどまる関係.
(注2) 対応する実証的研究の番号を示した.

図10-1　統合的なモデルの概略と実証的研究の対応

　そのような立場から, 本研究の実証的研究を統合的なモデルとして図示したのが図10-1である. 以下, 簡単にこのモデルを考えてみよう.
　左には, まず, 社会的価値観と表記された部分がある (これと同じものは右下にもある). これは Price が社会文化的先行要因 (social and cultural antecedents) と呼んだものと同じであるが, これが両親の信念, そして, やはり, Price が社会化の媒介手段 (vehicles of socialzation) と呼んだ養育態度, そして, 信念を通しタイプAの形成に通じている. ここがいわば認知的な要因と呼べる部分である. 一方, 力動的な要因というべき自己愛性パーソナリティがタイプAに至る関係も描かれている. また, 親からの影響としては, 観察学習の可能性も記した. そして, 右下は, 子どもが児童期, 青年期などを通して達成的, 競争的な環境に身を置きながらタイプAを形成させる要因が描かれている. それぞれの関係を記す矢印の横に本書の第2部で扱った研究の

番号が記入されていることからもわかるように，このモデルの主要なプロセスは何らかの実証的な検証を踏んでいる．

もちろん，図の中には破線で描かれた実証を伴わない関係もある．これらについては本書が残した課題といってよいであろう．

第5節　タイプA研究の将来

序章でも述べたように1990年前後から，タイプAはCHDの危険因子ではなく，タイプAの中でも敵意（hostility）あるいは短気といらだち（impatience and irritability）が危険因子であるという見解が目につくようになってきた（たとえば，Smith, 1992）．また，メタアナリシス研究のなかにもタイプAのCHDに対する予測力を疑問視するもの（Gallacher, Sweetnam, Yarnell, Elwood & Stansfeld, 2003）や敵意の予測力の妥当性を確認するもの（Myrtek, 2001）がある．このような状況のなかタイプAの研究も1990年代をピークとして下火になっている観も否めない．

しかし，その後も1970年代から80年代に開始された縦断的な研究の成果は発表されつづけており（Søgaard, Dalgard, Holme, Røysamb, & Håheim, 2008, Fickley, Lloyd, Costacou, Miller, & Orchard, 2014），その中にはタイプAと広い意味での心臓血管系の指標との間に関係を認めるものもある（たとえば，Pollock, Chen, Harville, & Bazzano, 2017, Nabi, Kivimäki, Zins, Elovainio, Consoli, Cordier, Ducimetière, Goldberg, & Singh-Manoux, 2008, Keltikangas-Järvinen, Hintsa, Kivimäki, Puttonen, Juonala, Viikari, & Raitakari, 2007）．また，新たに研究を行い肯定的な結果を得ている研究もある（たとえば，Nabi, Kivimäki, Zins, Consoli, Cordier, Ducimetière, Goldberg, & Singh-Manoux, 2008）．

ところで，1980年代から行われた縦断的研究のなかには，子どもから成人まで幅広い年齢を対象としているものもある．そうした研究の結果を見るとは，タイプAは社会的，文化的な影響を受けやすく，年代によってタイプA

を構成する特性が占める比重に違いがありコーホート差がみられることも報告されている（Hintsa, Jokela, Pulkki-Råback, & Keltikangas-Järvinen, 2016）．こうした結果なども含めて考えるならば，旧来からタイプAの中に含まれるとされて来た特性のうちこれまであまり検討対象とされてこなかった特性を再度検討対象としてみる必要もあるのではないかと思われる．

　そのなかで，著者が以前より着目しているのは，これまでタイプAを構成する特徴のなかかで比較的CHDとの関連が薄いとされ，あまり重視されてこなかった達成欲求である．現代社会では達成欲求が強いことは望ましいこととされる．この達成欲求によってタイプA者は自ら達成的，競争的な場面に身を置くことになるだろう．その結果として他者との熾烈な競争を経験し，他者に対する敵意感情などが高まるという心理学的なメカニズムが考えられる．実際，女性において競争性（competitiveness）の高いケースは死亡率が高いというような縦断的研究の結果（Lohse, Rohrmann, Richard, Bopp, Faeh, & Swiss National Cohort Study Group, 2017）もあるのだが，こうした可能性を検討しようとした試みは現在のところ非常に少ない．

　また，こうした可能性を検証することは，近年の社会状況を考えれば一定の意味を持つ．ここ20年あまり，産業界の構造改革に伴い競争原理や成果主義を積極的に導入すべきであるという主張（たとえば，加護野，1999）は，もはや当然のものとなっている．また，同じころから子どもの学力低下が指摘されはじめ（たとえば，原田，2001），教育においても競争原理，成果主義の導入をすすめるべきであるという意見も，いつのまにか既定のものとなっている．競争原理，成果主義は基本的には他者に対する相対的優位を勝ち取ることを1つの目標におく．そのような状況で他者に対する敵意感情が形成されやすいことは明らかであろう．また，そこで求められる達成動機づけが内発的なものというよりむしろ外発的なものであることもいうまでもない．ちなみに，タイプAと外発的動機づけの関連は本書の研究2，研究3でも認められている．つまり，かつては健康被害から望ましくないとされていたタイ

プAが社会全体の構造改革という名の許，いつの間にかむしろ称揚されるべきパーソナリティになっているのである．

このような状況に対して，我々，研究者はどのように向き合ってゆけばよいのだろうか．

こうした問題にとりくむとき，あまり検討されてこなかった非タイプA，すなわち，タイプBついて考えてみることは，1つの手がかりとなるのではないだろうか．

Kaplan（1992）はタイプAの変容技法（第3章参照）によってタイプAの低減がはかられた者の特徴を再検討したうえで，これまで非タイプAとしてのみ考えられてきたタイプBの独自の姿に着目している．それによれば（1）タイプB者は自分自身の独自性（uniqueness）を自覚しており，自律性（autonomy）を保ち，自尊感情（self-esteem）も高い，（2）敵意感情がなくユダヤ・キリスト教の伝統である許し（forgiveness）の精神にあふれている，（3）社会性があり他者に対してソーシャル・サポートを提供し，自分もソーシャル・サポートを受容している，（4）様々な出来事に対処するため多様なコーピング方略を用いることができる知恵（wisdom）を有している，といったことをあげられるという．また，Friedman（1996）もタイプB者は決して達成動機が低く生産性のない「腰抜け」ではないとして，タイプB者であるノーベル賞受賞者C. Townsがレーザー光線発明の着想を得たのはワシントンでバスに乗り遅れないように走っていた時ではなく，公園のベンチに座って赤い花を眺めていた時だったという逸話を引いている．

このようにタイプBが，単にCHDのリスクの少ない行動パターンという意味にとどまらず，創造的な側面やよりよい人間関係を創出する機能をもっている点はもっと注目されてよいのではないだろうか．今のところ，タイプBに焦点をあてた研究はごくわずか（たとえば，Korotkov, Perunovic, Claybourn, Fraser, Houlihan, Macdonald, & Korotkov, 2011）にすぎない．

ただ，取り組むべき研究は数多くあるのではないだろうか．たとえば，本

書の第 2 部で実証に取り組んだタイプ A の研究についても，創造的で健全な人間関係を創出するための信念とは，養育態度とは，といった視点から捉え直してみることもできるだろう．タイプ A ならぬタイプ B の発達的研究である．そして，それは，とかく保健や医学領域の問題と考えられがちなタイプ A の研究を真の意味で教育心理学，発達心理学の問題として発展させる糸口になるのではないだろうか．

第 6 節　本章の要約

　本章では，本書の主に第 2 部における実証的研究を総括しながら本書の結論を述べた．まず，第 2 部の研究から得た結論を述べた．さらに，それらの結論が第 5 章で提起した 4 つの問題点のいかなる部分を解決し，未解決の課題を残したかが議論された．また，第 2 部の実証的研究のなかで両親の影響を検討したものの結果に見られた両親および子どもの性別による結果の違いを列挙し，その結果の意味するところを考察した．そうした，考察を踏まえ，本書の実証的研究の結果を踏まえたタイプ A の統合的な発達モデルを提起する可能性が述べられた．そして，最後にタイプ A に関する研究の現状と今後の研究の可能性などが議論され締めくくられた．

引 用 文 献

Abela, J. R. Z. (2001) The hopelessness theory of depression: A test of the diathesis-stress and causal mediation components in third and seventh grade children. *Journal of Abnormal Clinical Psychology*, **29**, 241-254.

Abramson, L. Y., Seligman, M. E. P. & Teasdale, J. D. (1978) Learned helplessness in humans: Critique and reformulation. *Journal of Abnormal Psychology*, **87**, 49-74.

Alloy, L. B. & Abramson, L. Y. (1979) Judgment of contingency in depressed and nondepressed students: Sadder but wiser? *Journal of Experimental Psychology: General*, **108**, 441-485.

Al-Mashaan, O. S. (2001) Job stress and job satisfaction and their relation to neuroticism, type A behavior, and locus of control among Kuwaiti personnel. *Psychological Report*, **88**, 1145-1152.

American Psychiatric Association (1994) *Quick reference to the diagnostic criteria from DSM-IV.* Washington: American Psychiatric Association.（高橋三郎・大野 裕・染矢俊幸 訳 1995 DSM-IV精神疾患の分類と診断の手引 医学書院）

American Psychiatric Association (2013) *Diagnostic and statistical manual of disorders 5th ed.* American Psychiatric Publishing.（高橋三郎・大野 裕 監訳 2014 DSM-5 精神疾患の診断・統計マニュアル 医学書院）

Atkinson, J. W. (1964) *An introduction to motivation.* Princeton, N. J.: Van Nostland.

東 洋 (1994) 日本人のしつけと教育―発達の日米比較にもとづいて 東京大学出版会

Bandura, A. (1977) *Social learning theory.* Englewood Cliff, N. J.: Printice-Hall.

Barling, J. & Charbonneau, D. (1992) Disentangling the relationship between the achievement striving and impatience-irritability dimensions of type A behavior, performance and health. *Journal of Organizational Behavior*, **13**, 369-377.

Barton, S., Brautigam, M., Fogle, G., Freitas, R. C. & Hicks, R. A. (1982) Type A-B behavior and the incidence of allergies in college students. *Psychological Report*, **50**, 566.

Barton, S. & Hicks, R. A. (1985) Type A-B behavior and incidence of infectious mononucleosis in college students. *Psychological Report*, **56**, 545-546.

Bennett, P. (1994) Should we intervene to modify type A behaviours in patients with manifest heart disease. *Behavioral and Cognitive Psychotherapy*, **22**, 125-145.

Bennett, P. & Carroll, D. (1994) Cognitive-behavioural interventions in cardiac rehabilitation. *Journal of Psychosomatic Research*, **38**, 169-182.

Bennett, P., Wallace, L., Carroll, D. & Smith, N. (1991) Treating type A behaviours and mild hypertension in middle-aged men. *Journal of Psychosomatic Research*, **35**, 209-223.

Bergman, L. R. & Magnusson, D. (1986) Type A behavior: A longitudinal study from childhood to adulthood. *Psychosomatic Medicine*, **48**, 134-142.

Birks, Y. & Roger, D. (2000) Identifying components of type A behaviour: "Toxic" and "non-toxic" achieving. *Personality and Individual Differences*, **28**, 1093-1105.

Blaney, N. T., Blaney, P. H. & Diamond, E. (1989) Intrafamilial patterns reported by young type A versus type B males and their parents. *Behavioral Medicine*, **15**, 161-166.

Blumenthal, J. A., Williams, R. B., Kong, Y., Schanberg, S. M. & Thompson, L. W. (1978) Type A behavior pattern and coronary atherosclerosis. *Circulation*, **58**, 634-639.

Bokenberger, K. Pedersen, N. L., Gatz, M., & Dahl, A. K. (2014) The type A behavior pattern and cardiovascular disease as predictors of dementia. *Health Psychology*, **33**, 1593-1601.

Booth-Kewley, S. & Friedman, H. S. (1987) Psychological predictions of heart disease: A quantitative review. *Psychological Bulletin*, **101**, 343-362.

Booth-Kewley, S. & Friedman, H. S. (1988) Validity of the type A construct: A reprise. *Psychological Bulletin*, **104**, 381-384.

Bortener, R. W., Rosenman, R. H. & Friedman, M. (1970) Familial similarity in pattern A behavior: Fathers and sons. *Journal of Chronic Disease*, **23**, 39-43.

Bower, G. H. & Hilgard, E. R. (1981) *Theories of learning (5th ed.).* (梅本堯夫 監訳 1988 学習の理論第5版 培風館)

Bracke, P. E. (1986) *Parental child-rearing practices and the development of type A behavior in children.* Unpublished doctoral dissertation, Stanford University.

Bruck, C. S. & Allen, T. D. (2003) The relationship between big five personality traits, negative affectivity, type A behavior, and work-family conflict. *Journal of*

Vocational Behavior, **63**, 457-472.

Burell, G. (1996) Group psychotherapy in project new life: Treatment of coronary-prone behaviors for patients who have had coronary artery bypass graft surgery. In R. Allan and S. Scheidt (Eds.) *Heart and Mind.* Wasington: American Psychological Association. Pp. 255-290.

Burell, G., Oehman, A., Sundin, O., Stroem, G., Ramund, B., Cullhed, I. & Thorensen, C. E. (1994) Modification of the type A behavior pattern in post-myocardial infarction patients: A route to cardiac rehabilitation. *International Journal of Behavioral Medicine,* **1**, 32-54.

Burger, J. M. & Cooper, H. M. (1979) The desirability of control. *Motivation and Emotion,* **3**, 381-393.

Burke, R. J. (1983) Early parental experiences, coping styles, and type A behavior. *Journal of Psychology,* **113**, 161-170.

Burke, R. J. (1984) Beliefs and fears underlying type A behaviour. *Psychological Reports,* **54**, 655-662.

Burke, R. J. (1985) Beliefs and fears underlying type A behavior: Correlates of time urgency and hostility. *Journal of General Psychology,* **112**, 133-145.

Butensky, A., Faralli, V., Heebner, D. & Waldron, I. (1976) Elements of the coronary prone behavior pattern children and teen-agers. *Journal of Psychosomatic Research,* **20**, 439-444.

Byrne, D. G. (1996) Type A behaviour, anxiety and neuroticism: Reconceptualizing the pathophysiological paths and boundaries of coronary-prone behaviour. *Stress Medicine,* **12**, 227-238.

Carmelli, D., Rosenman, R., Chesney, M., Fabsitz, R., Lee, M. & Borhani, N. (1988) Genetic heritability and shared environmental influences of type A measures in the NHLBI twin study. *American Journal of Epidemiology,* **127**, 1041-1052.

Castro, J., de Pablo, Toro, J. & Valdes, M. (1999) Parenting style in relation to pathogenic and protective factors of type A behaviour pattern. *Social Psychiatry and Psychiatric Epidemiology,* **34**, 383-390.

Chesney, M. A., Black, G. W., Chadwick J. H. & Rosenman, R. H. (1981) Psychological correlates of the coronary-prone behavior pattern. *Journal of Behavioral Medicine,* **4**, 217-230.

Chessick, R. D. (1987a) Coronary artery disease as a narcissistic psychosomatic disorder: Part I. *Dynamic Psychotherapy*, 5, 16-29.

Chessick, R. D. (1987b) Coronary heart disease as a narcissistic psychosomatic disorder: II. Case presentation. *Dynamic Psychotherapy*, 5, 130-143.

Cohen, J. B., Syne, S. L., Jenkins, C. D. Kagan & Zyzanski, S. J. (1979) Cultural context of type A behavior and risk for CHD: A study of Japanese American males. *Journal of Behavioral Medicine*, 2, 375-384.

Cook, K. W., Vance, C. A. & Spector, P. E. (2000) The relation of candidate personality with selection-interview outcomes. *Journal of Applied Social Psychology*, 30, 867-885.

Coopeland, A. P. (1990) Behavioral differences in the interactions between type A and type B mothers and their children. *Behavioral Medicine*, 16, 111-117.

Corrigan, S. A. & Moskowitz, D. S. (1983) Type A behavior in preschool children: Construct validation evidence for the MYTH. *Child Development*, 54, 1513-1521.

Cramer, D. (1991) Type A behaviour pattern, extraversion, neuroticism and psychological distress. *British Journal of Medical Psychology*, 64, 73-83.

Deary, I. J., MacLullich, A. M. & Mardon, J. (1991) Reporting of minor physical symptoms and family incidence of hypertension and heart disease: Relationships with personality and type A behaviour. *Personality and Individual Differences*, 12, 747-751.

De Backer, G., Kornitzer, M., Kittel, F. & Dramix, M. (1983) Behavior, stress, and psychosocial traits as risk factors. *Preventive Medicine*, 12, 32-36.

Dembroski, T. M., MacDougall, J. M. & Musante, L. (1984) Desirability of control versus locus of control: Relationship to paralinguistics in the type A interview. *Health Psychology*, 3, 15-26.

Dembroski, T. M., MacDougall, J. M. & Shields, J. L. (1977) Physiologic reactions to social challenge in persons evidencing the type A coronary-prone behavior pattern. *Journal of Human Stress*, 3, 2-9.

Dembroski, T. M., MacDougall, J. M., Williams, R. B., Jr., Haney, T. L. & Blumenthal, J. A. (1985) Components of type A, hostility, and anger in: Relationship to angiographic findings. *Psychosomatic Medicine*, 47, 219-233.

Deo, A. K. & Ram, U. (2000) Parents' self-perception vis-à-vis students' perception of their parents. *Psychological Studies*. 45, 77-82.

Donker, F. J. S. (2000) Cardiac rehabilitation: A review of current developments. *Clinical Psychology Review*, 20, 923-943.

Eagleston, J. R. Kirmil-Gray, K. & Thorensen, C. E. (1986) Physical health correlates of type A behavior in children and adolescents. *Journal of Behavioral Medicine*, 9, 341-362.

Eninger, L., Bohlin, G. & Hagekull, B. (1997) Assessing type A behavior in 8-year-olds: Exploring the overlap between the constructs of type A behavior and hyperactivity. *International Journal of Behavioral Medicine*, 4, 292.

Essau, C. A. & Coates, M. B. (1988) Effects of parental styles on anxiety and type A behavior pattern. *Perceptual and Motor Skills*, 67, 333-334.

Faunce, G. J., Mapledoram, P. K. & Job, R. F. S. (2004) Type A behaviour pattern and attentional bias in relation to anger/hostility, achievement, and failure. *Personality and Individual Differences*, 36, 1975-1988.

Fickley, C. E., Lloyd, C. E., Costacou, T., Miller. R. G., & Orchard, T. J. (2014) Type A behavior and risk of all-cause mortality, CAD, and CAD-related mortality in a type 1 diabetic population: 22 years of follow-up in the Pittsburgh Epidemiology of Diabetes Complications Study. *International Journal of Behavioral Medicine*, 21, 927-935.

Findley, M. J. & Cooper, H. M. (1983) Locus of control and academic achievement: A literature review. *Journal of Personality and Social Psychology*, 44, 419-427.

Finkel, D. & McGue, M. (1993) Twenty-five year follow-up of child-rearing practices: Reliability of retrospective data. *Personality and Individual Differences*, 15, 147-154.

Flett, G., Hewitt, P.L., Blankstein, K. R. & Dynin, C. B. (1994) Dimensions of perfectionism and type A behaviour. *Personality and Individual Differences*, 16, 477-485.

Foreyt, J. P. & Poston II, W. S. C. (1996) Reducing risk for cardiovascular disease. *Psychotherapy*, 33, 576-586.

Forgays, D. K. (1996) The relationship between type A parenting and adolescent perceptions of family environment. *Adolescence*, 31, 841-862.

Forgays, D. K. & Forgays, D. G. (1991) Type A behavior within families: Parents and older adolescent children. *Journal of Behavioral Medicine*, 14, 325-339.

Frank, K. A., Heller, S. S., Kornfeld, D. S., Sporn, A. A. & Weiss, M. B. (1978) Type A behavior and coronary angiographic findings. *Journal of American Medical Association*, 240, 761-763.

Frankel, A. & Snyder, M. L. (1978) Poor performance following unsolvable problems: Learned helplessness or egotism? *Journal of Personality and Social Psychology*, 36, 1415-1423.

French-Belgian Collaborative Group (1982) Ischemic heart disease and psychological patterns: Prevalence and incidence studies in Belgium and France. *Advances in Cardiology*, 29, 25-31.

Friedman, M. (1979) The modification of type A behavior in post-infarction patients. *American Heart Journal*, 97, 551-560.

Friedman, M. (1996) *Type A behavior: Its diagnosis and treatment.* New York: Plenum.（本明 寛・佐々木雄二・野口京子 訳 2001 タイプA行動の診断と治療　金子書房）

Friedman, M., Powell, L. H., Thoresen, C. E., Ulmer, D., Price, V. A., Gill, J., J., Thompson, L., Rabin, D. D., Brown, B., Breall, W. S., Levy, R. & Bourg, E. (1987) Effects of discontinuance of type A behavioral counseling on type A behavior and cardiac recurrence rate of post myocardial infarction patients. *American Heart Journal*, 114, 483-490.

Friedman, M. & Rosenman, R. H. (1959) Association of specific overt behavior pattern with blood and cardiovascular findings: Blood cholesterol level, blood clotting time, incidence of arcus senilis, and clinical coronary artery disease. *Journal of American Medical Association*, 169, 1286-1296.

Friedman, M. & Rosenman, R. H. (1974). *Type A behavior and your heart.* New York: Ballantine Books.

Friedman, M., Thoresen, C. E., Gill, J., J., Powell, L. H., Ulmer, D., Thompson, L., Price, V. A., Rabin, D. D., Breall, W. S., Dixon, T., Levy, R. & Bourg, E. (1984) Alteration of type A behavior and reduction in cardiac reoccurrence in postmyocardial infarction patients. *American Heart Journal*, 108, 237-248.

Friedman, M., Thoresen, C. E., Gill, J., J., Ulmer, D., Powell, L. H., Price, V. A., Brown, B., Thompson, L., Rabin, D. D., Breall, W. S., Bourg, E., Levy, R. & Dixon, T. (1986) Alteration of type A behavior and its effects on cardiac repcurrences in post myocardial infarction patients: Summary results of the recurrent coronary prevention project. *American Heart Journal*, 112, 653-665.

Friedman, M., Thoresen, C. E., Gill, J.J., Ulmer, D. K., Thompson, L., Powell, L. H., Price, V., Elek, S. R., Rabin, D. D., Breall, W. S., Piaget, G., Dixon, T., Bourg, E., Levy, R. A. & Tasto, D. L. (1982) Feasibility of altering type A behavior pattern after myocardial infarction: Recurrent coronaru prevention project: Methods, baseline results and preliminary findings. *Circulation*, 66, 83-92.

Fukunishi, I., Nakagawa, T., Nakamura, H., Li, K, Hua, Z. Q. & Kratz, T. S. (1996) Relationships between type A behavior, narcissism, and maternal closeness for college students in Japan, the United States of America, and the People's Republic of China. *Psychological Reports*, 78, 939-944.

Fukunishi, I., Saito, S. & Fujito, K. (1992) Influence of the mother-child relationship on the development of the type A behavior. *Child Psychiatry and Human Development*, 22, 213-220.

福西 勇・山崎勝之（1995）ハートをむしばむ性格と行動―タイプAから見た健康へのデザイン　星和書店

Furnham, A. (1984) Extraversion, sensation seeking, stimulus scoring and type 'A' behaviour pattern: The relationship between various measures of arousal. *Personality and Individual Differences*, 5, 133-140.

Gallacher, J. E. J., Sweetnam, P. M., Yarnell, J. W. G., Elwood, P. C. & Stansfeld, S. A. (2003) Is type A behavior really a trigger for coronary heart disease events? *Psychosomatic Medicine*, 65, 339-346.

Ganster, D. C., Schaubroeck, J. Sime, W. E. & Mayes, B. T. (1991) The nomological validity of the type A personality among employed adults. *Journal of Applied Psychology*, 76, 143-68.

Gassidy, T. & Dhillon, R. (1997) Type A behavior, problem-solving style and health in male and female managers. *British Journal of Health Psychology*, 2, 217-227.

George, I. M., Prasadarao, V., Humaraiah, V. & Yavagal, S. T. (1998) Modification of the type A behavior pattern in coronary heart disease: A cognitive-behavioral intervention programme. *NIMHANS Journal*, January, 1998, 29-35.

Gidron, Y. & Davidson, K. (1996) Development and preliminary testing of a brief intervention for modifying CHD-predictive hostility components. *Journal of Behavioral Medicine*, 19, 203-220.

Gill, J. J., Price, V. A., Friedman, M., Thoresen, C. E., Powell, L.H., Ulmer, D., Brown, B. & Drews, F. R. (1985) Reduction in type A behavior in healthy middle-aged

American military officers. *American Heart Journal*, 110, 503-512.
Glass, D. C. (1977a) *Behavior patterns, stress, and coronary disease*. New York: Wiely.
Glass, D. C. (1977b). Stress, behavior patterns, and coronary disease. *American Scientist*, 65, 177-187.
Goldstein, K. M. & Blackman, S. (1978) *Cognitive style: Five approaches and relevant research*. New York: Wiely. (島津一夫・水口禮治 訳 1982 認知スタイル 誠信書房)
Gomez, R. (1997) Locus of control and type A behavior pattern as predictors of coping styles among adolescents. *Personality and Individual Differences*, 23, 391-398.
Haaga, D. F.,Willams, M. E., Dolezal, S. H., Haleblian, J., Rosenbaum, J., Dwyer, J. H., Baker, S., Nezami, E. & DeQuattro, V. (1994) Mode-specific impact of relaxation training for hypertensive men with type A behavior pattern. *Behavior Therapy*, 25, 209-223.
Hamberger, L. K. & Hastings, J. E. (1985) Irrational beliefs underlying type A behavior: Evidence for a cautious approach. *Psychological Reports*, 59, 19-25.
原田 泰 (2001) 事実をみない日本の教育論議 西村和雄 (編) 学力低下が国を滅ぼす 日本経済新聞社 Pp. 86-113.
Harralson, T. L. & Lawler, K. A. (1992) The relationship of parenting styles and social competency to type A behavior in children. *Journal of Psychosomatic Research*, 36, 625-634.
Harris, A. E. & Curtin, L. (2002) Parental percwptions, early maladaptive schemas, and depressive symptoms in young adults. *Cognitive Therapy and Research*, 26, 405-416.
Hart, R. P., Buchsbaum, D. G., Wade, J. B., Hamer, R. M. & Kwentus, J. A. (1987) Effects of sleep deprivation on first-year residents' response times, memory, and mood. *Journal of Medical Education*, 62, 940-942.
Hart, P. L. & Joubert, C. E. (1996) Narcissism and hostility. *Psychological Reports*, 79, 161-162.
橋本 宰 (1981) 心臓血管系反応に及ぼす Type A 行動とストレス対処性の効果について 同志社大学人文学, 136, 57-67.
Hassett, J. (1978) *A primer of psychophysiology*. New York: Freeman and Company.

（平井　久・児玉昌久・山中祥男　編訳1987 精神性理学入門　東京大学出版会）

早野順一郎・山田彰・向井誠時・竹内聡・堀礼子・大手信之・藤波隆夫（1991）心臓副交感神経機能低下と冠動脈アテローム硬化　タイプA，2，61-19.

Harralson, T. L. & Laeler, K. A. (1992) The relationship of parenting styles and social competency to type A behavior in children. *Journal of Psychosomatic Research*, 36, 625-634.

Hayer, C. & Hicks, R. A. (1993) Type A-B scores and insomnia among college students: A replication and extension of earlier studies. *Perceptual and Motor Skills*, 77, 1265-1266.

Haynes, S. G., Levine, S., Scotch, N., Feinleib, M. & Kannel, W. B. (1978a) The relationship of psychosocial factors to coronary heart disease in the Framingham study: I. Methods and risk factors. *American Journal of Epidemiology*, 107, 362-383.

Haynes, S. G., Levine, S., Scotch, N., Feinleib, M. & Kannel, W. B. (1978b) The relationship of psychosocial factors to coronary heart disease in the Framingham study: II. Prevalence of coronary heart disease. *American Journal of Epidemiology*, 107, 384-402.

Helmreich, R. L., Spence, J. T. & Pred, R. S. (1988) Making it without losing it: Type A, achievement motivation and scientific attainment revisited. *Personality and Social Psychology Bulletin*, 14, 495-504.

Hicks, R.A., Cheers, Y. & Juarez, M. (1985) Stomach Disorders and type A-B behavior. *Psychological Report*, 57, 1254.

Hicks, R. A. & Pellegrini, R. J. (1982) Sleep problems and type A-B behavior in college students. *Psychological Reports*, 51, 196.

Hintsa,T., Jokela, M., Pulkki-Råback, L., & Keltikangas-Järvinen, L. (2016) Age- and cohort-related variance of type-A behavior over 24 years: The Young Finns Study. *PLoS One*, 11(9): e0161840.

Hjelle, L. A., Busch, E. A. & Warre, L. E. (1996) Explanatory style, dispositional optimism, and reported parental behavior. *Journal of Genetic Psychology*, 157, 489-499.

保坂　隆・田川隆介（1993）A型行動パターンの日本的特性　桃生寛和・早野順一郎・保坂　隆・木村一博（編）タイプA行動パターン　星和書店　Pp. 329-335.

Houston, B. K. (1983) Psychophysiological resoponsivity and the type A behavior

pattern. *Journal of Research in Personality*, 17, 22-39.
Hunter, S. M., Johnson, C. C., Vizelberg, I. A. Webber, L. S. & Berenson G. S. (1991) Tracking of type A behavior in children and young adults: The Bogalusa Heart Study. *Journal of Social Behavior and Personality*, 6, 71-84.
Irvine J, Lyle, R. C. & Allon, R. (1982) Type A personality as psychopathology: Personality correlates and an abbreviated scoring system. *Journal of Psychosomatic Research*, 26, 183-189.
石原俊一（2002）攻撃性の治療的介入　山崎勝之・島井哲志（編）攻撃性の行動科学－健康編　ナカニシヤ出版　Pp. 230-246.
Jamal, M. & Baba, V. V. (2001) Type A behavior, job performance, and well-being in college teachers. *International Journal of Stress Management*, 8, 231-240.
Janoski, M. L., Cordray, D. S., Houston, B. K. & Osness, W. H. (1987) Modification of type A behavior through aerobic exercise. *Motivation and Emotion*, 11, 1-17.
Jenkins, C. D., Rosenman, R. H. & Friedman, M. (1967). Development of an objective psychological test for the determination of the coronary-prone behavior pattern in employed men. *Journal of Chronic Diseases*, 20, 371-379.
Jenkins, C. D., Zyzanski, S. J. & Rosenman, R. H. (1971) Progress toward validation of a computer-scored test for the type A coronary-prone behavior pattern. *Psychosomatic Medicine*, 33, 193-202.
Jeung, D. Y., Lee, H. O., Chung, W. G., Yoon, J. H., Koh. S. B., Back, C. Y., Hyun, D. S., & Chang, S. J. (2017) Association of Emotional Labor, Self-efficacy, and Type A Personality with Burnout in Korean Dental Hygienists. *Journal of Korean Medical Science*. 32, 1423-1430.
Johnson, M. (2002) The importance of self-attitudes for the type A-B, internality-externality and health status. *Personality and Individual Differences*, 33, 777-790.
Kaplan, B. H. (1992) Social health and the forgiving heart: The type B story. *Journal of Behavioral Medicine*, 15, 3-14.
Karlberg, L., Krakau, I. & Unden, A.L. (1998) Type A behavior intervention in primary health care reduces hostility and time pressure: A study in Sweden. *Social Science and Medicine*, 46, 397-402.
加護野忠男（1999）競争優位のシステム：事業戦略の静かな革命　PHP 研究所
柏木惠子（1983）認知および情意面における受験圧力に関する心理学的研究　昭和58年度科学研究費補助金（一般研究C）報告書

Kelly, K. E. & Houston, B. K. (1985) Type A behvavior in employed women: Relation to work, marital, and leisure variable, social support, stress, and health. *Journal of Personality and Social Psychology*, 48, 1067-1079.

Kelly, K. R. & Stone, G. L. (1987) Effects of three psychological treatments and self-monitoring on the reduction of type A behavior. *Journal of Counseling Psychology*, 34, 46-54.

Keltikangas-Jaervinen, L. (1990) Continuity of type A behavior during childhood, preadolescence, and adolescence. *Journal of Youth and Adolescence*, 19, 221-232.

Keltikangas-Jaervinen, L. & Heinonen, K. (2003) Childhood roots of adulthood hostility: Family factors as predictors of cognitive and and affective hostility. *Child Development*, 74, 1751-1768.

Keltikangas-Järvinen, L., Hintsa, T., Kivimäki, M., Puttonen, S., Juonala, M., Viikari, J. S., Raitakari, O. T. (2007) Type A eagerness-energy across developmental periods predicts adulthood carotid intima-media thickness: the Cardiovascular Risk in Young Finns. Arteriosclerosis Thrombosis And Vascular Biology, 27, 1638-1644.

Kernberg, O. F. (1998) Developmental aspects of normal and pathological narcissism. In E. F. Ronningstam (Ed.) *Disorders of narcissism: Diagnostic, clinical, and empirical implications.* Washington, DC: American Psychiatric Association. Pp. 103-120.（佐野信也 監訳 2003 自己愛の障害―診断的，臨床的，経験的意義 金剛出版）

木村一博（1995）内科の病気とタイプA　山崎勝之（編）タイプAからみた世界―ストレスの知られざる姿―現代のエスプリ vol. 337　至文堂　Pp. 43-53.

Kliewer, W. & Weidner, G. (1987) Type A behavior and aspirations: A study of parents' and children's goal setting. *Developmental Psychology*, 23, 204-209.

小林正幸（1997）論理療法と認知行動療法　岩本隆茂・大野　裕・坂野雄二（編）認知行動療法の理論と実際　培風館　Pp. 49-56.

Kohut, H. (1971) *The analysis of the self : A systematic approach to the psychoanalytic treatment of narcissistic personality disorders.* Madison: International Universities Press.（水野信義・笠原　嘉 監訳 1994 自己の分析　みすず書房）

Kohut, H. & Wolf, E. S. (1978) The disorders of the self and their treatment: An outline. *International Journal of Psychoanalysis*, 59, 413-425.

Korotkov, D. Perunovic, M. Claybourn, M. Fraser, I. Houlihan, M. Macdonald, M. & Korotkov, K. A. (2011) The Type B behavior pattern as a moderating variable of the relationship between stressor chronicity and health behavior. *Journal of Health Psychology*, 16, 397-409.

Koulack, D. & Nesca, M. (1992) Sleep parameters of type A and B scoring college students. *Perceptual and Motor Skills*, 74, 723-726.

Krantz, D. S. & Durel, L. (1983) Psychobiological substrates of type A behavior pattern. *Health Psychology*, 2, 393-411.

Krantz, D. S., Glass, D. C. & Snyder, M. L. (1974) Helplessness, stress level, and the coronary-prone behavior pattern. *Journal of Experimental Social Psychology*, 10, 284-300.

Krantz, D. S. & Manuck, S. B. (1984) Acute psychophysiologic reactivity and risk of cardiovascular disease: A review and methodologic critique. *Psychological Bulletin*, 96, 435-464.

Kuiper, N. A. & Martin, R. A. (1989) Type A behavior: A social cognition motivational perspective. In G. H. Bower (Ed.) *The psychology of learning and motivation: Advances in research and theory:* Vol. 24, New York: Academic Press. Pp. 311-341.

Lawler, K. A., Armstead, C. A. & Patton, E. K. (1991) Type A behavior and intrinsic vs. extrinsic motivation in male college students. *Psychological Record*, 41, 335-342.

Lawler, K. A., Schmied, L. A., Armstead, C. A. & Lacy, J. E. (1990) Type A behavior, desire for control, and cardiovascular reactivity in young adult women. *Journal of Social Behavior and Personality*, 5, 135-158.

Leikin, L. J. (1990) Type A behaviour and health locus of control: Another view on Perloff et al. (1988). *British Journal of Medical Psychology*, 63, 81-84.

Le Mellédo, J. M., Arthur, H., Dalton, J., Woo, C., Lipton, N. Bellavance, F., Koszycki, D., Boulenger, J. P. & Bradwejn, J. (2001) The influence of type A behavior pattern on the response to the panicogenic agent CCK-4. *Journal of Psychosomatic Research*, 51, 513-520.

Levenkron, J. C., Fisher, Jr. E. B., Cohen, J. D. & Mueller, H. S. (1983) Modifying the type A coronary-prone behavior pattern. *Journal of Consulting and Clinical Psychology*, 51, 192-204.

Lisspers, J., Hofman-Bang, C., Nordlander, R., Ryden, L., Sundin, O., Ohman, A. & Nygren, A. (1999) Multifactorial evaluation of a program for lifestyle behavior change in rehabilitation and secondary prevention of coronary artery disease. *Scandinavian Cardiovascular Journal*, **33**, 9-16.

Littiman, A. B., Fava, M., McKool, K., Lamon-Fava, S. & Pegg, E. (1993) Buspirone therapy for type A behavior, hostility, and perceived stress in cardiac patient. *Psychotherapy and Psychosomatics*, **59**, 107-110.

Lobel, T. E. (1988) Personality correlates of type A coronary-prone behavior. *Journal of Personality Assessment*, **52**, 434-440.

Lohse, T., Rohrmann, S., Richard, A., Bopp, M., Faeh, D., & Swiss National Cohort Study Group. (2017) Type A personality and mortality: Competitiveness but not speed is associated with increased risk. *Atherosclerosis*, **262**, 19-24.

Lundberg, U. (1980) Type A behavior and its relation to personality variables in Swedish male and female university students. *Scandinavian Journal of Psychology*, **21**, 133-138.

Lundberg, U. (1983) Note on type A behavior and cardiovascular responses to challenge in 3-6 yr. old children. *Journal of Psychosomatic Research*, **27**, 39-42.

Lundberg, U., Rasch, B. & Westermark, O. (1990) Familial similarity in type A behaviour and physiological measurements as related to sex. *Scandinavian Journal of Psychology*, **31**, 34-41.

Lynch, D. J. & Schaffer, K. F. (1989) Type A and social support. *Behavioral Medicine*, **15**, 72-74.

Lynch, D. J., Schaffer, K. F. & Ninojosa, L. (2000) Type A behavior pattern, sex, and social support. *Psychological Reports*, **87**, 141-147.

Lyness, S. A. (1993) Predictors of differences between type A and B individuals in heart rate and blood pressure reactivity. *Psychological Bulletin*, **114**, 266-295.

Malcom, A. T. & Janisse, M. P. (1991) Additional evidence for the relationship between type A behavior and social support in men. *Behavioral Medicine*, **17**, 131-134.

McCranie, E. W. & Simpson, M. E. (1986) Parental child-rearing antecedents of type A behavior. *Personality and Social Psychology Bulletin*, **12**, 493-501.

Macdonald, A. P., (1971) Internal-external locus of control: Parental antecedents. *Journal of Consulting & Clinical Psychology*, **37**, 141-147.

MacEvoy, B., Lambert, W. W., Karlberg, P., Karlberg, J., Klackenberg-Larsson, I. & Klackenberg, G. (1988) Early affective antecedents of adults type A behavior. *Journal of Personality and Social Psychology*, 54, 108-116.

前田 聡 (1990) 虚血性心疾患のリスクファクターとしてのタイプA タイプA, 1, 31-36.

前田 聡・伊藤昭雄・平山治雄・坪井直哉・三輪田悟・山田健二・永田浩三・因田恭也・吉田幸彦・塚川敏行 (1994) 虚血性心疾患発症後の簡易行動修正カウンセリングによるタイプAの治療 タイプA, 5, 25-31.

Matteson, M. T., Ivancevich, J. M. & Gamble, G. O. (1987) A test of the cognitive social model of type A behavior. *Journal of Human Stress*, 13, 23-31.

Matthews, K. A. (1979) Efforts to control by children and adults with the type A coronary-prone behavior pattern. *Child Development*, 50, 842-847.

Matthews, K. A. (1982) Psychological perspective on the type A behavior pattern. *Psychological Bulletin*, 91, 293-323.

Matthews, K. A. (1988) Coronary heart disease and type A behaviors: Update on and alternative to the Booth-Kewley and Friedman (1987) quantitative review. *Psychological Bulletin*, 104, 373-380.

Matthews, K. A. (2005) Psychological perspectives on the development of coronary heart disease. *American Psychologists*, 60, 783-796.

Matthews, K. A. & Angulo, J. (1980) Measurement of the type A behavior pattern in children: Assessment of children's competitiveness, impatience-anger, and aggression. *Child Development*, 51, 465-475.

Matthews, K. & Haynes, S. G. (1986) Type A behavior pattern and coronary disease risk: Update and critical evaluation. *American Journal of Epidemiology*, 123, 923-960.

Matthews, K. A. & Krantz, D. S. (1976) Resemblances of twins and their parents in pattern A behavior. *Psychosomatic Medicine*, 38, 140-144.

Matthews, K. A., Rosenman, R. H., Dembroski, T. M., Harris, E. L. & MacDougall, J. M. (1984) Familial resemblance in components of the type A behavior pattern: A reanalysis of the California type A twin study. *Psychosomatic Medicine*, 46, 512-522.

Matthews, K. A., Stoney, C. M., Rakaczky, C. J. & Jamison, W. (1986) Family characteristics and school achievements of type A children. *Health Psychology*, 5,

453-467.

Matthews, K. A. & Volkin, J. I. (1981) Efforts to excel and the type A behavior pattern in children. *Child Development*, 52, 1283-1289.

Meinnger, J. C., Hayman, L. L., Coates, P. M. & Gallagher, P. (1988) Genetics or environment? Type A behavior and cardiovascular risk factors in twin children. *Nursing Research*, 37, 341-346.

Meinnger, J. C., Hayman, L. L., Coates, P. M. & Gallagher, P. (1998) Genetic and environmental influences on cardiovascular disease risk factors in adolescents. *Nursing Research*, 47, 11-18.

Mellam, A. C. & Espnes, G. A. (2003) Emotional distress and the type A behavioura pattern in a sample of civil servants. *Personality and Individual Differences*, 34, 1319-1325.

Meninger, K. A. & Menninger, W. C. (1935) Psychoanalytic observations in cardic disorders. *American Heart Journal*, 11, 10-21.

Miller, D. T., Turnbull, W. & McFarland (1988) Particularisitic and universalistic evaluation in the social comparison process. *Journal of Personality and Social Psychology*, 55, 908-917.

Millon, T. (1998) DSM narcissistic personality disorder: Historical reflections and future directions. In E. F. Ronningstam (Ed.) *Disorders of narcissism: Diagnostic, clinical, and empirical implications*. Washington, DC: American Psychiatric Association. Pp. 75-101.（佐野信也 監訳 2003 自己愛の障害―診断的，臨床的，経験的意義 金剛出版）

Moeller, A. & Botha, H. C. (1996) Effects of a group rational-emotive behavior therapy program on the type A behavior pattern. *Psychological Reports*, 78, 874-961.

Morrison, K. A. (1997) Personality correlates of the five-factor model for a sample of business owners/managers: Associations with scores on self-monitoring, type A behavior, locus of control, and subjective well-being. *Psychological Reports*, 80, 255-272.

Myrtek, M. (2001) Meta-analyses of prospective studies on coronary heart disease, type A personality, and hostility. *International Journal of Cardiology*, 79, 245-251.

Nabi, H., Kivimäki, M., Zins, M., Elovainio, M., Consoli, S. M., Cordier, S., Ducimetière,

P., Goldberg, M., Singh-Manoux, A.（2008）Does personality predict mortality? Results from the GAZEL French prospective cohort study. *International Jouranl of Epidemiology*, **37**, 386-396.

Nakano, K.（1990）Effects of two self-control procedures on modifying type A behavior. *Journal of Clinical Psychology*, **46**, 652-656.

Nakano, K.（1996）Application of self-control procedures to modifying type A behavior. *Psychological Record*, **46**, 595-606.

Nyberg, L., Bohlin, G., Berlin, L. & Janols, L. O.（2003）Differentiating type A behaviour and hyperactivity using observed motivation during a reaction time task. *Infant and Child Development*, **12**, 145-158.

Nyberg, L., Bohlin, G. & Hagekull, B.（2004）Assessing type A behavior in children: A longitudinal exploration of the overlap between type A behavior and hyperactivity. *Scandinavian Journal of Psychology*, **45**, 145-156.

日本青少年研究所（2002）調査・研究報告書　高校生の未来意識に関する調査：日米中比較　日本青少年研究所

大芦　治（2003）Hunter＝Wolf A-B 評定尺度日本語版の作成の試み　日本教育心理学会第45回総会発表論文集, 22.

大芦　治・平井　久（1991）タイプA行動と抑うつ，統制の位置，帰属スタイルの関係についての調査的試み　日本健康心理学会第4回大会発表論文集, 42-43.

大芦　治・曽我祥子・大竹恵子・島井哲志・山崎勝之（2002）児童の生活習慣と敵意・攻撃性との関係について　学校保健研究, **44**, 166-180.

岡崎奈美子・大芦　治・山崎久美子（1995）TYPE A 行動パターン尺度の再検討　日本心理学会第59回大会発表論文集, 56.

O'Keeffe, J. L. & Smith, T. W.（1988）Self-regulation and type A behavior. *Journal of Research in Personality*, **22**, 232-251.

Orth-Gemer, K. & Unden, A. L.（1990）Type A behavior, social support, and coronary risk: Interaction and significance for mortality in cardiac patients. *Psychosomatic Medicine*, **52**, 59-72.

小塩真司（1998）自己愛傾向に関する一研究―性役割感との関連―　名古屋大学教育学部紀要（教育心理学科），**45**, 45-53.

Palmero, F., Diez, J. L. & Asensio. A. B.（2001）Type A behavior pattern today: Relevance of the JAS-S factor to predict heart rate reactivity. *Behavioral Medicine*, **27**, 28-36.

Pedersen, N. L., Lichtenstein, P., Plomin, R., DeFaire, U., McClearn, G. E. & Matthews, K.A. (1989) Genetic and environmental influences for type A-like measures and related traits: A study of twins reared apart and twins reared together. *Psychosomatic Medicine*, **51**, 428-440.

Perez-Garcia, A. M. & Sanjuan, P. (1996) Type A behaviour pattern's (Global and main components) attentional performance, cardiovascular reactivity, and causal attributions in the presence of different levels of interference. *Personality and Individual Differences*, **20**, 81-93.

Perloff, L. P., Yarnold, P. R. & Fetzer, B. K. (1988) Control theory and type A behaviour. *British Journal of Medical Psychology*, **61**, 365-368.

Peterson. C., Semmel, A., von Baeyer, C., Abramson, L. Y., Metalsky, G. I. & Seligman, M. E. P. (1982) The attributional style questionnaire. *Cognitive Therapy and Research*, **6**, 28-300.

Phllips, J. S., Freedman, S. M., Ivancevich, J. M. & Matteson, M. T. (1990) Type A behavior, self-appraisals, and goal setting: A framework for future research. *Jouranl of Social Behavior and Personality*, **5**, 59-76.

Pollock, B. D., Chen, W., Harville, E. W., Bazzano, L. A. (2017) Associations between Hunter Type A/B Personality and Cardiovascular Risk Factors from Adolescence through Young Adulthood. *Internationa Journal of Behavioral Medcine*. **24**, 593-601.

Powell, L., Friedman, M., Thoresen, C. E., Gill, J., J. & Ulmer, D. K (1984) Can the type A behavior pattern be altered after myocardial infarction?: A second year report from the Recurrent Coronary Prevention Project. *Psychosomatic Medicine*, **46**, 293-313.

Price, V. A. (1982) Type A behavior pattern: A model for research and practice. New York: Academic Press.

Price, V. A. (1988) Research and clinical issues in treating type A behavior. In B. K. Houston & C.R.Snyder (Eds.) *Type A behavior pattern-Research, theory, and intervention.* New York: Wiley. Pp. 275-311.

Raeikkoenen, K. (1993) Predictive associations between type A behavior of parents and their children: A 6-year follow-up. *Journal of Genetic Psychology*, **154**, 315-328.

Raeikkoenen, K. & Keltikangas-Jaervinen, L. (1992a) Mother with hostile, type A predisposing child-rearing practices. *Journal of Genetic Psychology*, 153, 343-354.

Raeikkoenen, K. & Keltikangas-Jaervinen, L. (1992b) Childhood hyperactivity and the mother-child relationship as predictors of risk type A behavior in adolescence: A six year follow-up. *Personality and Individual Differences*, 13, 321-327.

Raeikkoenen, K., Keltikangas-Jaervinen, L. & Pietikainen, M. (1991) Type A behavior and its determinants in children, adolescents and young adults with and without parental coronary heart disease: A case-control study. *Journal of Psychosomatic Research*, 35, 273-280.

Rahe, R. H., Hervig, L. & Rosenman, R. H. (1978) Heritability of type A behavior. *Psychosomatic Medicine*, 40, 478-486.

Ramanaiah, N. V., Sharpe, J. P. & Byravan, A. (1997) Type A behavior and the five-factor model of personality. *Psychological Reports*, 81, 368-370.

Rappaport, N. B., McAnulty, D. P. & Brantley, P. J. (1988) Exploration of the type A behavior pattern in chronic headache sufferers. *Journal of Consulting and Clinical Psychology*, 56, 621-623.

Raskin, R. N. & Hall, C. S. (1979) A narcissistic personality inventory. *Psychological Reports*, 45, 590.

Rickard, K. M. & Woods De Rael, C. (1987) The relationship between type A behavior and hyperactivity in children as measured by the Conner's hyperactivity and MYTH-0 scales. *Social Behavior and Personality*, 15, 207-214.

Rosenman, R. H. (1978) The interview method of assessment of the coronary-prone behavior pattern. In T. M. Dembroski, S. M. Weiss, J. L. Shields, S. G. Haynes & M. Feinleib (Eds.), *Coronary-prone-behavior*. New York: Springer-Verlag. Pp. 55-69.

Rosenman, R. H., Brand, R. J., Sholtz, R. I. & Friedman, M. (1976) Multivariate prediction of coronary heart disease during 8.5 year follow-up in the Western Collaborative Group Study. *American Journal of Cardiology*, 37, 903-910.

Rosenman, R. H., Friedman, M., Straus, R., Wurm, M., Kotixhek, R., Hahn, W. & Werthessen, N. W. (1964) A predictive study of coronary heart disease: The Western Collaborative Group Study. *Journal of American Medical Association*, 189, 103-110.

Roskies, E., Kearney, H., Spevack, M., Surkis, A., Cohen, C. & Gilman, S. (1979) Generalizability and durability of treatment effects in an intervention program for coronary-prone (type A) managers. *Journal of Behavioral Medicine*, 2, 195-207.

Roskies, E., Seraganian, P., Oseashon, R., Hanley, J. A., Collu, R., Martin, N. & Smilga, C. (1986) The Montreal Type A Intervention Project: Major findings. *Health Psychology*, 5, 45-69.

Roskies, E., Spevack, M., Surkis, A., Cohen, C. & Gilman, S. (1978) Changing the coronary-prone (type A) behavior pattern in a nonclinical population. *Journal of Behavioral Medicine*, 1, 201-216.

Rotter, J. B. (1966) Generalized expectancies for internal versus external control of reinforcement. *Psychological Monographs: General and Applied*, 80.

Ruberman, W., Weinblatt, E., Goldberg, J. D. & Chaudhary, B. S. (1984) Psychosocial influences on mortality after myocardial infarction. *New England Journal of Medicine*, 311, 552-559.

桜井茂男 (1989) 小学生における学習動機の測定 奈良教育大学紀要, 38, 207-213.

Scherwitz, L., Berton, K. & Leventhal, H. (1977) Type A assessment and interaction in the behavior pattern interview. *Psychosomatic Medicine*, 39, 229-240.

Scherwitz, L., Berton, K. & Leventhal, H. (1978) Type A behavior, self-involvement and cardiovascular response. *Psychosomatic Medicine*, 40, 593-609.

Scherwitz, L. & Canick, J. D. (1988) Self-reference and coronary heart disease risk. In B. K. Houston & C. R. Snyder (Eds.) *Type A behavior pattern-Research, theory, and intervention*. New York: Wiely. Pp. 146-167.

Sebregts, E. H. W. J., Falger, P. R. J. & Baer, F. W. H. M. (2000) Risk factor modification through nonphamacological interventions in patients with coronary heart disease. *Journal of Psychosomatic Research*, 48, 425-441.

Seligman, M. E. P. (1973) Fall into helplessness. *Psychology-Today*, 7, 43-48.

Selye, H. (1956) *The stress of life (Revised ed.)* New York: MacGraw-Hill. (杉靖三郎・田多井吉之助・藤井尚治・竹宮 隆 訳 1988 現代社会とストレス 法政大学出版局)

瀬戸正弘・長谷川尚子・坂野雄二・上里一郎 (1997)「日本的タイプA行動評定尺度 (CTS)」開発の試み カウンセリング研究, 30, 199-206.

Shapiro, D. H., Jr, Friedman, M. & Piaget, G. (1991) Changes in mode of control and self-control for post myocardial infarction patients evidencing type A behavior: The effects of a cognitive/behavioral intervention and/or cardiac counseling.

International Journal of Psychosomatics, 38, 4-12.
Shekelle, R. B., Gale, M., Ostfeld, A. M. & Paul, O. (1983) Hostility, risk of coronay heart disease, and mortality. *Psychosomatic Medicine*, 45, 109-114.
Shi, H. Yang, X., Wang, J., Xi ,H., Huang, C., He, J., Chu, M., & Zhuang, G. (2013) Type A personality, hostility, time urgency and unintentional injuries among Chinese undergraduates: a matched case-control study. *BMC Public Health*, 13, 1066.
品川不二郎・品川孝子（1958）田研式親子関係診断検査　日本文化科学社
Siegman, A. W., Dembroski, T. M. & Ringel, N. (1987) Components of hostility and the severity of coronary artery disease. *Psychosomatic Medicine*, 49, 127-135.
Sirri, L., Fava, G. A., Guidi, J., Porcelli, P., Rafanelli, C., Bellomo, A., Grandi, S., Grassi, L., Pasquini, P., Picardi, A., Quartesan, R., Rigatelli, M., & Sonino, N. (2012) Type A behaviour: a reappraisal of its characteristics in cardiovascular disease. *International Journal of Clinical Practice*, 66, 1742-1241.
Smith, T. W. (1992) Hostility and health: Current status of a psychosomatic hypothesis. *Health Psychology*, 11, 139-150.
Smith, T. W., Houston, B. K. & Zurawski, R. M. (1983) The Framingham type A scale and anxiety, irrational beliefs, and self-control. *Journal of Human Stress*, 9, 32-37.
Søgaard, A. J., Dalgard, O. S., Holme, I., Røysamb, E., Håheim, L. L. (2008) Associations between type A behaviour pattern and psychological distress: 28 years of follow-up of the Oslo study 1972/1973. *Social Psychiatry and Psychiatric Epidemiology*, 43, 216-223.
総務庁青少年対策本部（1996）青少年の生活と意識に関する基本調査の概要　総務庁
Sparagon B., Friedman, M., Breall, W. S., Goodwin, M. L., Fleischmann, N. & Ghandour. G. (2001) Type A behavior and coronary atherosclerosis. *Atherosclerosis*, 156, 145-149.
Spence, J. T., Helmreich, R. L. & Pred, R. S. (1987) Impatience versus achievement strivings in the type A pattern: Differential effects on students' health and academic achievement. *Journal of Applied Psychology*, 72, 522-528.
Stamps, L. E. (1988) The type A behavior pattern in children: Relationships with performance on speed oriented tasks. *Journal of Genetic Psychology*, 149, 53-60.
Steinberg, L. (1985) Early temperamental antecedents of adult type A behaviors.

Developmental Psychology, 21, 1171-1180.
Steinberg, L. (1986) Stability (and instability) of type A behavior from childhood to young adulthood. *Developmental Psychology*, 22, 393-402.
Steinberg, L. (1988) Stability of type A behavior from early childhood to young adulthood. In P. B. Baltes, D. L. Featherman & R. M. Lerner (Eds.), *Life-Span Development and Behavior*, Vol. 8. Hillsdale, N. J.: Lawrence Erlbaum Associates. Pp. 129-161.
Strube, M. J. (1985) Attributional style and the type A coronary-prone behavior pattern. *Journal of Personality and Social Psychology*, 49, 500-509.
Strube, M. J. (1989) Evidence for the type in type A behavior: A taxometric analysis. *Journal of Personality and Social Psychology*, 65, 972-987.
Strube, M. J., Berry, J. M. & Moergen, S. (1985) Relinquishment of control and the type A behavior pattern: The role of performance evaluations. *Journal of Personality and Social Psychology*, 49, 831-842.
Strube, M. J. & Boland, M. L. (1986) Postperformance attributions and task persistence among type A and B individuals: A clarification. *Journal of Personality and Social Psychology*, 50, 413-420.
Strube, M. J. & Boland, M. L., Manfredo, P. A., & Al-Falaij, A. (1987) Type A behavior pattern and the self-appraisal model. *Journal of Personality and Social Psychology*, 52, 956-974.
Strube, M. J. & Lott, C. L. (1985) Type A behavior pattern and the judgment of noncontingency: Mediating roles of mood and perspective. *Journal of Personality and Social Psychology*, 49, 510-519.
Strube, M. J., Lott, C. L., Heilizer, R. & Gregg, B. (1986) Type A behavior pattern and the judgment of control. *Journal of Personality and Social Psychology*, 50, 403-412.
Strube, M. J. & Werner, C. (1985) Relinquishment of control and the type A behavior pattern. *Journal of Personality and Social Psychology*, 48, 688-701.
Sturman, T. S. (1999) Achievement motivation and type A behavior as motivational orientations. *Journal of Research in Personality*, 33, 189-207.
Suinn, R. M. & Bloom, L. J. (1978) Anxiety management training for pattern A behavior. *Journal of Behavioral Medicine*, 1, 25-35.
Suinn, R. M., Brock, M. & Edie, C. A. (1975) Behavior therapy for type A patients.

American Journal of Cardiology, 36, 269.

Suls, J. & Sanders, G. S. (1988) Type A behavior as a general risk factor for physical disorder. *Journal of Behavioral Medicine*, 11, 201-226.

Sumi, K. & Kanda, K. (2001) Type A behavior, social support, and sex in Japanese college students. *Psychological Reports*, 88, 797-798.

Sweda, M. G., Sines, J. O., Lauer, R. M. & Clarke, W. R. (1986) Familial aggregation of type A behavior. *Journal of Behavioral Medicine*, 9, 23-32.

Tan, V. L. & Hicks, R. A. (1995) Type A-B behavior and nightmare types among college students. *Perceptual and Motor Skills*, 81, 15-19.

Thoresen, C. E. & Pattillo, J. R. (1988) Exploring the type A behavior pattern in children and adolescents. In B. K. Houston & C. R. Snyder (Eds.), *Type A behavior pattern: Research, theory, and intervention*. New York: John Wiley & Sons. Pp. 98-145.

Thoresen, C. E. & Powell, L. H. (1992) Type A behavior pattern: New perspectives on theory, assessment, and intervention. *Journal of Consulting and Clinical Psychology*, 60, 595-604.

Thurman, C. W. (1983) Effects of a rational-emotive treatment program on type A behavior among college students. *Journal of College Student Personnel*, 1983, September, 417-423.

Thurman, C. W. (1984) A program for helping type A faculty and the support staff who work for them. *Journal of College Student Personnel*, 1984, May, 277-278.

Thurman, C. W. (1985a) Effectiveness of cognitive-behavioral treatment in reducing type A behavior among university faculty. *Journal of Counseling Psychology*, 32, 74-83.

Thurman, C. W. (1985b) Effectiveness of cognitive-behavioral treatment in reducing type A behavior among university faculty: One year later. *Journal of Counseling Psychology*, 32, 445-448.

Turner, J. E. & Cole, D. A. (1994) Developmental differences in cognitive diathesis for child depression. *Journal of Abnormal Child Psychology*, 22, 15-31.

Vega-Lahr, N. & Field, T. M. (1986) Type A behavior in preschool children. *Child Development*, 57, 1333-1348.

Visintainer, P. F. & Matthews, K. A. (1987) Stability of overt type A behavior in children: Results form a two- and five-year longitudinal study. *Child Develop-

ment, **58**, 1586-1591.

Walsh, J. J, Eysenck, M. W., Wilding, J. & Valentine, J. (1994) Type A, neuroticism, and physiological functioning (actual and reported). *Personality and Individual Differences*, **16**, 959-965.

Ward, C. H. & Eisler, M. (1987a) Type A behavior, achievement striving and a dysfunctional self-evaluation system. *Journal of Personality and Social Psychology*, **53**, 318-326.

Ward, C. H. & Eisler, M. (1987b) Type A achievement striving and failure to achieve personal goals. *Cognitive Therapy and Research*, **11**, 463-471.

Watkins, P. L., Fisher, Jr., E. B., Southard, D. R., Ward, C. H. & Schechtman, K. B. (1989) Assessing the relationship of type A beliefs to cardiovascular disease risk and psychosocial distress. *Journal of Psychopathology and Behavioral Assessment*, **11**, 113-125.

Watkins, P. L., Ward, C. H. & Southard, D. R. (1987) Empirical support for a type A belief system. *Journal of Psychopathology and Behavioral Assessment*, **9**, 119-134.

Watkins, P. L., Ward, C. H., Southard, D. R. & Fisher, E. B. (1992) The type A belief system: Relationships to hostility, social support, and life stress. *Behavioral Medicine*, **18**, 27-32.

渡辺恵子 (1995) 親の性別しつけ　柏木恵子 (編) 女性の発達　現代のエスプリ vol. 331　至文堂　Pp. 35-56

Weidner, G. & Matthews, K. A. (1978) Reported physical symptoms elicited by unpredictable events and the type A coronary behavior pattern. *Journal of Personality and Social Psychology*, **36**, 1213-1220.

Weidner, G., Sexton, G., Matarazzo, J. D., Pereira, C. & Friend, R. (1988) Type A behavior in children, adolescents, and their parents. *Developmental Psychology*, **24**, 118-121.

Westra, H. A. & Kuiper, N. A. (1997). Cognitive content specificity in selective attention across four domains of maladjustment. *Behavior Therapy and Research*, **35**, 349-365.

Wolf, T. M., Hunter, S. M. & Webber, L. S. (1979) Psychosocial measures and cardiovascular risk factors in children and adolescents. *Journal of Psychology*, **101**, 139-146.

Woodall, K. L. & Matthews, K. A. (1989) Familial environment associated with type A behavior and psychophysiological responses to stress in children. *Health Psychology*, **8**, 403-426.

Woods, P. J. & Burns, J. (1984) Type A behavior and illness in general. *Journal of Behavioral Medicine*, **7**, 411-415.

Woods, P. J., Morgan, B. T., Day, B. W., Jefferson, T. & Harris, C. (1984) Findings on a relationship between type A behavior and headaches. *Journal of Behavioral Medicine*, **7**, 277-286.

Wortman, C. B. & Brehm, J. W. (1975) Responses to uncontrollable outcomes: An integration of reactance theory and the learned helplessness model. In L. Berkowitz (Ed.) *Advances in experimental social psychology*: Vol. 8 New York: Academic Press. Pp. 277-336.

山梨県立富士女性センター (1999)「親のジェンダー意識が子どもにどう反映しているか」南北都留地区の児童生徒およびその親のジェンダーに関する意識調査報告書　山梨県立富士女性センター

Yamasaki, K. (1990) Parental child-rearing attitudes associated with type A behaviors in children. *Psychological Reports*, **67**, 235-239.

Yamasaki, K. (1994) Similarities in type A behavior between young children and their parents in Japan. *Psychological Reports*, **74**, 347-350.

山崎勝之 (1995) タイプA性格の形成過程　心理学評論，**38**，1-24.

山崎久美子・大芦　治・塚田豊弘 (1994) タイプA行動パターン評価尺度の作成の試みとその検討．日本保健医療行動科学会年報，**9**，112-124.

山澤埼宏 (2004) 突然死タイプ　洋泉社

Yoshimasu, K. & the Fukuoka heart study group (2001) Relation of type A behavior pattern and job-related psychosocial factors to nonfatal myocardial infarction: A case-control study of Japanese male workers and women. *Psychosomatic Medicine*, **63**, 797-804.

Yuen, S. A. & Kuiper, N. A. (1992) Type A and self-evaluation: A social comparison perspective. *Personality and Individual Differences*, **13**, 549-562.

Zolnierczyk-Zreda, D. & Cieslak, R. (2001) Modifying type A in a nonclinical population of Polish managers. *International Journal of Occupational Safety and Ergonomics*, **7**, 309-332.

Zyzanski, S. J., Jenkins, C. D. Rayan, T. J., Flessas, A. & Everist, M. (1976) Psychological correlates of coronary angiographic findings. *Archives of Internal Medicine*, **136**, 1234–1237.

あとがき

　本書は，2005年に筑波大学から博士（心理学）を授与された学位論文に加筆・修正を施したものです．

　ふつう，タイプA研究が盛んだったのは1990年代までで，21世紀に入ってからは下火になったと思われています．一方，著者も学位論文を提出した直後から10年あまり他の著書の執筆に没頭していたこともあり，タイプA研究とだいぶ距離をおいていました．そうした事情も重なり，学位論文の公表の機会を逸してしまったように感じていました．ところが，最近になって改めてタイプAに関する文献を検索したところ，この10年間に発表されたものが意外に多いのには著者自身も驚きました．第10章でも少し紹介しましたが，とくに1980年代からはじめられた縦断的研究の成果が21世紀になってから報告されるようになり，それらは非常に興味深いものがありました．また，韓国 (Jeung, et al., 2017)，中国 (Shi, et al., 2013) などアジアで行われた研究も目につきます．競争心，攻撃性，達成欲求などから構成されるタイプAは自由競争が重んじられる現代社会が求める人物像と合致するところがあり，その健康への影響を扱うという面も手伝って，いつまでも研究対象としての魅力を失わないのかもしれません．

　そうしたタイプA研究の復活の兆しを感じるなか，事実上"お蔵入り"になった本稿をもう一度世に出してみようと思うようになりました．それが今回出版を思い立った直接の動機です．

　本書で紹介した実証的研究のほとんどは15年から20年以上前に行った調査がもとになっていますが，今回読み返してみても，これらの研究結果はまだ古くなっていないように思いました．むしろ，経済の自由化，規制緩和，グローバリゼーションが叫ばれる昨今の状況のなかで，競争性や攻撃性と一体

になった達成動機をもったタイプA的なパーソナリティは，ますます称揚されるようになってきていると思われます．おそらく，そうした社会的な価値観の影響を受け，タイプA的なパーソナリティが発達するプロセスには，本書で提示したモデルが依然としてあてはまるはずです．さらに，そのような社会的風潮が招いた長時間労働による過労死，自殺，健康被害などが社会問題になっているのも相変わらずです．本書の研究成果がこうした社会状況に対して少しでも意味を持つものであればと，願ってやみません．

さて，最後になりましたが，この場をお借りして本書ができあがるまでの過程でお世話になった皆様にお礼を申し上げたいと思います．

まず，本書の元となった博士論文の主査として審査にあたってくださった新井邦二郎先生に深く御礼申し上げます．公務でご多忙の中，万端にわたりご高配をいただいたことは感謝の念に絶えません．また，副査として丁寧な審査をしてくださいました徳田克己先生，服部環先生，さらに，執筆段階からいろいろなコメントなどを寄せてくださった濱口佳和先生にも厚く御礼申し上げます．学位論文の提出にあたっては蘭千壽先生からご尽力をいただきました．また，三浦香苗先生，中澤潤先生からもさまざまなご支援をいただきました．あわせて，謝意を表させていただきます．

なお，学位論文，および，本書のテーマとなったタイプA行動パターンについての研究に取り組む機会を与えてくださったのは故平井久先生です．また，本書の第2部の実証的研究のうちのいくつかは山崎久美子先生，岡崎奈美子氏のご尽力により実現したものであることも付け加えておきます．

出版に際しては，突然のお願いにもかかわらず本書の出版を引き受けて下さり，さらに，細部にわたるまで行き届いた編集作業を惜しまれなかった風間書房の風間敬子社長，斉藤宗親氏に謝意を表します．

以上，関係者各位にお礼を申し上げ筆をおきたいと思います．

 2018年11月

大芦　治

付記：本書の出版にあたっては，独立行政法人日本学術振興会平成30年度科学研究費助成事業（科学研究費補助金　研究成果公開促進費（学術図書）（課題番号18HP5183））の支援を受けた．

資　　料

資料 1　　生活習慣の質問項目
資料 2-1　本書の実証的研究の対象者，測定された指標などについての一覧
資料 2-2　本書の実証的研究の仮説の概略一覧

資料1　生活習慣の質問項目

> 学校がある月曜から金曜までのあなたのふだんの生活についてたずねます。それぞれの質問を読んで「はい」か「いいえ」のどちらかに○をつけるか，（　　）に数字を記入するかしてこたえてください。

1. 電気を暗くして ふとん（ベット）に入るのは 何時ごろですか．　　（　）時　（　）分
2. 1日の睡眠時間はどれくらいですか　　（　）時間（　）分
3. すいみん時間は たりていますか　　はい　いいえ
4. ふとん（ベッド）に入ってから すぐにねむれますか　　はい　いいえ
5. ぐっすりねむれますか　　はい　いいえ
6. 朝，目がさめたときの気分は よいですか　　はい　いいえ
7. 学校にいる時間に ねむくなることはありますか　　はい　いいえ
8. こわいゆめを みることがありますか　　はい　いいえ
9. よなかに 目がさめてしまうことがありますか　　はい　いいえ
10. 朝食を たべないことがありますか　　はい　いいえ
11. 夕食の時間は だいたい決まっていますか　　はい　いいえ
12. 食事は ひとより たくさんたべますか　　はい　いいえ
13. ポテトチップやおせんべいなどを よくたべますか　　はい　いいえ
14. 油もの（フライなど）を よくたべますか　　はい　いいえ
15. あまいものを よくたべますか　　はい　いいえ
16. 野菜（やさい）を よくたべますか　　はい　いいえ
17. 栄養ドリンクやビタミン剤を よくのみますか　　はい　いいえ
18. 急いで ごはんをたべることが ありますか　　はい　いいえ
19. 水泳や剣道など 何かスポーツをつづけていますか　　はい　いいえ
20. 学校がおわってから 外で運動や遊びをするのは週に何日くらいですか　　（　）日
21. スポーツ いがいの けいこごとやじゅくや英会話などには 週に何回いっていますか　　（　）回
22. 学校 いがいに 家やじゅくで1日に 何時間くらい勉強しますか　　（　）時間（　）分
23. じゅくやけいこごとや英会話にゆくときは 電車やバスにのって ゆきますか　　はい　いいえ
24. 学校がおわってから きょうだいや友だちと1日に どれくらいあそびますか　　（　）時間（　）分
25. 1日に 何時間くらいテレビを見ますか　　（　）時間（　）分
26. 1日に 何時間くらいプレステなどのゲームやインターネットをやりますか　　（　）時間（　）分
27. 勉強や宿題がたくさんあって ねる時間がおそくなることが よくありますか　　はい　いいえ
28. ゲームやインターネットをやっていて ねる時間がおそくなることがよくありますか　　はい　いいえ

資料 2-1　本書の実証的研究の対象者,

	対象者	対応する問題(注)	親のタイプA	親の信念	親の評定した養育態度
研究 1	小学生	問題 1			
研究 2	小学生	問題 1			
研究 3	中学生	問題 1			
研究 4	大学生	問題 2			
研究 5-1	小学生	問題 2			
研究 5-2	中学生	問題 2			
研究 6	大学生	問題 2			
研究 7-1	大学生	問題 2			
研究 7-2	大学生と両親	(問題 2)		○	
研究 8	両親	その他（問題 2）	○	○	
研究 9-1	小学生	問題 3			
研究 9-2	中学生	問題 3			
研究 10-1	大学生と両親	問題 3		○	○
研究 10-2	大学生と両親	問題 3　問題 2		○	○
研究 11	大学生と両親	その他	○		
研究 12-1	大学生	問題 4			
研究 12-2	大学生	問題 4			

(注) 問題 1：本文87ページからから90ページ，問題 2：本文90ページから91ページ，問題 3：本文

測定された指標などについての一覧

子の評定した養育態度	子どもの学習動機	子どもの信念	子どものタイプA	その他
			○	生活習慣
			○	学習動機　勉強時間
			○	学習動機　勉強時間
		○	○	
		○	○	
		○	○	
		○	○	
	○	○	○	
	○	○	○	
○			○	
○			○	
			○	
		○	○	
			○	
			○	自己愛性パーソナリティ
		(○)	○	自己愛性パーソナリティ

91ページから93ページ，問題4：本文93ページから96ページをそれぞれ参照．

資料 2-2　本書の実証的

	対象者	対応する問題(注)	検討内容
研究 1	小学生	問題 1	タイプA　⇔　生活習慣
研究 2	小学生	問題 1	タイプA　⇔　勉強時間　学習動機づけ
研究 3	中学生	問題 1	タイプA　⇔　勉強時間　学習動機づけ
研究 4	大学生	問題 2	
研究 5-1	小学生	問題 2	
研究 5-2	中学生	問題 2	
研究 6	大学生	問題 2	
研究 7-1	大学生	問題 2	
研究 7-2	大学生と両親	（問題 2）	両親の信念
研究 8	両親	その他（問題 2）	両親のタイプA　⇔　両親の信念
研究 9-1	小学生	問題 3	
研究 9-2	中学生	問題 3	
研究 10-1	大学生と両親	問題 3	両親の信念
研究 10-2	大学生と両親	問題 3　問題 2	両親の信念
研究 11	大学生と両親	その他	両親のタイプA
研究 12-1	大学生	問題 4	タイプA　⇔　自己愛性パーソナリティ
研究 12-2	大学生	問題 4	タイプA　⇔　自己愛性パーソナリティ

（注）問題 1：本文87ページからから90ページ，問題 2：本文90ページから91ページ，問題 3：本文91

研究の仮説の概略一覧

(→は，仮説上の因果関係を　⇔　は相関関係を示す)

				信念	→	タイプA	
				信念	→	タイプA	
				信念	→	タイプA	
				信念	→	タイプA	
		学習動機づけ	→	信念	→	タイプA	
	→	学習動機づけ	→	信念	→	タイプA	
		養育態度		→		タイプA	
		養育態度		→		タイプA	
	→	養育態度		→		タイプA	
	→	養育態度	→	信念	→	タイプA	
		→	→	→		タイプA	

⇔　信念

ページから93ページ，問題4；本文93ページから96ページをそれぞれ参照．

著者略歴

大芦　治（おおあし　おさむ）

東京都生まれ
1989年　早稲田大学第一文学部心理学専修卒業
1996年　上智大学大学院文学研究科博士後期課程単位取得退学
現　在　千葉大学教育学部教授　博士（心理学）

主な著書に
『心理学：理論か臨床か（改訂版）』（単著）八千代出版　2011年．
『無気力な青少年の心：無力感の心理』（編著）北大路書房　2005年．
『無気力なのにはワケがある：心理学が導く克服のヒント』（単著）NHK出版　2013年．
『教育相談・学校精神保健の基礎知識（第3版）』（単著）ナカニシヤ出版　2016年．
『心理学史』（単著）ナカニシヤ出版　2016年．
などがある。

タイプA行動パターンに関する心理学的研究
──研究の展望と統合的な発達モデルの検討──

2019年1月15日　初版第1刷発行

　　　著　者　　大　芦　　治
　　　発行者　　風　間　敬　子

発行所　株式会社　風　間　書　房
〒101-0051　東京都千代田区神田神保町 1-34
電話 03(3291)5729　FAX 03(3291)5757
振替 00110-5-1853

印刷　太平印刷社　製本　井上製本所

©2019　Osamu Oashi　　　　　NDC 分類：140
ISBN978-4-7599-2251-6　　Printed in Japan

JCOPY〈(社)出版者著作権管理機構　委託出版物〉

本書の無断複製は，著作権法上での例外を除き禁じられています。複製される場合はそのつど事前に(社)出版者著作権管理機構（電話 03-3513-6969，FAX 03-3513-6979，e-mail: info@jcopy.or.jp）の許諾を得てください。